영어로 신학 맛보기

이현주 교수의
영어로 신학 맛보기

Study English for The Bible and Theology

이현주

추천하며

과거에도 그랬지만, 영어는 현대인들에게 더욱 중요한 언어가 되어가고 있습니다. 세계화의 속도는 우리의 눈을 의심할 정도로 빠르게 진행되고 있으며, 이제 한국교회도 세계교회와 어깨를 나란히 하고 있습니다. 또 한국은 과거 기독교 선교를 받았던 나라에서, 지금은 가장 많은 해외선교사를 파송하는 나라 중의 하나로 성장하게 되었습니다. 이러한 국제적 위상의 향상과 성장을 경험한 한국교회는 그 동안의 내부적인 성장과 부흥에 대한 관심만큼이나 세계교회를 향한 기독교 리더로서의 책임 또한 성실하게 이행해야 하는 시점에 이르게 된 것입니다. 이는 한국교회가 그동안의 성장과 내적 성숙을 발판 삼아 세계교회와 시민사회를 향한 신학적, 선교적, 윤리적 문제들에 대한 성숙한 대안과 방향을 제시해 주어야 할 과제와 책임을 지게 되었음을 말합니다.

이러한 시대적 요청 앞에서 한국교회의 신학생들과 목회자, 평신도들은 보다 성숙한 신앙과 신학적 안목을 함양하고 세계 기독교의 변화와 요구에 대해 바르게 인식하고 대응해야 할 것입니다. 그리고 이는 한국 신학교육의 중요한 책무이기도 합니다.

한국신학의 세계화와 기독교의 국제적 교류와 협력을 위한 한국교회의 사명을 생각할 때, 한국 신학생들에게 이루어지는 영어교육의 수준과 질적 향상은 무엇보다 중요할 것입니다. 하지만 변화하는 시대의 흐름에 발맞춰 신학의 기초와 세계 신학의 흐름을 원활하게 학습할 수 있는 제대로 된 영어교재가 없었다는 점은 늘 우리를 아쉽게 했습니다.

이런 상황 속에서, 지난 11년 동안 감리교신학대학교에서 신학생들에게 영어를 지도해 오신 이현주 교수님께서, 그 동안의 영어교수 경험을 살려 신학생들이 신학원서를 보다 쉽고 체계적으로 학습할 수 있도록 하는 안내서를 발간한다는 소식은 마른 땅의 단비처럼 반가운 것이었습니다. 이제 그 동안 신학원서를 보다 쉽고 체계적으로 학습하는 데 곤란을 겪었던 많은 신학생들과 목회자들, 심지어는 신학에 관심을 갖고 이제 막 입문하고자 하는 많은 분들에게, 이 책은 훌륭한 길잡이 역할을 해 줄 것입니다.

이 책은 우선적으로 기독교의 가장 중요한 텍스트인 성경을 통해 기초적인 문법들을 소개하고 있습니다. 다음으로는 신학 각 분야의 대표적인 저술들 속에서 중요한 예문들을 뽑아 정확하고 수월한 독해가 가능하도록 안내해 주고 있습니다. 그리고 자칫 어렵고 지루할 수 있는 신학 예문들 옆에 재밌는 설명과 읽을거리들을 곁들여주어 영어공부의 흥미와 재미를 더해 주고 있습니다. 신학예문의 유형도 전통적인 고전뿐 아니라 현대신학의 흐름을 엿볼 수 있는 다양한 신학자들과 주제들을 골고루 소개하고 있습니다. 다양한 읽을거리와 신학입문을 위한 필수적인 지문들을 공부하면서 독자들은 자연스럽게 영어와 신학의 안목과 실력이 향상되는 것을 경험할 수 있을 것입니다.

이 책에서 가장 눈에 띄는 것은 무엇보다도 제목입니다. 『이현주 교수의 영어로 신학 맛보기』. 제목 그대로 우리는 이 책을 통해 '신학공부의 참 맛'이 어떤 것인지를 경험해 볼 수 있을 것입니다. 이 책에서 우리는 신학연구를 위해 읽어야 할 다양한 유형의 텍스트들을 맛보고, 신학에서 주로 사용되는 어휘나 개념, 용어, 표현들을 미리 파악하고 학습할 수 있을 것입니다. 신학에 입문하는 모든 분들이 이 책을 통해 신학공부의 재미와 감동을 맛본다면, 이후에 펼쳐질 신학원서의 바다에서 훨씬 더 능숙하고 수월하게 헤엄쳐 나갈 수 있으리라 믿습니다.

앞으로 이 책이 한국교회의 신학생과 목회자들뿐만 아니라 신학에 관심 있는 모든 크리스천 지성인들의 영어 학습 길잡이로 널리 읽혀지고 활용되길 기대합니다.

2009년 11월 3일
감리교신학대학교 총장 **김 홍 기**

책의 첫머리에

1998년 9월 감리교신학대학교에서 처음 교편을 잡은 이후, 어느덧 11년이란 세월이 흘렀습니다. 10년이면 강산도 변한다고 했는데 근 11년 동안 학생들에게 영어를 가르치며 이들의 영어 능력에 있어서도 많은 변화가 있음을 알게 되었습니다.

처음 감리교신학대학교에서 교편을 잡았을 당시 영어의 흐름은 독해와 문법이었습니다. 학생들이 비록 말하기는 해볼 기회가 없어 많은 어려움을 겪었지만 독해와 문법에 있어서는 열심이었고 또 매우 잘했습니다. 조금 힘들기는 했지만 그래도 신학 영어 원서를 읽는 데는 큰 어려움은 없었습니다.

2000년대에 이르러 영어 교육에 변화가 생겼습니다. 독해와 문법 위주의 공부보다는 말하기 중심의 교육이 이뤄졌습니다. 문법에 대한 중요성도 감소되었을 뿐 아니라 독해도 한 문장 한 문장 꼼꼼히 살피기보다는 직독직해, 즉 짧은 시간 안에 요점만 파악하는 방식의 독해가 중요시되었습니다.

근 10년 동안 신학대학에서 학생들에게 영어를 가르치면서 이와 같은 영어 교수 방식은 신학대학생들에게는 뭔가 부족하다는 느낌이 들었습니다. 물론 외국에 유학을 갈 경우 말하기와 직독직해를 잘 하는 것은 정말로 중요합니다. 세계화를 이루기 위해서는 말하기가 필수인 것도 당연합니다. 그러나 신학 전공생의 경우 이런 능력 이외에 꼭 필요한 것이 있습니다. 신학생들이 학습하고 연구하는 것은 근본적으로 텍스트입니다. 성경이나 신학서적을 비롯한 원전들을 정확히 잘 이해해야만 하고 이를 위해서는 무엇보다도 꼼꼼하고 정확한 해석이 우선되어야 합니다. 그야말로 by를 '-에 의해서'로, 혹은 '-를 통해서'로 번역하느냐에 따라 전혀 다른 해석이 나올 수 있기 때문입니다.

단어 면에서도 일반인들의 해석과 신학 원전에 대한 해석은 차이가 있습니다. 단어 'source'의 경우 일반 영어에는 '원천, 근원' 등으로 해석합니다. 그러나 신학 영어에서 이 단어는 '자료, 문서' 심지어 '원전'으로 해석되는 경우도 있습니다. 'Reformation'의 경우 소문자로는 '개혁'으로 해석되지만 대문자인 경우에는 '종교개혁'으로 해석됩니다. 이와 같은 신학적인 해석을 지닌 단어를 접해 보지 못할 경우 원서 자체를 잘못 해석하는 일도 발생할 수 있습니다.

이 책의 집필 목적은 바로 이런 신학생들의 고유한 영어 학습법에 도움을 주기 위해서입니다. 하지만 꼭 신학생들만을 위한 책으로 꾸민 것은 아닙니다. 이미 신학을 전공한 목회자나 신학에 관심을 가지고 입문하길 원하는 모든 분들에게 이 책은 유용하리라 생각됩니다.

제1장은 문법 부분입니다. 일반 영어 문법책이 시제, 조동사, 관사, 수동태, 가정법 등을 중요 문법으로 다루었다면, 이 장에서는 이들 문법을 과감하게 삭제하고 해석에 필요한 문법인 명사, 동사, 대명사, 형용사, 부사, 접속사, 부정사, 동명사, 분사, 도치와 생략만을 다루었습니다. 이 과정에서 너무 세분화된 문법

은 생략하고 근본 개념만을 다루고자 했습니다. 예문은 주로 영어 성경, The Holy Bible-New International Version(1984년 판)에서 뽑았습니다. 신학생들이 영어 성경을 문법적으로 해석해 보는 것도 중요하다고 생각했기 때문입니다. 영어 성경의 해석은 대한성서공회가 발행한『개역개정판 성경전서』를 중심으로 했지만 문법의 특징을 살리기 위해 일부는 영어식으로 해석하고 괄호 안에 성경적 해석을 실었습니다.

제2장은 성서신학, 조직신학, 역사신학, 기독교윤리, 실천신학 등의 각 분야에서 중요한 신학저술들의 텍스트를 엄선해 각 분과별로 배치했습니다. 이 장에서는 각 신학분과의 예문들에 대한 정확한 독해 방법을 학습하는 데 중점을 두었습니다. 모든 예문은 독자 스스로가 해석해 볼 수 있도록 구성했으며, 문법적으로 어렵거나 꼭 알아두어야 할 부분을 설명했습니다. 특히 '스스로 해보기' 코너를 통해 독자들이 가능한 한 많은 신학 원문들을 해석해 볼 수 있도록 했습니다. 그리고 예문만으로는 설명이 안 되는 중요한 신학적 개념들과 이야기들을 '알아두기'를 통해 소개하면서 자칫 지루할 수 있는 신학 원서 읽기에 재미와 흥미를 더하고자 했습니다.

예문의 해석은 책의 맨 뒤에서 확인할 수 있으며, 영어 학습을 위해 신학적인 차원에서의 의역보다는 조금 어색하더라도 직역 위주로 번역했음을 미리 알려드립니다.

이 책은 신학을 전문적으로 연구하신 학자들이 보기엔 신학적, 학술적 깊이가 떨어져 보일 수도 있습니다. 그러나 이 책의 근본적인 집필 동기와 목적은 신학을 전문적으로 학습하고자 하는 것이 아니라, 신학생과 신학에 입문하고자 하는 이들의 영어 해석 능력을 보다 증진시키는 데 있습니다. 이 책에서 인용한 신학 원전들은 이와 같은 능력의 배양을 보다 효과적으로 하기 위한 것입니다.

마지막으로 이 책을 내는 데 도움을 주신 '신앙과지성사'의 최병천 사장님, 보석 같은 비평서적들을 추천해 주시고, '생각해 보기', '알아두기' 부분을 집필해 주신 홍승표 목사님 그리고 편집부 직원 여러분들께 감사드립니다. 힘들어 하며 이 글을 쓸 때 격려와 힘을 주신 조선혜 목사님, 그리고 글을 쓸 때마다 사랑으로 기다려주는 가족들에게도 감사드리며, 이 책이 신학생들과 신학에 관심 있는 모든 분들의 영어 해석 독해 향상에 많은 도움이 되기를 진심으로 바랍니다.

2009년 11월 7일
서대문 냉천동산에서
저자 **이 현 주** 씀

차례

추천하며 · 4
책의 첫머리에 · 6

제1장 독해에 앞서 꼭 점검해야 할 문법적 요소들

1. 명사_10   2. 동사_14   3. 대명사_18   4. 형용사_24
5. 부사_26   6. 접속사_29   7. 부정사_35   8. 동명사_39
9. 분사_42   10. 도치와 생략_46

제2장 독해 연습하기

들어가기_50

1. 성서신학 52
   1) 구약학_58   2) 신약학_72

2. 조직신학 94

3. 역사신학 134

4. 기독교윤리학 176

5. 실천신학 192
   1) 예배학_198   2) 설교학_202   3) 목회상담학_210
   4) 선교학_216   5) 기독교교육학_224

6. 종교철학 230

해답 · 235

1

독해에 앞서
꼭 점검해야 할
문법적 요소들

1. 명사

1. 명사의 종류

명사는 사람, 장소, 사물의 이름을 나타냅니다. 명사의 종류는 다음과 같습니다.

1) 고유명사

고유명사는 특별한 사람, 장소와 사물 이름을 나타냅니다.
사람의 이름 : Abraham, Isaac, Jacob, Solomon, Paul, Rahab
장소의 이름 : Jerusalem, Bethlehem, Jericho, Galilee, Antioch
제목 : 1 Corinthians, Psalms, *Christian Times*
날, 달, 휴일 : Sunday, March, Easter Day, Good Friday, Advent, Ash Wednesday
국적, 언어, 종교 : Israeli, Korean, Hebrew, English, Christianity, Islam

※ 고유명사에 대해 : 이것만은 알아두세요
1. 고유명사는 항상 대문자로 시작합니다.
2. 대부분의 고유명사 앞에는 관사(a/an, the)를 쓰지 않습니다.
예외) The Bible, The Acts(사도행전), The USA, *The Washington Post*

2) 보통명사

보통명사는 특정한 사람, 장소와 사물 이름이 아닙니다.
<u>The soldiers</u> planned to kill <u>the prisoners</u>.(Acts 27:42)
　(특정한 이름이 없는 군인)　　　(특정한 이름이 없는 죄수)
군인들은 죄수를 죽이는 것을 계획하였다.(군인은 그들을 죽이는 것이 좋다 하였으나)

Hear that uproar from <u>the city</u>, hear the noise from <u>the temple</u>!(Isaiah 66:6)
　　　　　　　　　　(특정한 이름이 없는 도시)　　　　　　(특정한 이름이 없는 성전)
떠드는 소리가 성읍에서 들려오며 목소리가 성전에서 들리니

보통명사에는 셀 수 있는 명사와 셀 수 없는 명사가 있습니다.

(1) 셀 수 있는 명사
　셀 수 있는 명사는 단수와 복수가 있습니다.
　　song-songs　　king-kings　　rock-rocks

　　☞ 일상적으로 복수형을 만들 때는 단수 명사에 -s/es를 붙입니다. 그러나 불규칙 변형을 하는 명사도 있습니다. man-men　woman-women　sheep-sheep

(2) 셀 수 없는 명사
　셀 수 없는 명사는 단수와 복수 형태가 없습니다. 항상 단수 형태를 취하고 그 종류에는 추상명사, 물질명사가 있습니다.
　　love, faith, evil, heart, rain, milk, water

2. 명사의 위치

명사는 주어 자리, 목적어 자리, 보어 자리에 들어갈 수 있습니다.

1) 주어 자리
　영어문장은 대개 '-가 -이다,' '-은/는 -한다' 등의 형태로 이루어져 있습니다. 이 때 동작이나 상태의 주체가 되는 부분(-은/는, -이/가)의 중심이 되는 말을 '주어' 라 합니다. 주어는 항상 명사로 구성되어 있습니다.

　<u>The day</u> is yours, and yours also *<u>the night</u>; <u>you</u> established the sun and moon.(Psalm 74:16)
　(주어가 보통명사인 경우) (주어의 위치가 도치된 경우) (주어가 대명사인 경우)
　낮도 주의 것이요 밤도 주의 것이라 주께서 해와 달을 마련하셨으며

　* yours also the night → the night is also yours.
　주어가 도치된 경우이고 동사 is가 생략된 경우입니다.

　영어 성경의 「시편」이 아름다운 시라고 말할 수 있는 이유는 이처럼 운율을 맞추기 위해 의도적으로 yours와 the night을 도치하기 때문입니다.

2) 목적어 자리

목적어 자리에는 동사의 목적어와 전치사의 목적어로서 명사가 쓰입니다.

(1) 동사의 목적어

동사의 목적어는 일반적으로 우리말로 '-을/를' 로 해석되는 부분입니다.

You have rebuked the nations and destroyed the wicked;(Psalm 9:5)
　　　동사 1　　동사1의 목적어　　동사2　　동사2의 목적어

이방 나라들을 책망하시고 악인을 멸하시며

(2) 전치사(낱말을 서로 연결시켜주는 역할을 함) 뒤에는 항상 명사가 오는데 이를 전치사의 목적어라 부릅니다.

Do not ignore the clamor of your adversaries, the uproar of your enemies.(Psalm 74: 23)
　　　　　동사 ignore의 목적어　　　　　　동사 ignore의 목적어
　　　　　　　└ 전치사 of의 목적어　　　　　　└ 명사로 전치사 of의 목적어

주의 대적들의 소리를 잊지 마소서, 주께 항거하는 자의 떠드는 소리를 잊지 마소서.

3) 보어 자리

보어 자리에는 주어를 설명하는 주격 보어와 목적어를 설명하는 목적격 보어가 있고 이 자리에 모두 명사가 들어갑니다.

(1) 주격 보어

But you are a shield around me, O LORD;(Psalm 3:3)
(주어 you를 보충 설명하는 보통명사)

주는 나의 방패시오
→ 위의 문장에서 a shield를 빼고 you are만 보면 '너는 -이다' 로 뭔가 보충설명이 필요합니다. 위와 같이 주어를 보충 설명해주는 문장을 주격 보어라 합니다.

(2) 목적격 보어

you have made me the head of nations.(Psalm 18:43)
　　　　　　　　목적어　목적격 보어

주께서 나를 여러 민족의 으뜸으로 삼으셨으니
→ 위의 문장에서 여러 민족의 으뜸은 너(you)가 아니라 나(I)로 목적어 나를 설명합니다. 이렇게 목적어를 설명하는 역할을 하는 것이 목적보어입니다.

Tips 성경 영어 이름

모두 책의 이름으로 고유명사입니다. 대문자로 시작하는 것 꼭 기억하세요.

The Old Testament(구약)

Genesis(창세기)	Exodus(출애굽기)	Leviticus(레위기)
Numbers(민수기)	Deuteronomy(신명기)	Joshua(여호수아)
Judges(사사기)	Ruth(룻기)	1 Samuel(사무엘상)
2 Samuel(사무엘하)	1 Kings(열왕기상)	2 Kings(열왕기하)
1 Chronicles(역대상)	2 Chronicles(역대하)	Ezra(에스라)
Nehemiah(느헤미야)	Esther(에스더)	Job(욥기)
Psalms(시편)	Proverbs(잠언)	Ecclesiastes(전도서)
Song of Songs(아가)	Isaiah(이사야)	Jeremiah(예레미야)
Lamentations(예레미야애가)	Ezesekiel(에스겔)	Daniel(다니엘)
Hosea(호세아)	Joel(요엘)	Amos(아모스)
Obadiah(오바댜)	Jonah(요나)	Micah(미가)
Nahum(나훔)	Habakkuk(하박국)	Zephaniah(스바냐)
Haggai(학개)	Zechariah(스가랴)	Malachi(말라기)

The New Testament(신약)

Matthew(마태복음)	Mark(마가복음)	Luke(누가복음)
John(요한복음)	Acts(사도행전)	Romans(로마서)
1 Corinthians(고린도전서)	2 Corinthians(고린도후서)	Galatians(갈라디아서)
Ephesians(에베소서)	Philippians(빌립보서)	Colossians(골로새서)
1 Thessalonians(데살로니가전서)	2 Thessalonians(데살로니가후서)	1 Timothy(디모데전서)
2 Timothy(디모데후서)	Titus(디도서)	Philemon(빌레몬서)
Hebrews(히브리서)	James(야고보서)	1 Peter(베드로전서)
2 Peter(베드로후서)	1 John(요한 1서)	2 John(요한 2서)
3 John(요한 3서)	Jude(유다서)	Revelation(요한 계시록)

2. 동사

동사는 크게 목적어를 필요로 하지 않는 동사와 목적어를 필요로 하는 동사로 나눌 수 있습니다. 이를 설명하는 데는 문장의 다섯 가지 형식을 이야기하는 것이 가장 좋습니다.

1. 1형식 : 주어+동사(완전자동사)

They <u>return</u> at evening,(Psalm 59:6)
완전자동사 : 동사 자체로 완결된 의미와 동작을 취하는 동사
그들은 저녁에(저물어) 돌아와서

1형식 동사는 영어로 자동사(verb intransitive)라고 합니다. 자동사는 '돌아오다' 처럼 다른 보조 품사의 도움 없이 스스로 그 의미가 완결되는 동사입니다. 'at evening' 처럼 뒤에 아무리 다양한 문구가 나오더라도 주어와 동사만으로 해석해도 그 의미가 완결된다면, 이 동사를 자동사라 부르고 문장은 1형식입니다.

2. 2형식 : 주어+동사(불완전자동사)+보어

Even when I <u>am</u> old and gray,(Psalm 71:18)
내가 늙어 백발이 될 때까지

the water <u>looked</u> red-like blood.(2 Kings 3:22)
물이 붉은 피와 같았다.

위의 문장에서 old and gray를 빼고 'when I am,'이라고 하거나 red-like blood를 빼고 'the water looked' 라고 문장을 끝낼 경우 도대체 무슨 말을 하는지 알 수 없습니다. 이렇게 2형식 동사는 주어와 동사만으로 그 의미가 완결되지 못하고 주어를 보충 설명하는 (주격)보어의 도움을 받는 동사입니다. 대표적인 동사로는 be, become, feel, grow, keep, seem, smell, sound, look, remain 등이 있습니다.

My eyes grow weak with sorrow.(Psalm 6:7)
→ weak with sorrow(근심으로 말미암아 쇠하여)는 my eyes(내 눈)를 설명
내 눈이 근심으로 말미암아 쇠하여

O God, whom I praise, do not remain silent,(Psalm 109:1)
→ 하나님이 잠잠한 채로 계신 것, silent는 주어 God을 설명
하나님이여 잠잠하지 마옵소서

3. 3형식 : 주어+동사+목적어

1) 동사 단독으로 목적어를 취할 경우

he will <u>punish</u> you with a warrior's sharp arrows,(Psalm 120:4)
여호와는 너를 병사의 날카로운 화살로 벌할 것이다.

'벌하다' 처럼 우리말로 '-을(를)'을 필요로 하는 동사를 타동사라 합니다. 여기서 목적어는 전치사 없는 단독 명사라는 것 꼭 기억하세요.

※ 2형식 동사(불완전 자동사)와 3형식 동사(타동사)를 구분하는 방법

he is their help and shield.(Psalm 115:9)
여호와는 그들의 도움이시요 방패시로다.
he=their help and shield(주어를 보충 설명)

He will bless the house of Israel,(Psalm 115:12)
여호와는 이스라엘의 집에 복을 주실 것이고
(He≠the house of Israel, 동사를 설명)

☞ 2형식 동사 중에는 3형식 동사와 같이 쓰일 때도 있습니다. 이런 경우에는 다음에 보어가 나오는지, 목적어가 나오는지 확인해봐야 합니다.

you daughters who feel secure, hear what I have to say!(Isaiah 32:9)
who=secure(who를 설명해주는 단어이므로 보어) → 2형식 동사
너희 염려 없는 딸들아, 내 목소리를 들을지어다

Before your pots can feel the heat of the thorns- (Psalms 58:9)
your pots≠the heat of the thorns → 3형식 동사로 목적어
가마가 가시나무 불을 느낄 수 있기 전에

2) 타동사구로 목적어를 취할 경우

전치사와 함께 쓰여 타동사구를 이루기도 합니다.
The righteous will see and fear; they will <u>laugh at</u> him,(Psalm 52:6)
의인이 보고 두려워하며 또 그를 비웃어
→ laugh는 항상 전치사 at과 짝을 이뤄 '비웃다'는 뜻을 지닙니다. 이렇게 동사와 전치사가 함께 하여 다른 뜻을 가질 경우 타동사구라 지칭됩니다.

4. 4형식(주어+동사+간접목적어+직접목적어)

my sword does not bring <u>me</u> <u>victory</u>; but you give <u>us</u> <u>victory over our enemies</u>; (Psalm 44:6~7)
           간접목적어(-에게) 직접목적어(동사가 직접주는 것) 간접목적어   직접목적어
내 칼은 내게 승리를 가져오지 않고 주께서 우리에게 우리 원수에 대한 승리를 주시고

'내 검이 직접 내게 승리를 가져오지 않고'에서 검처럼 직접 주는 물건 자체, 즉 '-를'로 해석되는 목적어는 직접목적어이고, '-에게'처럼 주는 것을 받는 대상은 간접목적어입니다. 이렇게 목적어가 두 개이고 우리말로 '-에게 …를'로 해석되는 동사가 바로 4형식 동사입니다. 소위 말하는 수여동사(give, buy, make, choose 등)가 이 형식에 속합니다. 이 동사는 특히 순서가 중요합니다. 동사에 따라서는 간접목적어가 전치사와 함께 쓰여 뒤로 가는 경우도 있습니다.

the Lord gives <u>sight</u> <u>to the blind</u>,(Psalm 146:8)
           직접목적어 전치사+(간접)목적어
여호와께서 맹인들에게 시력을 주시고
→ 위와 같이 순서가 바뀔 경우, 위의 문장에서는 give 동사를 3형식 동사라 칭하는 문법학자도 있지만 현재에는 순서가 바뀔지라도 give를 여전히 수여동사로 보는 문법학자들이 많습니다.

5. 5형식(주어+동사+목적어+목적보어)

God called <u>the dry ground</u> "<u>land</u>," and <u>the gathered waters</u> he called "<u>seas</u>." (Genesis 1:10)
          the dry ground=land   the gathered waters=seas(도치)
하나님이 뭍을 땅이라 부르시고 모인 물은 바다라 부르시니
→ the gathered waters를 강조하기 위해 문장 앞에 씀

땅(land)은 주어 God를 가리키는 것이 아니라 목적어 뭍(the dray ground)을 가리킵니다. 모인 물(the gathered waters)은 주어 he가 아니라 목적어 바다(sea)를 가리킵니다. 이렇게 목적어를 설명해주는 land, sea를 목적보어라 부릅니다. 목적어를 설명히는 목적보어가 꼭 있어야 하는 동사를 5형식 동사라고 합니다.

When Jesus <u>saw</u> <u>Nathanael</u> <u>approaching</u>, he said of him,(John 1:47)
       목적어 목적보어(진행의 의미가 있을 때)
예수께서 나다니엘이 자기에게 오는 것을 보시고, 그를 가리켜 이르시되
→ 대부분의 지각동사가 5형식으로 쓰이는 경우가 많습니다.

※ 4형식과 5형식의 구분
 두 개의 목적어가 서로 일치하지 않을 때 → 4형식 문장
 my sword does not bring <u>me</u> <u>victory</u>
         (me≠victory)

 두 번째 목적어가 첫 번째 목적어를 설명하거나 동등 관계가 성립할 때 → 5형식 문장
 God called <u>the dry ground</u> "<u>land</u>,"
     (the dray ground=land)

5형식으로 많이 쓰이는 동사들

advice(충고하다) allow(허락하다) ask(요구하다) beg(간청하다) cause(야기하다)
convince(확신시켜주다) encourage(고무하다) expect(기대하다) forbid(금하다) force(압력을 가하다)
invite(초대하다) order(명령하다) permit(허가하다) persuade(설득하다) remind(상기시키다)
teach(가르치다) tell(말하다) want(원하다) warn(경고하다)

He allowed <u>no one</u> <u>to oppress them</u>; for their sake he rebuked kings:(Psalm 105:14)
    목적어 목적보어
그 사람이 그들을 억압하는 것을 용납하지 아니하시고 그들로 말미암아 왕들을 꾸짖어

"What do you <u>want</u> <u>me</u> <u>to do</u> for you?" David asked.(2 Samuel 21:4)
      목적어 목적보어
왕이 이르되 너희는 내가 너희들을 위해 무엇을 해주기를 원하느냐(너희가 말하는 대로 시행하리라)

You cannot fast as you do today and expect <u>your voice</u> <u>to be heard on high</u>.(Isaiah 58:4)
              목적어 목적보어
너희가 오늘 금식하는 것은 너희의 목소리를 상달하게 하려는 것이 아니니라

3. 대명사

사람이나 사물, 즉 명사 대신에 쓰는 말을 대명사라고 합니다. 대명사에는 인칭대명사(I, he, we 등), 지시대명사(this, that, those 등), 의문대명사(who, which, what 등), 부정대명사(one, none, any 등)와 관계대명사(who, which 등)가 있습니다. 이 책에서는 독해를 하는 데 필요한 대명사를 중심으로 공부해보겠습니다.

1. 인칭대명사

말하는 사람, 듣는 사람 그리고 제 3자를 말할 때 구분하는 대명사

인칭	수격	주격(은,이,가)	소유격(-의)	목적격(-을/를)	소유대명사(-의 것)	재귀대명사(-자신)
제1인칭	단수	I	my	me	mine	myself
	복수	we	our	us	ours	ourselves
제2인칭	단수	you	your	you	yours	yourself
	복수	you	your	you	yours	yourselves
제3인칭	단수	남성 he	his	him	his	himself
		여성 she	her	her	hers	herself
		it	its	it	-	itself
	복수	they	their	them	theirs	themselves

※ it의 특별 용법

1) 시각, 날짜, 거리, 요일, 명암을 나타내는 it은 우리말로 해석하지 않습니다.

Early on the first day of the week, while <u>it</u> was still dark, Mary Magdalene went to the tomb(John 20:1)
            명암을 나타내는 it

그 주의(안식 후) 첫날 일찍 아직 어두울 때 막달라 마리아가 무덤으로 가서

Then came the Feast of Dedication at Jerusalem. <u>It</u> was winter,(John 10:22)
            계절을 나타내는 it

예루살렘에 수전절이 이르니 (때는) 겨울이었다.

Do no work on that day, because <u>it</u> is the Day of Atonement.(Lev 23:28)
　　　　　　　　　　　　　　　　날을 가리키는 it
이 날은 속죄일이기 때문에 어떤 일도 하지 말 것

2) 가주어나 가목적어로 쓰이는 it: to 부정사 이하나 that절을 대신하여 형식상의 주어나 목적어가 쓰입니다. 해석할 때 '그것은'으로 시작하면 절대로 안 됩니다.

<u>It</u> is better <u>to take refuge in the LORD than to trust in princes</u>.(Psalm 118:8)
가주어　　　　　　진주어(to 부정사구)
왕자를 신뢰하는 것보다 여호와 안에 피하는 것이 더 나으니

to 부정사를 원래의 자리인 주어에 놓고 다시 한 번 써볼까요?

<u>To take refuge in the LORD than to trust in princes</u> is better.
　　　　　　　　　주어

주어 자리가 너무 길어 문장의 모양이 좋지 않습니다. 사람으로 치면 가분수라고 할까요? 멋진 모습을 만들려면 머리 부분이 작아져야 합니다. 영어도 마찬가지입니다. 긴 주어 to 부정사구 대신에 가주어 it을 넣음으로써 깔끔한 모습을 띠게 되었습니다.

Then <u>it</u> will be known to the ends of the earth <u>that God rules over Jacob</u>.(Psalm 59:13)
　　　가주어　　　　　　　　　　　　　　　　진주어(that절)
그러므로 하나님이 야곱을 다스리심을 땅 끝까지 알게 될 것이다.

3) It is 강조할 부분 that 나머지 문장: 문장 가운데 어떤 뜻을 강조할 경우에 쓰입니다. 해석할 경우 that이하를 먼저 하여 '-가 -한 것은 바로 (강조부분)이다'로 합니다. 강조하는 단어가 사람일 경우 who를 쓰기도 합니다.

It was <u>not by their sword</u> that they won the land,(Psalm 44:3)
그들이 땅을 차지한 것은 바로 저들의 칼이 아니다

It was <u>you</u> who split open the sea by your power;(Psalm 74:13)
당신의 능력으로 바다를 나누신 자는 바로 당신(주)이시고

※ 가주어 it과 강조의 it을 구분하는 방법

　It is와 접속사 that을 지워보세요.

　① Then <u>it</u> will be known to the ends of the earth <u>that God rules over Jacob.</u>
　→ Then known to the ends of the earth God rules over Jacob.
　문법상으로 전혀 말이 되지 않음 → 이런 경우 가주어 용법일 경우가 많음

　② It was <u>not by their sword</u> that they won the land,
　→ not by their sword they won the land,
　→ 문장의 순서를 바로 잡으면 They won the land not by their sword.
　　문법상으로 완전한 문장이 됨(이런 경우에 강조문장)

2. 지시대명사 : this(이것은), that(저것은)처럼 어떤 것을 지시하는 대명사를 지시대명사라 합니다.

1) 지시대명사 this, that, these, those는 앞에 나온 명사의 반복을 피하기 위해 사용됩니다.

　Their venom is like the venom of a snake, like <u>that</u> of a cobra(Psalm 58:4)
　　　　　　　　　　　　　　　　　　　　앞의 the venom을 받음

　독은 뱀의 독 같으며, 독사의 독 같으니

2) 앞에 나온 문장 전체를 받는 this, that

　After <u>this</u>, Job lived a hundred and forty years; he saw his children and their children to the fourth
　앞의 문장 전체를 받음
　generation.(Job 42:16)
　이 후에 욥은 백사십년을 살고 아들과 손자들이 4대에 이를 때까지 보았다

3) those who- : -하는 사람들(복수)
　He who- : -하는 사람(단수)

　위의 표현은 특히 영어성경에서 많이 나오는 표현입니다. who 이하의 절은 관계절로서 사람들이나 사람을 설명하는 문장입니다. 주의해서 알아두시기 바랍니다.

　But the eyes of the LORD are on <u>those who fear him</u>.(Psalm 33:18)

　여호와의 눈은 그를 경외하는 자들을 살피사

He who has clean hands and a pure heart,(Psalm 24:4)

깨끗한 손과 청결한 마음을 가진 자

3. 의문대명사

	주격	소유격	목적격
사람	who	whose	whom
사람, 사물	which	-	which
사람, 사물	what	-	what

의문대명사는 일반적으로 우리가 의문사가 부르는 대명사로 who는 '누구', whose는 '누구의', whom은 '누구를', which는 주어의 경우에는 '어떤 것', 목적어의 경우에는 '어떤 것을', what은 주어의 경우에는 '무엇이', 목적어의 경우에는 '무엇을' 로 해석됩니다.

The LORD is my light and my salvation - whom shall I fear?(Psalm 27:1)
여호와는 나의 빛이요 나의 구원이시니 내가 누구를 두려워하리요?

No one remembers you when he is dead. Who praises you from the grave?(Psalm 6:5)
사망 중에서는 주를 기억하는 일이 없사오니 스올에서 주께 감사할 자 누구리이까?

In the Law Moses commanded us to stone such women. Now what do you say?(John 8:5)
모세는 율법에 이러한 여자를 돌로 치라 명하였거니와 선생은 무엇을 (어떻게) 말하겠나이까?

4. 부정대명사

대명사가 명확하게 밝혀지지 않을 때, one(일반인), other, others, the others(다른 것(들)), some(약간의 사람이나 사물), any(어느 사람이나 사물), each(각각의 사람이나 사물), every(모든 사람이나 사물), all(모든 사람이나 사물), both(두 사람이나 사물)이 부정대명사에 포함됩니다. 해석상 특히 주의해야 할 것은 부분부정입니다.

Anyone who breaks one of the least of these commandments and teaches others to do the same will
어느 사람(특정한 사람이 아닌)   다른 사람을(특정한 사람이 아닌)
be called least in the kingdom of heaven,(Matthew 5:19)
그러므로 누구든지 이 계명 중의 지극히 작은 것 하나라도 버리고 또 그같이 사람을 가르치는 자는 천국에서 지극히 작다 일컬음을 받을 것이요

If someone forces you to go one mile, go with him two miles.(Matthew 5:41)
　　　누군가
또 누구든지 너로 억지로 오 리를 가게 하거든 그 사람과 십 리를 동행하고

※ 부분부정
부분부정도 전체를 부정하는 것이 아니라 일부분만을 부정하는 것입니다. all, both, every와 not을 같이 쓰면 '-한 것은 아니다' 로 부분부정이 됩니다.

Jesus answered, "A person who has had a bath needs only to wash his feet; his whole body is clean. And you are clean, though [not every one of you]." (John 13:10)
→ [ ]안의 문장을 다시 쓰면 though every one of you is not clean.으로 해석은 '너의 모두가 깨끗하지는 않다' 는 부분부정으로 해석해야 합니다.(one은 body를 지칭합니다.)

5. 관계대명사

		주격	소유격	목적격
who	사람	who	whose	whom
which	동물·사물	which	whose, of which	which
that	사람·사물·동물	that		that
what	사물(the thing포함)	what	what	

May those [who delight in my vindication] shout for joy and gladness;(Psalms 35:27)
　　　　　　→ who는 앞의 those를 받는 주격　　[ ]는 those를 수식
나의 의를 즐거워하는 자들은 기꺼이 노래 부르고 즐거워하게 하시기를

He is like a tree planted by streams of water, [which yields its fruit in season and
　　　　　　　　　　　　　　　　　　　　　　선행사는 tree로 단수이므로 동사는 3인칭 동사
　　　　　　　　　　　　　　　　　　　　　　　　a tree가 사물이므로 which
whose leaf does not wither].(Psalm 1:3)
선행사는 a tree로 소유격
→ 꺾쇠[ ]는 모두 선행사 a tree를 수식
그는 철을 따라 열매를 맺으며 그 잎사귀가 마르지 않는, 시냇가에 심은 나무와 같다.

The wicked return to the grave, all the nations [that forget God].(Psalm 9:17)
　　　　　　　　　　　　　　　선행사는 nations로 주격, 꺾쇠 [ ]는 all the nations를 수식
→ all the nations that forget God (return to the grave).
　　　　　　　　　　　　　　　　생략
악인들은 무덤으로 돌아감이여 하나님을 잊어버린 모든 나라들도 그러하리라

The wicked freely strut about when <u>what is vile</u> is honored among men.(Psalm 12:8)
<small>what은 the thing which로 수식해주는 명사가 함께 하지 않습니다.(-한 것으로 해석)</small>

비열한 것이 사람들 사이에서 높임을 받을 때 악인들은 자유롭게 날뛰리라

※ 관계대명사 목적격의 생략

The nations have fallen into the pit (that) <u>they have dug</u>; (Psalm 9:15)
→ 관계절로 만들기 이전의 문장 : they have dug <u>the pit</u>
목적격 사물이므로 which(that)

이방 나라들은 자기가 판 웅덩이에 빠짐이여

※ 관계대명사의 한정적 용법과 계속적 용법

한정적 용법은 관계대명사 앞에 콤마(,)가 없는 경우로 해석은 관계절을 먼저 해석합니다. 반면에 계속적 용법은 콤마(,)가 있는 경우로 대부분 부연설명으로 해석상 나중에 합니다.

God is a righteous judge, a God [who expresses his wrath every day].(Psalm 7:11)
동격의 콤마
[ ]은 a God을 수식 → 한정적 용법

하나님은 의로운 재판장이시여, 매일 분노하는 하나님이시로다

O righteous God, who searches minds and hearts(Psalm 7:9)
관계절의 계속적 용법의 콤마

오 의로우신 하나님, 사람의 마음과 양심을 감찰하시는 하나님

※ 복합관계대명사

whoever, whichever, whatever는 관계대명사+ever의 형태를 지닌 것으로 '-는 누구나, -는 무엇이거나'로 해석된다.

<u>Whoever has haughty eyes and a proud heart</u>, <u>him will I</u> not endure.(Psalm 101:5)
동격, 목적어가 앞으로 나와 주어와 동사가 도치

눈이 높고 마음이 교만한 자를 내가 용납하지 않을 것이라

<u>Whatever he does</u> prospers.(Psalm 1:3)
그가 하는 모든 일은(하는 것은 무엇이든지) 형통하리로다.

4. 형용사

1. 용법

1) 한정용법

　　형용사가 명사 앞에서나 뒤에서 수식하는 경우

　　My <u>faithful</u> <u>love</u> will be with him,(Psalm 89:24)
　　　　형용사 + 명사
　　　→ 형용사 faithful은 명사 love를 설명
　　나의 성실한 사랑이 그와 함께 할지어니

　　"Nazareth! Can anything <u>good</u> come from here?" (John 1:46)
　　　　　　anything, something은 형용사가 항상 뒤에 옵니다.
　　나사렛! 그곳에서 무슨 선한 것이 날 수 있느냐?

2) 서술용법 : 2형식 동사와 함께 쓰여 주어를 설명해주는 보어 역할을 하는 경우

　　I have <u>been</u> <u>blameless</u> before him(Psalm 18:23)
　　　　　동사 + 형용사
　　　　　　형용사 blameless는 be동사와 함께하여 '완전하여'의 뜻이 됩니다.
　　나는 그 앞에서 완전하여

3) 특수용법

　　the+형용사 → 복수 보통명사
　　You rescue <u>the poor</u> from those too strong for them, <u>the poor</u> and (the) <u>needy</u> from those who rob
　　　　the +형용사 : 가난한 자들　　　　　　　　　　　　가난한 자들　　　　궁핍한 자들
　　them.(Psalm 35:10)
　　그는(당신은) 가난한 자를 그보다 강한 자에게서 건지시고 가난하고 궁핍한 자를 노략하는 자에게서 건지신다

2. 형용사의 비교급과 최상급

1) A 비교급(형용사+er)+than B : B보다 A가 -한
   → B not as(or so) 형용사 A : B가 A처럼 그렇게 -하지 않은
   위의 두 구문은 비교급에서 가장 많이 쓰이는 구문입니다. A와 B의 순서를 유의하세요.

   They say, 'The people are <u>stronger and taller</u> than we are;(Deuteronomy 1:28)
   = <u>We</u> are <u>not as(or so) strong and tall as the people</u>.

   비교대상인 the people과 we의 위치가 바뀐 것에 주의하세요.
   그들은 말하기를 '그 백성은 우리보다 강하고 장대하며'

2) 최상급 : the+최상급+of(or in) : 최고로(제일, 가장) -한

   'With my many chariots I have ascended the heights of the mountains, <u>the utmost</u> heights
   　　　　　　　　　　　　　　　　　　　　　　　　　　　　　　　　　　　　단어자체가 최상급 의미를 지님
   of Lebanon. I have cut down <u>its tallest</u> cedars, <u>the choicest of</u> its pines. I have reached
   　　　　　　　　　　　　　　its가 the를 대신　　　the 최상급 of 구문
   <u>its remotest</u> heights, <u>the finest of</u> its forests.(Isaiah 37:24)
   its가 the를 대신　　　the 최상급 of 구문

   나의 허다한 병거를 거느리고 산들의 꼭대기에 올라가며 레바논의 깊은 곳에 이르렀으니 높은 백향목과 아름다운
   향나무를 베고 또 그 제일 높은 곳에 들어가 살진 땅의 수풀에 이를 것이며

3) the+형용사 비교급+주어+동사, the+형용사 비교급+주어+동사 : -가 -하면 할수록 -가 -하다

   <u>The more</u> the words (are), <u>the less</u> the meaning (is), and how does that profit anyone?(Ecc 6:11)
   말이 많으면 많을수록 의미는 더 적다. 그것들이 사람들에게 무슨 유익이 있으랴?

5. 부사

1. 부사의 기능

부사는 일반적으로 동사, 형용사, 부사, 명사와 대명사를 수식하지만 대표적 기능은 다음과 같습니다.

1) 동사를 수식

Sing <u>joyfully</u> to the LORD,(Psalm 33:1) 여호와에게 즐겁게 노래하라.
즐겁게 노래하므로 동사를 설명

2) 형용사를 수식

They tell me he is <u>very</u> crafty.(1Samuel 23:22) 그들은 그가 매우 지혜롭다고 말한다.
형용사를 수식(매우 지혜로운)

3) 다른 부사를 수식

my neighbors stay <u>far</u> <u>away</u>.(Psalms 38:11) 내 이웃들도 멀리 사니
'멀리' 는 '떨어져서' 라는 부사 수식

※ 빈도부사

always, usually, often, sometimes, seldom, rarely, never를 횟수를 나타내는 빈도부사라고 부릅니다. 이 빈도부사는 일반동사 앞, be 동사 뒤에 위치합니다.

His ways <u>are</u> <u>always</u> prosperous;(Psalm 10:5) 그의 길은 항상 번영하고
be 동사+빈도부사

He <u>often</u> <u>falls</u> into the fire or into the water.(Matthew 17:15) 그는 가끔 불에도 넘어지고 물에도 넘어지니
빈도분사+일반동사

2. 관계부사

관계부사에는 where, when, why, how가 있습니다. 이 관계부사는 모두 '전치사+which'의 뜻을 지니고 있습니다.

	선행사	관계부사
장소	(the place)	where
시간	(the time)	when
이유	(the reason)	why
방법	(the way)	how

There is no speech or language(in the place) where their voice is not heard.(Psalm 19:3)

장소가 생략됨

목소리가 들리지 않는 곳에서 언어도 없고 말씀도 없으나

This all happened at Bethany on the other side of the Jordan, where John was baptizing.(John 1:28)

이 일은 요한이 세례 베풀던 곳 요단 강 건너편 베다니에서 일어난 일이니라

When he inquired as to the time when his son got better, they said to him,(John 4:52)

그가 아들이 낫기 시작한 때를 물은 즉 그가 답하기를

Then the father realized that this was the exact time at which Jesus had said to him,(John 4:53)

when 대신 전치사+which를 쓴 경우
when으로 바꿔 쓸 수 있습니다. → when Jesus had said to him

그의 아버지가 예수께서 말씀하신 그 때인 줄 알고

The reason (why) you do not hear is that you do not belong to God.(John 8:47)

why를 생략하였음(일반적으로 the reason은 생략하지만 NIV성경에서는 이와 같은 구문을 자주 찾을 수 있음)

너희가 듣지 아니함은 하나님께 속하지 아니하였음이로다

No one ever spoke the way (how) this man does,(John 7:46)

현대 영어에서는 the way와 how를 함께 쓰지 않고 the way, how 중 한 가지만 쓰는 경향입니다.

그 사람이 말하는 것처럼 말한 사람은 이때까지 없었나이다

※ 복합 관계부사

wherever, whenever, however의 형태로 '–할지라도, –가고 싶은 대로, –하고 싶은 대로' 의 뜻으로 해석됩니다.

The wind blows <u>wherever</u> it pleases.(John 3:8)
바람이 임의로 불매

<u>Whenever</u> God slew them, they would seek him;(Psalm 78:34)
하나님이 아무리 그들을 죽이실지라도 그들은 그에게 구할 것이며

that will not heed the tune of the charmer, <u>however</u> <u>skillful</u> the enchanter may be.(Psalm 58:5)
　　　　　　　　　　　　　　　　　　　however의 경우 다음에 형용사나 부사가 나옴
술사의 홀리는 소리도 듣지 않고 술객의 요술이 아무리 능숙할지라도

영어 성경 번역과 우리말 번역이 왜 다를까요?

요즘은 영어 원문과 우리말이 함께 있는 성경이 많습니다. 그런데 간혹 영어 원문과 우리말 성경이 맞지 않는 경우가 있습니다. 다음의 구절을 볼까요?

The soldiers planned to kill the prisoners to prevent any of them from swimming away and escaping.(Acts 27:42)
군인들은 그들 중 누군가가 헤엄쳐서 도망가지 못하도록 죄수들을 죽이는 것을 계획했다.(영어식 번역)
군인들은 죄수가 헤엄쳐서 도망할까 하여 그들을 죽이는 것이 좋다 하였으나.(사도행전 27:42)

영어 성경 본문은 영어만을 볼 때 읽기도 편하고 swimming, escaping처럼 운율을 맞추었습니다. 이 구절을 영어식 번역으로 하면 우리말로는 뭔가 이상합니다. 하지만 우리말 성경 구절을 읽으면 우리말 맛의 풍미가 살아납니다. 특히 마지막에 '좋다 하였으나'는 구절에 운율을 주기까지 합니다. 이렇게 각각의 언어에 각각의 운율이 있기에 영어 성경과 우리말 성경은 1대1 번역이 꼭 좋은 것만은 아닙니다.

6. 접속사

접속사는 단어와 단어, 구와 구, 문장과 문장을 연결하는 역할을 합니다. 접속사는 크게 등위접속사와 종속접속사로 나뉩니다.

1. 등위접속사

등위접속사는 저울로 비교하면 두 개가 같은 무게가 되는 접속사를 말합니다. 대등한 관계로 연결하는 접속사로 and, or, but, for, so 등이 있습니다.

In the beginning was the Word, <u>and</u> the Word was with God, <u>and</u> the Word was God.(John 1:1)
          문장과 문장을 연결   문장과 문장을 연결
태초에 말씀이 계시니라 이 말씀이 하나님과 함께 계셨으니 이 말씀은 곧 하나님이시니라.

Daughters of Jerusalem, I charge you <u>by the gazelles</u> <u>and</u> <u>by the doses of the field</u>:(Song of Songs 2:7)
             by로 시작하는 부사구와 by로 시작하는 부사구 연결
예루살렘의 딸들아 내가 노루와 들사슴을 두고 너희에게 부탁한다.

Do not <u>arouse</u> <u>or</u> <u>awaken</u> love until it so desires.(Song of Songs 2:7)
     동사와 동사를 연결
내 사랑이 원하기 전에는 흔들지 말고 깨우지 말지니라

My lover is like <u>a gazelle</u> <u>or</u> <u>a young stag</u>.(Song of Songs 2:9)
        명사와 명사를 연결
내 사랑하는 자는 노루와도 같고 어린 사슴과도 같아서

※ 등위접속사는 연결하는 부분의 품사가 문법적 특성이 같아야 함을 꼭 기억하세요. 명사일 경우에는 명사가, 명사구일 때는 명사구가, 명사절일 때는 명사절이 함께 옵니다. 이는 다른 품사도 마찬가지입니다. 등위접속사 이해는 특히 복잡한 문장을 해석할 때 유용하니 꼭 기억하세요.

※ 항상 함께 쓰이는 등위접속사

다음의 구문은 항상 함께 나옵니다. 같이 외워두시면 독해하는 데 많은 도움이 될 것입니다. A와 B 역시 품사나 문법적 기능이 같다는 것 기억하세요.

1) not only A but also B : -뿐만 아니라 -도

Slaves, submit yourselves to your masters with all respect, <u>not only</u> <u>to those who are good and considerate</u>, <u>but also</u> <u>to those who are harsh.</u>(1 Peter 2:18)
    and의 경우 형용사(good)와 형용사(considerate)를 연결
→ A와 B가 모두 to those로 모두 전치사구

사환들아 범사에 두려워함으로 주인들에게 순종하되 선하고 관용하는 자들에게만 아니라 또한 까다로운 자들에게도 그리하라.

2) both A and B : A와 B 모두

Even on my servants, <u>both</u> men <u>and</u> women, I will pour out my Spirit in those days,(Acts 2:18)
    남성과 여성(명사)를 연결
그 때에 내가 내 영을 내 남종과 여종들에게 부어주리니

3) neither A nor B : A도 B도 아니다

"He has blinded their eyes and deadened their hearts, <u>so</u> they can <u>neither</u> see with their eyes,
    결과를 나타내는 등위접속사
<u>nor</u> understand with their hearts, <u>nor</u> turn(John 12:40)
→ see, understand, turn 동사를 연결

그들의 눈을 멀게 하시고 그들의 마음을 완고하게 하셨으니 이는 그들로 하여금 눈으로 보고 마음으로 깨닫고 돌이켜

4) either A or B : A나 B

Pilate said. "Don't you realize I have power <u>either</u> to free you <u>or</u> to crucify you?" (John 19:10)
                              → to 부정사를 연결
빌라도가 이르되 내가 너를 놓을 권한도 있고 십자가에 못 박을 권한도 있는 줄 알지 못하느냐?

5) not A but B : A가 아니라 B

although in fact it was <u>not</u> Jesus who baptised, <u>but</u> his disciples.(John 4:2)
예수께서 친히 세례를 베푸신 것이 아니요 제자들이 베푼 것이라.

2. 종속접속사

1) 명사절을 이끄는 종속접속사

(1) that

that이 이끄는 절이 주어, 보어, 목적어가 됩니다.(명사 설명에서 위치 부분 참조하세요.)

You do not realize <u>that</u> <u>it</u> is better <u>for</u> you <u>that</u> one man die for the people than <u>that</u> the whole nation
         realize의 목적절을 이끄는 that   진주어 that의   의미상 주어   진주어2
                               가주어   진주어1

perish.(John 11:50)

한 사람이 백성을 위하여 죽어서 온 민족이 망하지 않게 되는 것이 너희에게 유익한 줄을 생각하지 아니하는도다

"It 동사 for 명사 that 주어+동사"는 가주어, 진주어절의 전형적인 문장유형입니다. 그냥 통째로 기억해 주세요.

The reason my Father loves me <u>is</u> <u>that</u> I lay down my life(John 10:17)
                                         불완전자동사로서 2형식 동사
                                              보어를 이끄는 that으로 이유(reason) 설명
    the reason=that I lay down my life

아버지께서 나를 사랑하시는 이유는 내가 내 목숨을 버렸음이라.

(2) if, whether

<u>Whether he is a sinner or not</u>, I don't know.(John 9:25)
    know의 목적격 : 도치되었음

그가 죄인인지 아닌지 내가 알지 못하나

Then he sent out a dove to see <u>if</u> the water had receded from the surface of the ground.(Genesis 8:8)
                       부정사 to see의 목적절 '-인지 아닌지'의 뜻을 지님

그가 비둘기를 내놓아 지면에서 물이 줄어들었는지를 알고자 하매

2) 부사절을 이끄는 접속사

부사절을 이끄는 접속사는 의미가 다양합니다. 다음의 도표를 보고 어떤 접속가가 무슨 의미를 가졌는지 기억하세요.

	종 류
시 간	when(-할 때) as(-할 때) before(-전) after(-후) since(-이래로) till(until)(-할 때까지) whenever(-할 때마다) while(-하는 동안)

시 간	as soon as(-하자마자) no sooner A than B(A를 하자마자 B를 하다)
	hardly(scarcely) A when(or before) B(A를 하자마자 B를 하다)
	as long as(-하는 한) once(일단 -하면)
장 소	where(-곳에) wherever(-하는 곳마다)
원인, 이유	as(-때문에) because(-때문에) since(-때문에) now that(-때문에)
결 과	so 형용사(부사) that 주어 동사 : 너무나 -해서 -하다
	such 명사 that 주어 동사 : 너무나 -해서 -하다
조 건	if(만약 -한다면) unless(만약 -하지 않는다면) only if(오로지 -한다면)
	in case(-할 경우에) so(as) long as : -하는 한
양 보	although(-함에도 불구하고) though(-함에도 불구하고)
	whether -or not(-하든지 말든지) even if, even though(-할지라도)
대 조	whereas(반면에) while(반면에)
목 적	so that 주어 may 동사 : -하기 위해
	in order that 주어 may 동사 : -하기 위해
	lest 주어 should 동사 : -하지 않도록 하기 위해
비 교	as 형용사 as 주어 동사 : -만큼 -한
	than : -보다 -한
방법, 상태	as : -한 대로 just as(-한 것처럼)
	as if(though) : -인 것처럼
정 도	as far as(-하는 한)
	as(-함에 따라)

부사절을 이끄는 접속사의 수는 많으므로 요한복음을 중심으로 접속사 중 해석하기 어려운 부분만 예로 들었습니다.

no one can see the kingdom of God <u>unless</u> he is born again.(John 3:3)
사람이 거듭나지 <u>아니하면</u> 하나님의 나라를 볼 수 없느니라
　　　　　　(조건)

<u>Once</u> the crowd realized that neither Jesus nor his disciples were there, they got into the boats and went to Capernaum in search for Jesus.(John 6:24)
무리가 거기에 예수도 안 계시고 제자들도 없음을 <u>보고 곧</u> 배들을 타고 예수를 찾으로 가버나움으로 가서
　　　　　　(시간)

Jesus said, "If you were blind, you would not be guilty of sin; but now that you claim you can see, your guilt remains.' (John 9:41)
예수께서 이르시되 너희가 맹인이 되었더라면 죄가 없으려니와 본다고 하니 너희 죄가 그대로 있느니라.
　　　　　　　　　　　　　　　　(조건)　　　　　　　　(이유)

But if I do it, even though you do not believe me, believe the miracles,(John 10:38)
내가 행하거든 나를 믿지 아니할지라도 그 이적을 믿으라
　　　(조건)　　　　　(양보)

it is for God's glory so that God's Son may be glorified through it.(John 11:4)
이것은(이 병은) 하나님의 영광을 위함이요 그리하여 하나님의 아들이 이로 말미암아 영광을 받게 하려 하심이라
　　　　　　　　　　　　　　　　　(결과)

As soon as Judas took the bread, Satan entered into him.(John 13:27)
조각을 받은 후 곧 사탄이 그 곳에 들어간지라
　　　　　　(시간)

You will look for me, and just as I told the Jews, so I tell you now:(John 13:33)
너희가 나를 찾을 것이나 내가 유대인들에게 말한 것처럼 지금 너희에게도 이르노라
　　　　　　　　　　　　　　　　　　(방법, 상태)

Many of the Jews read this sign, for the place where Jesus was crucified was near the city,(John19:20)
예수께서 못 박히신 곳이 성에서 가까운 고로 많은 유대인이 이 패를 읽는데
　　　　　　　　　　　　　　(원인)

As she wept, she bent over to look into the tomb,(John 20:11)
마리아는 울면서 구부려 무덤 안을 들여다보니
　　　　(시간)

As the Father has sent me, I am sending you.(John 20:21)
아버지께서 나를 보내신 것같이 나도 너희를 보내노라.
　　　　　　　　(방법, 상태)

The wise man has eyes in his head, while the fool walks in the darkness;(Ecc. 2:14)
지혜자는 그의 눈이 그의 머리 속에 있고 (반면에) 우매자는 어둠 속에 다니지만

☞ 명사가 접속사 역할을 하는 경우
the moment, next time, every time(each time), by the time(-할 때까지)는 명사로서 시간을 나타내는 접속사 역할을 합니다. 만일 주어가 2개, 동사가 2개인데 접속사가 보이지 않고 위와 같은 구문이 보일 경우 접속사로 해석하시면 됩니다.

The dragon stood in front of the woman who was about to give birth, <u>so that</u> <u>he might devour her</u> <u>child</u> <u>the moment</u> <u>it was born</u>.(Revelation 12:4)
　　　　　문장 1　　　　　　　문장 2
→ 위의 문장의 경우 두 문장을 연결하는 데 눈에 띄는 접속사가 없습니다. 이와 같은 경우 the moment가 접속사입니다.
용이 해산하려는 여자 앞에서 그가 해산하는 <u>순간</u> 그 아이를 삼키고자 하더니

'<u>By the time</u> the sun is hot tomorrow, you will be delivered.' (1 Samuel: 11:9)
내일 해가 더울 <u>때까지</u> 너희가 구원을 받으리라.
→ by the time의 경우는 시한을 준 것입니다.
　　(늦어도)내일 해가 <u>더울 때까지</u> 구원을 받을 것이라는 정해진 시간이 있습니다.

뜻이 같은 접속사와 전치사(구)

원인　because 주어 동사　　　because of 명사(구)
양보　even though 주어 동사　despite 명사(구)
　　　　　　　　　　　　　　in spite of 명사(구)

① because와 because of
Have regard for your covenant, <u>because</u> <u>haunts of violence</u> <u>fill</u> the dark places of the land.(Psalm 74:20)
　　　　　　　　　　　　　　　　　　　　주어　　　　동사
그 언약을 눈여겨 보소서 무릇 땅의 어두운 곳에 포악한 자의 처소가 가득 하나이다

<u>because of</u> <u>your great wrath</u>, for you have taken me up and thrown me aside(Psalm 102:10)
　　　　　　명사구
주의 진노와 분노로 말미암음이라 주께서 나를 들어서 던지셨나이다

② even though와 despite, in spite of
<u>Even though</u> <u>I</u> <u>walk</u> through the valley of the shadow of death, I will fear no evil, for you are
　접속사　　주어 동사
with me;(Psalm 23:4)
내가 사망의 음침한 골짜기로 다닐지라도 해를 두려워하지 않을 것은 주께서 나와 함께 하심이라

But man, <u>despite</u> <u>his riches</u>, does not endure; he is like the beasts that perish.(Psalm 49;12)
　　　　　　　　명사
사람은 존귀하나 장구하지 못함이여 멸망하는 짐승 같도다

<u>In spite of</u> <u>all this</u>, they kept on sinning; <u>in spite of</u> <u>his wonders</u>, they did not believe.(Psalm 78:32)
　　　　　　명사구　　　　　　　　　　　　　　　　　　　명사
이러함에도 그들은 여전히 범죄하여 그의 기이한 일들을 믿지 아니하였으므로

7. 부정사

1. 부정사의 용법

1) 명사적 용법
　명사가 들어갈 수 있는 자리인 주어, 목적어, 보어 자리에 부정사가 위치할 때 이를 부정사의 명사적 용법이라 합니다.

(1) 주어 자리
　　To have a fool for a son brings grief;(Proverbs 17:21)
　　　주어구로 동사는 brings입니다.
　　미련한 자를 아들로 가진 자는(낳는 자는) 근심을 당하느니

　** it - to 부정사 : 가주어 it **
　　But it is your custom for me to release to you one prisoner at the time of the Passover.(John 18:39)
　　유월절이면 내가 너희에게 한 사람을 놓아주는 풍습이 있으니
　　→ 위의 문장은 But for me to release to you one prisoner is your custom at the time of the Passover.로도 쓸 수 있습니다. 그러나 이와 같은 경우 주어가 너무 길므로 가주어 it이 주어 자리에 오고 to 부정사가 뒤로 갑니다.
　　→ for me는 to 부정사의 의미상 주어임도 함께 기억하세요.

(2) 목적어 자리 : to 부정사가 '을/를'로 해석될 때, 즉 타동사의 목적어가 될 때
　　The next day Jesus decided to leave for Galilee.(John 1:43)
　　　　　　　　　　　　　타동사 decided의 목적어
　　이튿날 예수께서 갈릴리로 나가려고(나가기를) 결정하셨다.

(3) 보어자리

　① 주격 보어 : 동사와 함께 쓰여 주어를 설명해줄 때
　　The first thing Andrew did was to find his brother Simon(John 1:41)
　　　the first thing=to find his brother Simon
　　안드레가 행한 첫 번째 일은 형제 시몬을 찾는 것이었다.(그가 먼저 자기의 형제 시몬을 찾아 말하되)

② 목적격 보어 : 목적어를 설명해줄 때
　　　If I want him to remain alive until I return, what is that to you?(John 21:22)
　　　　　　　　　머무는 사람은 그, 목적어
내가 올 때까지 그를 머물게 할지라도 네게 무슨 상관이냐?

　　☞ 사역동사나 지각동사의 경우는 to 없는 원형부정사
　　　Do not let your hearts be troubled and do not be afraid.(John 14:27)
　　　　　　　　　근심하는 것은 마음, 즉 목적어
너희는 마음에 근심하지도 말고 두려워하지도 말라

on the roof were about three thousand men and women watching Samson perform.
부사구가 먼저 나와 도치　　　　주어　　　　　　　동사(were watching)　목적어　목적보어(원형부정사)
(Judeges 16:27)
　　　※ 원형부정사를 쓰는 동사군에는 사역동사(make, have, let, help)와 지각동사(hear, see, feel, watch, notice) 등이 있습니다.

2) 형용사적 용법

(1) 한정적 용법 : 명사 뒤에서 그 명사를 수식할 때
　　　"Don't you realize I have power either to free you or to crucify you?" (John 19:10)
　　　　　　　　　　　　　　　　　　명사 power를 수식
내가 너를 놓을 권한도 있고 십자가에 못 박을 권한도 있는 줄 알지 못하느냐?
to 부정사가 전치사와 함께 올 수도 있습니다.

　　　"you have nothing to draw with and the well is deep." (John 4:11)
　　　　　　　　　수단의 전치사 with 동사 draw와 함께 하여 명사 nothing을 수식
물 길을 것(그릇)도 없고 이 우물은 깊은데

(2) 서술적 용법 : be to 부정사 용법
　　'be to 부정사' 구문에서 to 부정사의 내용이 주어를 설명하는 것이 아닐 때, 동사 be 동사와 함께 동사적 의미를 가질 때 이럴 때는 서술적 용법으로 쓰인 것입니다. 일반적으로 'be to 부정사'는 예정, 의무, 가능, 운명, 의도의 의미로 해석할 수 있으니 문맥에 따라 해석하세요.

He meant Judas, the son of Simon Iscariot, who, though one of the Twelve, was later to betray him.(John 6:71) 예정
이 말씀은 가룟 시몬의 아들 유다를 가리키심이라 그는 열둘 중의 하나로 예수를 팔 자러라

It belongs to Aaron and his sons, who <u>are to</u> eat it in a holy place,(Lev 24:9) **운명**
이 떡은 아론과 그의 자손에게 돌리고 그들은 그것을 거룩한 곳에서 먹을지니

The quiet words of the wise <u>are more to</u> be heeded than the shouts of a ruler of fools.(Ecc 9:17) **가능**
조용히 들리는 지혜자들의 말들이 우매한 자들을 다스리는 자의 호령보다 나으니라

☞ 'be to부정사' 구문 비교하기
'be to부정사' 구문이 항상 앞에서 설명한 의미만을 지니는 것은 아닙니다. 주격보어로 쓰이는 경우도 있습니다. 전체 문맥을 보고 구별해서 해석해야 합니다.

<u>The first thing</u> Andrew did was <u>to find his brother Simon</u>(John 1:41)
the first thing=to find his brother Simon → 보어로 명사적 용법

<u>The quiet words of the wise</u> are more <u>to be heeded</u> than the shouts of a ruler of fools(Ecc 9:17)
the quiet words of the wise≠to be heeded
위와 같이 주어를 설명하는 관계가 성립하지 않을 때는 be to 부정사 용법

3) 부사적 용법
동사, 형용사, 부사 혹은 문장 전체를 수식하는 경우로 일반적으로 목적, 원인, 이유 판단의 근거, 결과, 조건 등으로 내용을 구분합니다. 일반적으로 부사적 용법은 명사적 용법과 형용사적 용법을 제외한 모든 부정사구문으로 생각하시면 됩니다. 내용은 문맥에 따라 적절하게 해석하시면 됩니다.

I thought in my heart, "Come now, I will test you with pleasure <u>to find out what is good.</u>" But that also proved to be meaningless. (Ecc 2:1) **결과**
나는 내 마음에 이르기를 자, 내가 시험삼아 너를 즐겁게 하리니 너는 낙을 누리라 하였으나(낙이 무엇인지 발견할 것이고) 보라 이것은 헛되도다(헛되다고 증명되었다)

"Our friend Lazarus has fallen asleep; but I am going there <u>to wake him up.</u>" (John 11:11) **목적**
우리 친구 나사로가 잠들었도다 그러나 내가 깨우러 가노라

He was greatly distressed <u>to see</u> that the city was full of idols.(Acts 17:16) **원인**
그(바울)는 그 도시가 우상들로 가득 찬 것을 보고 매우 괴로워했다

형용사를 수식하여 부사적 용법이 되기도 합니다.
Look, here is a town near <u>enough</u> <u>to run to</u>, and it is small.(Genesis 19:20)
　　　　　　　　　　　　　　형용사
보십시오, 성읍은 도망가기에 가깝고 작기도 하오니

☞ enough to 부정사 용법과 더불어 too 형용사 또는 부사 to 부정사(너무나 –해서 –하다) 용법도 꼭 알아두세요. 해석에 가장 많이 애용되는 구문 중 하나입니다.

I am too old to have another husband.(Ruth 1:12)
나는 너무 늙어 다른 남편을 두지 못할지라(나는 늙었으니 남편을 두지 못할지라)

☞ 'too 형용사 또는 부사 to 부정사' 구문은 'so형용사 또는 부사 that 주어+cannot 동사원형'으로 바꿀 수 있습니다.

I am too old to have another husband.
→ I am so old that I cannot have another husband.

※ 'so형용사(부사) that 주어 동사 구문' 너무나 –해서 –못하다.
→ 위의 구문은 영어 원문에서 빈번하게 쓰이는 문구입니다.

because I so feared the crowd and so dreaded the contempt of the clans that I kept silent and would not go outside.(Job 31:34)
내가 언제 큰 무리와 여러 종족의 수모가 두려워서 대문 밖으로 나가지 못하고 잠잠하였던가.

때로는 부사를 수식하여 부사적 용법이 되기도 합니다.

I have much more to say to you, more than you can now bear.(John 16:12)
　　　　부사
내가 아직도 너희에게 이를 것이 많으나 지금은 너희가 감당하지 못하리라

8. 동명사

동명사는 동사의 의미를 가졌지만 문법적으로는 명사의 역할을 하며 해석은 '-하는 것, -하기'로 됩니다. 동명사는 문법적으로 명사이므로 주어, 보어, 목적어로 쓰입니다.

1. 주어

Starting a quarrel is like breaching a dam;(Proverbs 17:14)
주어부(다투기 시작하는 것)   전치사의 목적어(물이 새는 것)
다투는 시작은 독에서 물이 새는 것 같은 즉

2. 보어

The wisdom of the prudent is to give thought to their ways,(Proverbs 14:8)
→ The wisdom of the prudent is giving thought to their way.
슬기로운 자의 지혜는 자기의 길을 아는 것이라
to 부정사가 보어로 쓰인 문장을 동명사로 바꿀 수 있습니다. 이 때 동명사는 보어 역할을 합니다.

3. 목적어

1) 타동사 의 목적어

When he had finished washing their feet, he put on his clothes and returned to his place.(John 13:12)
　　　　　　　　타동사 finish의 목적어
그들의 발을 씻으신 (것을 끝낸) 후에 옷을 입으시고 다시 앉아

2) 타동사구의 목적어

Fools mock at making amends for sin, but goodwill is found among the upright.(Proverbs 14:9)
'-를 조롱하다'의 의미로 mock at은 함께 쓰이는 타동사구입니다. 목적어구
미련한 자는 죄를 심상히 여겨도 정직한 자 중에는 은혜가 있으리라

3) 전치사의 목적어

He will bring glory to me <u>by</u> <u>taking from what is mine</u> and <u>making it known to you</u>.(John 16:14)
　　　　　　　　　　　'-함으로써'의 뜻을 지닌 전치사　　동명사구1　　　　　　　동명사구2
그가 내 영광을 나타내리니 내 것을 가지고 너희에게 알리시겠음이라

4. to 부정사와 동명사를 목적어로 쓸 때 의미의 차이가 있는 동사 : remember, forget, stop

1) remember ⟨ remember to 부정사 : -할 것을 기억하다.
　　　　　　　　　 remember 동명사 : -했던 것을 기억하다.

with those who keep his covenant and remember <u>to obey his precepts</u>.(Psalm 103:18)
　　　　　　　　　　　　　　　　　　　　　　그의 법도를 준수할 것을(미래의 일)
곧 그의 언약을 지키고 그의 법도를 (준수할 것을) 기억하여
→ 위의 문장에서 remember의 목적어를 동명사로 바꾸면 의미가 변하여 '과거에 -했던 것을 기억하다'가 됩니다.

with those who keep his covenant and <u>remember obeying his precepts</u>
　　　　　　　　　　　　　　　　　　　　과거에 그의 법도를 준수했던 것을 기억하며(과거의 일)

2) forget ⟨ forget to 부정사 : -할 것을 잊다.
　　　　　　　 forget 동명사 : -했던 것을 잊다.

And do not forget <u>to do good</u> and <u>to share with others</u>, for with such sacrifices God is pleased.
　　　　　　　　　선을 행하고 서로 나누어주기를(미래의 일)
(Hebrews 13:16)
→ '-할 것을'의 뜻이 됩니다.
오직 선을 행함과 서로 나누어 주기를 잊지 말라, 하나님은 이같은 제사를 기뻐하심이라
→ 위의 문장에서 forget의 목적어를 동명사로 바꾸면 의미가 변하여 '과거에 -했던 것을 잊다'가 됩니다.

And do not forget <u>doing good and sharing with others</u>
　　　　　　　　　과거에 선을 행했었고 서로 나누어 주었던 것을 잊지 말라(과거의 일)

3) stop ⟨ stop to 부정사 : -하기 위해 멈추다.
　　　　　 stop 동명사 : -하는 것을 멈추다.

So whenever he came by, he stopped there <u>to eat</u>.(2 Kings 4:8)
　　　　　　　　　　　　　　　　　　　　'먹기 위해서'(to 부정사의 부사적 용법)
그(엘리사)가 그곳을 지날 때마다 음식을 먹으러 그리로 들어갔더라

Stop <u>listening to instruction</u>, my son, and you will stray from the words of knowledge.(Proverbs 19:27)
말씀을 듣는 것을(-하는 것을) 동명사의 목적어 명령형에서
내 아들아 지식의 말씀에서 떠나게 하는 교훈을 듣지 말아라

5. 동명사의 관용적 표현

1) cannot help 동사원형ing : -하지 않을 수 없다

For we <u>cannot help speaking about</u> what we have seen and heard.(Acts 4:20)
우리는 보고 들은 것을 말하지 아니할 수 없다 하니

2) on 동사원형ing : -하자마자

<u>On hearing it</u>, many of his disciples said, "This is a hard teaching. Who can accept it?"(John 6:60)
제자 중 여럿이 듣고 말하되 이 말씀은 어렵도다 누가 들을 수 있느냐

3) without 동사원형ing : -하지 않고

Does our law condemn anyone <u>without</u> first <u>hearing</u> him to find out what he is doing?(John 7:51)
우리 율법은 사람의 말을 듣고 그 행한 것을 알기 전에 심판하느냐?

4) keep A from 동사원형ing : A가 -하는 것을 못하게 하다

So he said he would destroy them-had not Moses, his chosen one, stood in the breach before him <u>to keep his wrath from destroying them.</u>(Psalm 106:23)
그러므로 여호와께서 그들을 멸하리라 하셨으나 그가 택하신 모세가 그 어려움 가운데 서서 그의 노가 멸하시는 것을 못하게(그의 노를 돌이켜 멸하시지 아니하게) 하였도다

5) be worth 동사원형ing : -할 가치가 있다.

If Jacob takes a wife from among the women of this land, from Hittite women like these, my life will not <u>be worth living</u>.(Genesis 27:46)
야곱이 만일 이 땅의 딸들 곧 그들과 같은 헷 사람의 딸들 중에서 아내를 맞이하면 내 삶은 살아갈 가치가 없을 것이다(내 삶이 무슨 재미가 있으리이까).

이외에도 It is no use -ing(-해야 소용이 없다), There is no -ing(도저히 -할 수 없다), of one's own -ing(자신이 -하는 한) 등이 해석상 가끔 나오는 동명사 용법입니다.

9. 분사

1. 분사의 종류

분사에는 현재분사와 과거분사가 있습니다. 현재분사는 be 동사와 함께 쓰여 진행형을 이루고 과거분사는 be 동사와 함께 쓰여 수동형을 만들거나 have 동사와 함께 쓰여 완료형을 이룹니다.

The LORD said to me, "You have seen correctly, for I <u>am watching</u> to see that my word <u>is fulfilled</u>."
be+동사원형ing : 진행형　　　　　be+과거분사 : 수동형

(Jer 1:12)
여호와께서 내게 이르시되 네가 잘 보았도다 이는 내가 내 말을 지켜 그대로 이루려 함이라 하시니라

Jesus said, "For judgement I <u>have come</u> into this word," (John 9:39)
have+과거분사 : 완료형

예수께서 이르시되 내가 심판하러 이 세상에 왔으니

2. 분사의 용법

1) 한정적 용법

명사를 수식하는 용법으로 현재분사는 능동이나 진행의 뜻, 과거분사는 수동의 뜻을 지닙니다. 단어가 하나일 때는 명사 바로 앞에서 형용사의 역할을 하지만 단어가 두 개 이상일 때는 명사 뒤에서 명사를 수식하는 형용사구 역할을 합니다.

Drink water from your own cistern, <u>running water</u> from your own well. (Proverbs 5:15)
흐르는 물로 water를 수식하는 현재분사, 물이 흐르므로 능동

너는 네 우물에서 물을 마시며 네 샘에서 흐르는 물을 마시리

and if you look for it as for silver and search for it as for <u>hidden treasure</u>, (Proverbs 2:4)
보물은 숨겨진 것이므로 수동형

은을 구하는 것 같이 그것을 구하며 감추어진 보배를 찾는 것 같이 그것을 찾으면

Here is this man performing many miraculous signs.(John 11:47)
  하는 것은 사람이 능동적으로 하는 것이니 현재분사로 구를 이뤄 길이가 길어져 this man 뒤로 감
이 사람이 많은 표적을 행한 사건이니(행하니)

He is like a tree planted by streams of water,(Psalm 1:3)
  나무의 입장에서 심겨진 것이므로 과거분사
그는 시냇가에 심은 나무와 같으니

2) 서술적 용법 : 형용사처럼 주격보어와 목적보어가 됩니다.

(1) 주격보어

As Simon Peter stood warming himself, he was asked,(John 18:25)
  주어 Peter를 설명 → 몸을 녹이는 것은 피터 스스로 하는 것으로 능동적
시몬 베드로가 서서 불을 쬐더니 사람들이 묻되

Still another said, 'I just got married, so I can't come.' (Luke 14:20)
  I를 설명, 결혼하는 것은 관용적으로 과거분사를 씀
나는 장가들었으니 그러므로 가지 못하겠노라 하는지라

(2) 목적보어

they saw Jesus approaching the boat, walking on the water;(John 6:19)
  목적어 목적어가 행하는 것(능동적이자 진행의 의미)
그들은(제자들이) 예수께서 바다 위로 걸어 배에 가까이 오심을 보고 두려워하거늘

If you see the poor oppressed in a district, and justice and rights denied, do not be surprised at such
         목적어 1 목적보어(학대받는 것은 수동적 의미)   목적어 2   목적보어(짓밟히는 것은 수동적 의미)
things;(Ecc 5:8)
너는 어느 지방에서든지 빈민을 학대하는 것과 정의와 공의가 짓밟히는 것(공의를 짓밟는 것)을 볼지라도 그것을 이상히 여기지 말라

3. 분사구문

부사절(6장의 부사절을 이끄는 접속사를 참조하세요)을 분사를 써서 부사구로 만든 문장을 분사구문이라 합니다. 분사구문은 종속절과 주절의 주어가 같을 때 종속절의 접속사와 주어를 생략하고 동사원형ing를 씁니다. 해석을 할 경우 전체 문맥을 보고 적합한 접속사를 찾습니다.

1) 부사절과 주절의 시제가 같을 때

　① 주어가 같을 때
　　(Then,) After she left her water jar, the woman went back to the town
　　종속접속사 생략　주어가 같으므로 생략　시제가 똑같이 과거이므로 동사원형ing
　　→ Then, leaving her water jar, the woman went back to the town.(John 4:28)
　　여자가 물동이를 버려두고 동네로 들어가서 사람들에게 이르되

　② 주절과 종속절의 주어가 다를 경우
　　Nearby stood six stone water jars, the kind used by the Jews for ceremonial washing, each holding
　　　　　　　　　　주절의 주어　　　　　　　　　　　　　　　　　　　　　　　　　　　　　　　　　　　부사절의 주어
　　　　　　　　　　　　　　　　주절과 부사절의 주어가 다를 때는 이렇게 분사구문에서 주어를 살려둡니다.
　　from twenty to thirty gallons.(John 2:6)
　　거기에 유대인의 정결 예식에 따라 두세 통 드는 돌항아리 여섯이 놓였느니라

　③ 접속사를 살려두는 경우
　　He spoke these words while teaching in the temple area near the place where the offerings were
　　　　　　　　　　　　접속사를 꼭 밝히고 싶을 때는 접속사를 살려두기도 합니다
　　put.(John 8:20)
　　이 말씀을 성전에서 가르치실 때에 헌금함 앞에서 하셨으나

2) 분사구문의 부정

　He was a murderer from the beginning, not holding to the truth,(John 8:44)
　　　　　　　　　　　　　　　　　부정은 분사구문 앞에 바로 not을 씁니다
　그는 처음부터 살인자요 진리가 그 속에 없으므로

3) 분사구문의 생략 : Being의 경우

(Being) Aware that his disciples were grumbling about this, Jesus said to them, "Does this offend you?(John 6:61)
→ As he was aware that his disciples were grumbling about this
→ (Being) aware that his disciples were grumbling about this
    Being의 경우 분사구문에서는 대부분 생략합니다.
예수께서 스스로 제자들이 이 말씀에 대하여 수군거리는 줄 아시고 이르시되 이 말이 너희에게 걸림돌이 되느냐?

4) 주절과 부사절의 시제가 다를때 : 부사절의 시제가 주절보다 앞설 때

<u>Having said</u> this, he stayed in Galilee.(John 7:9)
→ After he <u>had said</u> this, he stayed in Galilee.
    주절보다 하나 앞선(이전의) 시제일 때는 having said의 형태를 취합니다.
이 말씀을 하시고 갈릴리에 머물러 계시니라

5) 부대상황의 with : 행동이 같이 일어날 때

When the soldiers crucified Jesus, they took his clothes, dividing them into four shares, one for each of them, <u>with</u> the undergarment <u>remaining</u>.(John 19:23)
    └ 분사구문의 주어 → 주어가 다른 경우에는 그대로 살려둡니다.
군인들이 예수를 십자가에 못 박고 그의 옷을 취하여 네 깃에 나눠 각각 한 깃씩 얻고 속옷도 취하니

10. 도치와 생략

도치와 생략부분은 해석할 때 많은 어려움을 겪는 부분입니다. 우리가 알고 있는 일상적인 순서대로 문구가 나오지 않았을 경우 혹시 도치나 생략이 있는지 살펴보십시오.

1. 도치

도치는 어떤 단어나 문구를 강조하기 위해 주로 사용되는 문장형태입니다. 도치된 문장에서는 문장의 가장 처음에 나오는 단어나 문구가 강조된 것입니다.

1) 주어와 동사의 도치

<u>May</u> <u>the praise of God</u> be in their mouth, and a double-edged sword (be) in their hands.(Psalm 149:6)
조동사   주어 → 기원문의 경우 일상적으로 도치   be 동사 생략

그들의 입에는 하나님에 대한 찬양이 있고 그들의 손에는 두 날 가진 칼이 있도다

2) 보어의 도치

<u>Blessed</u> <u>are</u> <u>all who take refuge in him.</u>(Psalm 1:12)
　보어　 동사　　　주어부
→ 보어의 도치 경우 일상적으로 주어와 동사의 위치가 바뀝니다.

여호와께 피하는 모든 사람은 다 복이 있도다

3) 목적어의 도치

<u>Acquitting the guilty and condemning the innocent</u>-the LORD detests them both.(Proverbs 17:15)
→ them을 구체적으로 언급한 것으로 강조하기 위해 먼저 나옴

악인을 의롭다 하고 의인을 악하다 하는 이 두 사람을 다 여호와께서 미워하시느니라(이 두 사람은 다 여호와께 미움을 받느니라)

4) 부사구의 도치

<u>From the LORD</u> comes deliverance.(Psalm 3:8)
장소를 지칭하는 부사구 → 부사구의 도치 경우 주어와 동사의 위치가 바뀜

구원은 여호와께 있사오니

2. 생략

1) if 절의 생략

So he said he would destroy them-had not Moses, (his chosen one,) stood in the breach before him
                        if Moses had not stood
                     → if가 생략 : 주어와 동사의 위치가 바뀜
                     ( )안은 동격으로 Moses를 지칭
to keep his wrath from destroying them.(Psalm 106:23)
그러므로 여호와께서 그들을 멸하리라 하셨으니 그가 택하신 모세가 그 어려움 가운데서 그의 앞에 서서 그의 노를 돌이켜 멸하시지 아니하게 하였도다

Were I to count them, they would outnumber the grains of sand.(Psalm 139:18)
If I were to count them
→ if 생략 : 주어와 동사의 위치가 바뀜(be to 용법)
내가 세려고 할지라도 그 수가 모래보다 많도소이다

2) 동사의 생략

One group sat down on one side of the pool and one group (sat) on the other side.(2 Samuel 2:13)
이는 못 이쪽이요 그는 못 저쪽이라

Therefore the wicked will not stand in the judgement, nor sinners (will stand) in the assembly of the righteous.(Psalm 1:5)
그러므로 악인들은 심판을 견디지 못하여 죄인들이 의인들의 모임에 들지 못하리라

3) 관계대명사의 목적격 생략

The nations have fallen into the pit (that) they have dug; their feet are caught in the net (that) they have hidden.(Psalm 9:15)
이방 나라들은 자기가 판 웅덩이에 빠짐이여 자기가 숨긴 그물에 자기 발이 걸렸도다

2 독해 연습하기

들어가기

The word "theology" ①<u>is easily broken down into</u> two Greek words: *theos*(God), and *logos*(word). Theology is thus "discourse about **God**," in much the same way as "biology" is discourse about life(Greek: *bios*). If there is only one God, and if that God happens to be the "God of the Christians" (to borrow a phrase from the second-century writer Tertullian), then the nature and scope of theology ①<u>is relatively well defined</u>: theology is reflection upon **the God** ②<u>whom</u> Christians worship and adore.   -Alister E. McGrath-

Grammar Tips를 참고하여 위의 문장을 해석해보세요.

Words and phrases

theology : 신학 break down into : ~로 분류하다 in much the same way as ~ : ~와 같은 방식으로
discourse : 담화 happen to : ~이 되다 nature : 본질 scope : 범위 relatively : 상대적으로
define : 정의하다 reflection upon : ~에 대한 고찰 worship : 경배하다 adore : 숭배하다

Grammar Tips

1. 수동태 : 주어 be+동사의 과거분사형 by

The word "theology" <u>is easily broken down</u> into two Greek words: *theos*(God), and *logos*(word).
위의 문장의 경우 'by+행하는 주체' 가 생략되었습니다. 일반적인 사람이 그 주체이기 때문입니다.

Then the nature and scope of theology <u>is</u> relatively well <u>defined.</u>
위의 문장도 'by+행위 주체'가 일반인이므로 생략되었습니다.

2. 관계대명사 목적격 : 사람의 경우 whom

②번 문장을 두 문장으로 분리하면 다음과 같습니다.
Theology is reflection upon <u>the God</u>. Christians worship and adore <u>the God</u>.
　　　　　　　　　　　　　　　　　　　목적어로 사물이 아니므로 whom
　　　　　　　　　　　　　　관계대명사는 항상 선행사(수식하는 명사) 뒤

→ Theology is reflection upon the God whom Christians worship and adore.

 생각해보기

우리가 하나님을 지칭할 때 첫 번째 진한 부분에서 보듯이 정관사 the 없이 그냥 God이라고 씁니다. 그러나 위의 본문에서는 진한 부분에서 the God이라 정관사를 붙였습니다. 왜 그랬을까요?(정관사 the를 쓸 때는 어떤 때일까요?)

_____
_____
_____
_____
_____

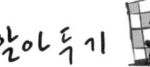 알아두기

터툴리안

터툴리안(Turtulian) 또는 테르툴리아누스(Quintus Septimius Florens Tertullianus, 약 155년~약 230년)는 초대교회의 훌륭한 신학자입니다. 그는 북아프리카 카르타고의 비기독교 가정에서 태어났으며, 그의 아버지는 총독관저의 백부장이었습니다. 법률을 공부하여 변호사가 된 그는 195년 순교자들이 신앙을 지키기 위해서 순교하는 모습에 감동받아 기독교인이 되었지요. 터툴리안은 교회사 최초로 라틴어를 사용했는데, '삼위일체(Trinity)'라는 신학 용어를 가장 먼저 사용한 이로 알려져 있으며, 그의 라틴어 문체는 중세 교회 라틴어의 표본으로 간주되고 있습니다. 아프리카의 제의 신학자라고 불릴 정도로 뛰어난 신학자인 키프리아누스의 신학에도 깊은 영향을 주었습니다. 그는 박해기 기독교를 변증한 변증가로서 '순교자들의 피는 교회의 씨앗', '박해는 기독교인의 무죄를 변증한다'는 말을 남긴 것으로 유명합니다.

1. 성서신학

①   The ultimate source of Christian theology is the Bible②, which bears witness to the historical grounding of Christianity in both the history of Israel and the life, death, and resurrection of Jesus Christ.(Note that the word-pairs "Scripture" and "the Bible," and "scriptural" and "biblical," are synonymous for the purposes of theology.) As is often pointed out, Christianity is about belief in a person(Jesus Christ), rather than belief in a text(the Bible). Nevertheless, the two are closely interlocked. Historically, we know virtually nothing about Jesus Christ, except what we learn from the New Testament. In trying to wrestle with the identity and significance of Jesus Christ, Christian theology is thus obliged to wrestle with the text ①which transmits knowledge of him. This has the result that Christian theology is intimately linked with the science of biblical criticism and interpretation - in other words, with the attempt to appreciate the distinctive literary and historical nature of the biblical texts③, and to make sense of them.   -Alister E. McGrath-

Grammar Tips를 참조하여 위의 문장을 해석해보세요.

Words and phrases

ultimate : 궁극적인   bear witness to : ~의 증인이 되다   grounding : 근거   synonymous : 동의어
purpose : 목적   point out : 지적하다   interlock : 연결하다   except : ~를 제외하고   virtually : 실제로
wrestle with : 씨름하다   identity : 본성, 특성   significance : 의미   transmit : 전수하다
be obliged to : ~해야만 한다   intimately : 밀접하게   interpretation : 해석   distinctive : 분명한
literary : 문학적   be linked with : ~와 연결되다   appreciate : 올바로 인식하다   make sense of : 이해하다
this has the result that~ : ~라는 결과를 낳다   as is often pointed out : 흔히 지적하듯이

Grammar Tips

1. 관계대명사의 연속적 용법

관계대명사는 크게 제한적 용법과 계속적 용법으로 나눌 수 있습니다.

(1) 제한적 용법

Christian theology is thus obliged to wrestle with the text (<u>which</u> transmits knowledge of him.)

관계대명사 주격(the text를 지칭)

위의 문장에서 which는 관계대명사 주격, 즉 바로 앞의 선행사 the text를 지칭하는 것으로 the text를 설명하는 데 필수적인 관계절을 이끌고 있습니다. 이런 경우 관계대명사절(which transmits knowledge of him)을 먼저 해석하고 그 다음에 합니다.

→ 기독교 신학은 <u>그분에 대한 지식을 전수하는</u> 텍스트와 씨름해야만 한다.
  (which 이하의 관계절)

(2) 계속적 용법

The ultimate source of Christian theology is <u>the Bible, which</u> bears witness to the historical grounding of Christianity in the history of Israel.

계속적 용법의 경우 관계대명사 주격 which는 선행사 the Bible을 보충설명해주고 있습니다. 이와 같은 경우 위의 문장처럼 문장이 길 때에는 분리해서 해석하는 경우가 많습니다.

→ 기독교 신학의 궁극적 소재는 <u>성경으로, 이 성경은</u> 이스라엘 역사 안에서 기독교의 역사적 토대를 증거한다.

2. 등위접속사 and

등위접속사 and는 문장에서 같은 역할을 하는 단어들을 연결해 줍니다.

In trying to wrestle with <u>the identity</u> <u>and</u> <u>significance</u> of Jesus Christ, …
　　　　　　　　　　　　　　명사　　　and　　　명사

→ 주 예수 그리스도의 본성과 의미와 씨름하려고 노력하며,

문장이 길수록 and가 연결하는 부분을 명확하게 찾는 것이 중요합니다.

This has the result that Christian theology is intimately linked with the science of <u>biblical criticism</u> <u>and</u> <u>interpretation</u> - in other words, with the attempt <u>to appreciate</u>
　　　명사　　　　and　　　명사(두 명사가 모두 science of에 걸림 : 성서학과 해석학)
<u>the distinctive literary and historical nature of the biblical texts,</u> <u>and</u> <u>to make sense</u>
　　　　　　　　　　　　　to 부정사　　　　　　　　　　　　　　　　　and　　to 부정사
(모두 attempt에 걸림 : 성서 본문의 분명한 문학적·역사적 특성을 올바로 인식하고 이것들을 이해하려는 시도)
<u>of them.</u>

 생각해보기

위의 본문은 성서신학에 대한 간단한 설명입니다. 위의 글에 의거하여 성서신학이란 어떤 것인지 간단히 써보세요.

_____

_____

_____

_____  **알아두기**

- -

성서신학은 계시의 원천인 성서의 내용을 역사비평적으로 연구하는 신학의 한 분야입니다. 성서신학은 성서의 저자와 성서 각서를 만들어 낸 신앙집단의 신앙원리 자체의 해명을 대상으로 합니다. 이를테면 성서 자체가 가진 신학내용을 연구하려는 학문인 것이지요. 예로부터 조직신학이나 교의학의 보조적 역할을 하는 데 그쳤던 성서신학이, 성서의 문학적·역사비평적 연구라는 기치 아래 근대적 학문으로서 출발한 것은 19세기 이후의 일이랍니다. 그 동안 성서 자체의 역사적·비판적 연구는 교의학이라는 두꺼운 벽에 가로막혀 왔었거든요. 성서의 역사적 연구는 독일의 신약학자들, 특히 F. C. 바우르와 A. 리첼 등에 의해 비롯되어 20세기에 들어와 비약적인 발전을 이루었습니다. 그 후 성서의 역사적·비판적 해석의 타당성에 대하여 칼 바르트가 이의를 제기한 이래, 성서의 신학적 해석이 재차 논의되기에 이르렀습니다. 오늘날에도 그 동안 축적된 다양한 성서신학적 연구성과와 관점들이 뜨거운 신학적 논쟁과 토론을 불러일으키고 있답니다.

② What criteria were used in drawing up the canon? The basic principle appears to have been ①that of ②the *recognition* rather than the *imposition* of authority. In other words, ③the works in question were recognized as already possessing authority, rather than having an arbitrary authority imposed upon them. For Irenaeus, the church does not *create* the canon; it *acknowledges*, *conserves*, and *receives* canonical Scripture on the basis of the authority which is already inherent to it. Some early Christians appear to have regarded apostolic authorship as of decisive importance; others were prepared to accept books which did not appear to have apostolic credentials. However, ④although the precise details of how the selection was made remain unclear, it is certain that the canon was closed within the western church by the beginning of the fifth century. The issue of the canon would not be raised again until the time of the Reformation.

-Alister E. McGrath-

Grammar Tips를 참고하여 위의 문장을 해석해보세요.

Words and phrases

criteria : 기준   draw up : 구성하다   canon : 정경   principle : 원리   recognition : 인정
possession : 소유   imposition : 부가   authority : 권위   arbitrary : 자의적인   acknowledge : 인정하다
conserve : 유지하다   receive : 받다   on the basis of : -라는 근거하에   inherent to : -에 내재한
apostolic : 사도의   authorship : 저자권   decisive : 결정적인   credential : 신용장   precise : 세세한
selection : 선택   remain : -채로 남아 있다   issue : 문제   raise : 야기하다   Reformation : 종교개혁

Grammar Tips

1. 앞에서 나온 단어를 다시 한 번 받는 that

①번의 'that'은 '저것'의 의미라기보다는 앞의 the principle을 받습니다.

2. A rather than B : B보다 A

A와 B의 품사나 문법적 기능은 같아야 합니다.
②번의 경우 A는 the recognition이고 B는 imposition으로 이 두 단어는 모두 of authority에 걸립니다.
③번은 A는 possessing authority, B는 having an arbitrary authority imposed upon them입니다. imposed upon them은 분사구문으로 authority를 수식합니다.

3. 복잡한 구문 분석하기

복잡한 구문의 경우 가장 먼저 할 일은 동사를 찾는 것입니다. 그런 후 '동사의 수-1'개의 관계사나 접속사(구문을 연결하는)를 찾습니다. 그런 후 각 동사의 주어를 찾습니다. 그러면 아래의 구문을 분석해볼까요?

[Although the precise details [of how the selection was made] remain unclear,] it is
   접속사1   주어1   의문사2   주어2   동사2(수동형) 동사1   주어3 동사3
                                                                                [가주어]

certain that the canon was closed within the western church by the beginning of
        접속사3   주어4   동사4(수동형)
        [진주어]

the fifth century.

Although가 이끄는 종속절은 [   ]

생각해보기

위의 글을 통해 우리는 성서의 정경화 과정을 어떻게 이해할 수 있을까요?

_____
_____
_____
_____

 **알아두기**

이레니우스

이레니우스(Irenaeus, 140~203. 6. 28)는 초대교회의 교부이자 신학자입니다. 그에 대한 자세한 전기는 전하지 않으나 로마에서 수학했으며, 프랑스 리옹의 박해 때 순교한 포티노 주교의 뒤를 이어 178년경 주교서품을 받고 리옹교구를 맡았습니다. 이단 그노시스파(영지주의)와 논쟁하여 그리스도의 구원과 하나님의 유일성을 역설, 초대교회 신학의 성립·발전에 매우 중요한 역할을 했습니다. 그는 훗날 동 갈리아 지방에서 선교활동을 전개 하다가 순교한 것으로 추정됩니다.

초대교회의 정경화 과정도 바로 이러한 이단의 발흥과 공격에 대해 대응하고 신앙적인 혼란을 바로잡기 위한 조처(措處)로서 시작되었다고 볼 수 있습니다.

영지주의자들은 신·구약성경 외에도 자기 자신들만의 비밀스러운 정경이 있다고 주장했고, 마르시온(Marcion)은 구약서의 하나님은 신약성서의 하나님과 다르다면서 신약과 구약의 분리를 주장했으며, 신약성서에서도 구약의 하나님과 관련된 부분을 삭제하기도 했습니다. 이에 대해 이레니우스는 신·구약성경을 정경으로 인정했습니다. 이는 구약과 신약의 연속성을 인정한 것이었습니다. 이러한 정경화 과정을 통해 확증하고자 한 것은 바로 '창조주 하나님'이 '구속주 하나님'이라는 사실이었습니다. 따라서 창조주와 구속주를 분리시키는 어떠한 주장도 정경화 과정을 통해 거부되었습니다.

시편은 구약성서 속의 대표적인 시가서(詩歌書)이지요. 『시편』은 현재 150편을 5권으로 구분하는 것이 일반적입니다. 제1권은 1~41편, 제2권은 42~72편, 제3권은 73~89편, 제4권은 90~106

1947년 사해 북서쪽 쿰란동굴에서 발견된 시편 두루마리(BC 1세기~AD 1세기경)

편, 제5권은 107~150편입니다. 각 권은 대개 "주를 찬송할지어다"로 시작, "아멘"으로 끝나지요. BC 1000년~BC 200년경까지의 1,000여 년에 걸친 이스라엘 왕국 각 시대에 씌어진 종교시의 대집성인 『시편』에는, 삶의 정황과 문학양식의 독특한 맛을 풍기는 상호관계가 면면히 표현되고 전승되고 있습니다.

1) 구약학

① The psalms of the Bible can be classified into three general categories-praise, lament, and wisdom-with a number of subcategories as well. For the most part, ①<u>each psalm falls into only one of the classifications-one exception being Psalm 22</u>, ②<u>in which verses 1-21 are a lament psalm and verses 22-31 comprise a praise psalm</u>. Both the praise and lament psalms have typical characteristics that make them easily identifiable. For instance, the lament psalms generally contain a vocative in the first line(e.g. "O Lord"; cf. Pss. 3-7), and congregational praise psalms almost always start with an imperative(e.g., "Sing to the Lord"; cf. Pss.96, 98)

Additionally, each psalm type follows a fairly consistent format. Lament psalms regularly include elements such as complaint, petition, confession of trust, and vow of praise.

-Andrew E.Hill & John H. Walton-

Grammar Tips를 참고하여 위의 문장을 해석해보세요.

Words and phrases

classify : 분류하다 category : 범주 subcategory : 하위 범주 for the most part : 대부분
a number of : 수많은 fall into : -로 떨어지다 classification : 분류 comprise : 포함하다
typical : 전형적인 characteristic : 특성 identifiable : 규정할 수 있는 contain : 포함하다
vocative : 호소(부르는 것으로 시작하는 문학 기법 중 하나) congregational : 회중의
imperative : 명령형 additionally : 부가하여 fairly : 상당히 consistent : 일관적인 format : 형식
complaint : 호소(슬픔을 호소하는 문학 기법중 하나) petition : 탄원 confession : 고백 vow : 맹세

Grammar Tips

1. 분사구문(분사구문의 주어가 다를 경우)

①번 문장을 두 문장으로 분리하면 다음과 같습니다.

<u>Each psalm falls into only one of the</u> classifications and <u>one exception is</u> Psalm 22.
　　　　　　　　　　　　　　　　주어가 다름(그대로 놔둠)
　　　　　　　　　　　　　　　　　　　　　　falls와 시제가 같으므로 being

→ Each psalm falls into only one of the classifications-one exception being Psalm 22.

☞ 분사구문의 경우 문맥에 따라 생략된 접속사의 의미를 추론하면 됩니다.

2. in which : 장소를 말하는 관계절

②번 문장을 관계절로 연결하기 이전의 문장으로 써볼까요?

-one exception being <u>Psalm 22</u>. Verses 1-21 are a lament psalm and verses 22-31 comprise a praise psalm in <u>Psalm 22</u>.
　　전치사의 목적어고 사물이므로 which
　　관계사는 선행사 바로 뒤에 가야 하므로 첫 번째 밑줄친 Psalm 22 뒤로 이동
　　→ 전치사 in은 함께 가도 되고 뒤에 있어도 됨
→ One exception being Psalm 22, <u>in which</u> verses 1-21 are a lament psalm and verses 22-31 comprise a praise psalm.

 생각해보기

시편의 세 가지 분류에 대해 간단히 설명해보세요.

_____

_____

② In the final edition of the Pentateuch, produced by Priestly theologians, great stress falls on the name Yahweh, as the Holy One of Israel, the creator and redeemer. The Priestly writers presented a *toledoth*(generations) history, from the time of creation to the Mosaic period. ①<u>They schematized the history as a history of covenants. Noachic, Abrahamic, Mosaic, each period being characterized by a particular divine epithet</u>:

- From creation to Abraham: Elohim(God)
- From Abraham to Moses: El Shaddai(God Almighty)
- From Moses on: Yahweh(the Lord)

God also spoke to Moses and said to him: "I am the Lord[Yahweh]. I appeared to Abarham, Issac, and Jacob as God Almighty[El Shaddai], but by my name "The LORD" [Yahweh] I did not make myself known to them. -Exod 6:2

②<u>This is the cultic name that the people are to use in worship</u>. To praise god, as we know from the book of Psalms, is to "call upon the name of Yahweh," in lament(Ps.116:4) or in thanksgiving(Ps.116:13).   -Bernard W. Anderson-

Grammar Tips를 참조하여 위의 문장을 해석해보세요.

Words and phrases

final edition : 최종판 Priestly theologian : 제사문서 신학자 redeemer : 구원자(대속자)
Priestly writer : 제사문서 기자 generations history : 계보역사 schematize : 도식화하다
covenant : 언약 epithet : 명칭이 주어지는 것 cultic : 제의적 call upon : -를 부르다

Grammar Tips

1. 주어가 다른 분사구문(수동형의 경우)

①번의 문장에서 다음의 밑줄 친 부분을 해석해보세요.

They schematized the history as a history of covenants. Noachic, Abrahamic, Mosaic, <u>each period being characterized by a particular divine epithet</u>:

밑줄 친 문장은 주어 동사가 없는 문장이지만 의미상 주어는 each period이고 동사는 being characterized입니다. 앞에서 공부하였듯이 이 문장은 분사구문입니다. 이 밑줄 친 부분을 문장으로 환원하면 다음과 같습니다.

→ Each period <u>was characterized</u> by a particular divine epithet.

수동형의 문장으로 해석할 때 수동으로 해석하는 것 잊지 마세요.

독해 연습하기 • 성서신학 **61**

2. be to 용법

②번의 문장에서 밑줄 친 are to 부분을 해석해보세요.

This is the cultic name that the people <u>are to</u> use in worship.

해석이 잘되지 않을 것입니다. 이렇게 해석이 부드럽게 되지 않을 때 생각해보아야 할 용법이 바로 'be to 동사원형' 용법입니다(제1부 36~37쪽 참조). 여기서는 '-해야만 한다'의 의미로 해석하는 게 자연스럽습니다.

 생각해보기

제사(P)문서 기자들이 하나님의 이름을 어떻게 명명했는지 위의 예문에 의거해 답해보세요.

_____
_____
_____
_____
_____
_____
_____

알아두기

야웨 하나님의 십계명

'야웨(히브리어 : יהוה)'는 '여호와'라 칭하기도 합니다. 이는 마소라의 유대인 학자들이 자음으로만 구성된 히브리어에 모음표를 붙이기 시작하면서부터 사용된 명칭입니다. 유대인들은 출애굽기나 레위기 24장 11절의 계명에 따라 신의 이름을 함부로 부르지 않고, 이것을 읽어야 할 때는 아도나이(Adonai, '나의 주'라는 뜻)라는 말로 대용해 왔답니다. 후에 '야웨'를 나타내는 자음과 '아도나이(אדני)'를 표시하는 모음이 합해서 '여호와'라고 발음하게 되었지요. 즉 아도나이의 모음을 YHWH에 붙인 것입니다. 단, 제1모음은 제1자음, 아래서는 a로 읽지만 y 아래서는 e로 읽습니다. 따라서 그것이 16세기의 기독교 학자들에 의해서 '여호와'(Yehowah)라고 읽히게 되었습니다.

3 Based on the critical labors of more than two centuries of intensive study, ①<u>the dominant theory held by Jewish, Protestant, and Catholic scholars is that the Pentateuch is a composite work, one in which various literary strands have been artistically combined during the course of transmission through the generations</u>. According to this hypothesis, several traditions coexisted in ancient Israelite society and ②<u>were eventually blended to form the Pentateuch</u>, the five scrolls of the Torah. We have already identified these traditions in a preliminary way: the "Deuteronomic," "Priestly," and "Old Epic" traditions.

-Bernhard W. Anderson with Steven Bishop-

Words and phrases

based on : -에 의거하여 볼 때   intensive : 집중적   dominant : 지배적인   scholar : 학자
Pentateuch : 모세 오경   composite : 복합적   literary : 문학적   various : 다양한   strand : 경향
artistically : 예술적으로   transmission : 전승   hypothesis : 가정, 가설   coexist : 공존하다
ancient : 고대의   eventually : 궁극적으로, 결국   blend : 혼합하다   identify : 증명하다
preliminary : 이전의   Deuteronomic : 신명기계   Priestly : 제사장계   Old Epic : 고대 서사시계

Grammar Tips

1. 긴 문장 독해하기

①the dominant theory held by Jewish, Protestant, and Catholic scholars is that the Pentateuch is a composite work, one in which various literary strands have been artistically combined during the course of transmission through the generations.

위의 문장에서 세 개의 동사를 동사1, 동사2, 동사3으로 찾아보세요. 그런 후 각 동사의 주어를 찾아보세요. 접속사나 관계사는 '동사 수-1' 이므로 위의 문장에서는 2개입니다. 접속사나 관계사 2개도 함께 찾아보세요. 자, 이제 함께 맞춰 볼까요?

<u>The dominant theory</u> <u>held</u> by Jewish, Protestant, and Catholic scholars <u>is</u> <u>that</u> <u>the</u>
    주어1   동사1 접속사
                                                                               (보어로 명사절)

<u>Pentateuch</u> <u>is</u> a composite work, one in <u>which</u> <u>various literary strands</u> <u>have been</u>
 주어2   동사2   관계사   주어3   동사3
<u>artistically combined</u> during the course of transmission through the generations.

* 분사구문 문장

위의 문장에서 held는 분사로 the dominant theory (which is) <u>held</u> by Jewish, Protestant, and Catholic scholars로 생각하면 됩니다.
                                      이론의 입장에서 수동적 유대교, 기독교, 가톨릭교 학자들에 의해 주장된 것

2. to 부정사 : 결과

②(Several traditions) <u>were eventually blended to form the Pentateuch</u>.
→ 전통들은 결국 혼합되어 모세 오경을 형성했다.

생각해보기

모세 오경은 어떤 과정을 통해 형성되었나요?

 알아두기

19세기 이후 성서신학자들의 연구를 통해 구약성서의 시대구분, 이야기 순서, 문체, 종교적 주제들을 분석한 결과 오경은 적어도 네 종류의 원전문서들이 종합되어 있으며, 이 원전문서들(J, E, D, P)은 각각의 관점들이 다르고, 각각 다른 시기에 저술되었다는 사실을 알게 되었습니다.

모세오경

J문서는 하나님의 이름은 '야훼(Jahweh)'라고 부르며, B.C. 9세기경(다윗-솔로몬 시대)에 저술되었으며 모세보다는 이스라엘 민족의 조상들을 더욱 강조합니다. 반면 E문서는 하나님의 이름을 '엘로힘(Elohim)'이라 부르며, B.C. 11세기 말부터 8세기 초에 저술되었으며, 모세 중심적이며, 왕권정치를 비판하는 성격이 강합니다. P문서(Priestly Writing)는 J, E 문서가 인격화된 하나님의 형상을 묘사한 것에 반해 초월적이며 전능하신 신적 개념을 소개합니다. 그리고 앗수르 침략과 바벨론 포로기였던 B.C. 6~5세기 동안에 아론 계열의 제사장들에 의해 집필되었습니다. D문서는 신명기(Deuteronomy)의 약자로서 다른 세 문서의 흔적이 거의 없고 어떤 부분도 오경의 다른 네 권과 겹치지 않습니다. D문서는 요시아 왕 때 성전에서 발견된 옛 율법책일 것으로 추정되며 하나님의 권능에 대한 철저한 복종과 신명기에 수집된 법률과 관습의 내용을 담고 있습니다.

예언하는 에스겔

선지자란 헬라어 프로페테스(prophetes)에서 나왔는데, 말하는 자, 신의 계시의 선포자이며 해석자라는 뜻이며, 일반적으로 대변자로서 활동하는 사람에게 붙여집니다. 구약성서의 선지자 중 본문 내용이 상대적으로 부피가 많은 책의 저자를 대선지자라 일컫으며, 이사야, 예레미야, 에스겔, 다니엘을 말합니다. 반면에 구약성서의 선지자 중 본문 내용이 상대적으로 짧은 12권의 저자를 소선지자라 일컫습니다. 배열원칙은 분명하지 않지만, 아마 시대에 따라 배열했다고 볼 때, 초기 앗수르 시대의 호세아, 요엘, 아모스, 오바댜, 요나, 미가, 그 이후의 앗수르와 바벨론 시대의 예언자로 나훔, 하박국, 스바냐, 페르시아 시대의 예언자로 학개, 스가랴, 말라기를 들 수 있습니다.

④ ①A prophet is someone who speaks on behalf of someone else. Though in Scripture a prophet is usually a spokesman or mouthpiece for God, Exodus 7:1 speaks of Aaron as being a prophet for Moses(cf. Exod.4:16). ··· ②They are the mouthpiece of God, conveying God's opinions, reactions, intentions, and very words. In short, God's agenda, or program, is announced through the words of the prophets.

The prophets are designated in the Old Testament by several different titles. The most frequent is nabi, which, though still somewhat controversial, appears to indicate that the prophet was "one who is called." A second title is "seer," which refers to the prophet's inclination to receive revelatory visions. Of course, the prophets did not always receive their message through trances or visions: this was but one mode. Usually the text of Scripture does not specify how a message came.

-Andrew E. Hill & John H. Walton-

Grammar Tips를 참조하여 위의 문장을 해석해보세요.

Words and phrases

prophet : 선지자   on behalf of : -를 대신해서   spokesman : 대변자   mouthpiece : 대변자
convey : 전달하다   reaction : 반응   intention : 의도   agenda : 행동강령   announce : 선포하다
designate : 명명하다   inclination : 경향   controversial : 모순적인   appear to : -인 듯하다
refer to : -라고 언급하다   trance : 황홀경   revelatory : 계시적인   vision : 환상   mode : 양식(양상)
specify : 자세히 밝히다

Grammar Tips

1. 관계대명사 주격

①번 문장을 두 문장으로 분리하면 다음과 같습니다.

A prophet is someone. S/He speaks on behalf of someone else.
　　　　　　　　바로 앞 문장의 someone을 지칭합니다.
　　　　　　　　사람이므로 관계대명사 주격 who
→ A prophet is someone who speaks on behalf of someone else.

2. 분사구문 : 주어가 같을 때

②번 문장을 두 문장으로 분리하면 다음과 같습니다.

They are the mouthpiece of God <u>and they</u> convey God's opinions, reactions, intentions, and very words.
밑줄 친 문장을 분사구문으로 바꾸려면
→ 접속사를 생략합니다.
→ 주어가 앞 문장의 주어와 같으므로 생략하고
→ 시제가 똑같이 현재이므로 뒷문장의 동사를 동사원형+ing의 형태로 바꿉니다.
→ They are the mouthpiece of God, <u>conveying</u> God's opinions, reactions, intentions, and very words.
접속사의 의미는 문맥을 보고 추론해야 합니다.

 생각해보기

선지자란 어떤 사람인가요? 위의 문장에 의거해 답해보세요.

_____

_____

스스로 해보기

이제 직접 본인이 문장을 해석해볼까요? 단어를 찾기에 앞서 간단히 전체 예문을 눈으로 훑어 보세요. 지문이 전체적으로 어떤 이야기를 하는 것인지 파악한 후 사전에서 단어를 찾을 때 가능하면 그와 관련된 의미를 찾도록 하세요.

1 Before the Christian community published this two-part canon of sacred writings, it had no scriptures of its own. It had only the received Scriptures of the Jewish people, divided into three major parts; Torah, Prophets, and Writings. … In sum: the "Old Testament" is an essential part of the Christian Bible. It was "canonical" Scripture ①<u>long before the discussions of the second century produced a list of authoritative Christian writings</u>. Even today this part of the Christian Bible is -or should be-used in worship, preaching, and education. It is also consulted ②<u>when formulating Christian doctrine(e.g. creation) or when seeking guidance on ethical issues(e.g. questions of social justice)</u>.

-Bernard W. Anderson-

위의 지문은 어떤 내용에 관한 것인가요? 간단히 답해보세요.

_____
_____
_____
_____
_____

Words and phrases

Christian community___	canon___	sacred writing___
of its own___	Torah___	Prophets___
Writings___	essential___	canonical___
authoritative___	consult___	Christian doctrine___
ethical___		

Grammar Tips

①번 문장에서 before는 접속사입니다. 주어는 the discussions이고 동사는 produced입니다.
②번 문장은 지금까지 공부한 분사구문 문장을 염두에 두고 해석하세요.

위의 문장을 해석해보세요.

알아두기

초대교회는 구약의 빛 안에서 신약을 보려고 했습니다. 신약성서의 저자들에게 구약성서의 본문은 그들이 연구해야 할 단순한 과거의 종교문헌이 아니라 그들 스스로 복종해야 할 살아있는 하나님의 음성을 담고 있는 매개체였지요. 초대교회 당시 구약성서는 정경으로서의 특성과 권위를 갖고 있었습니다. 그렇기 때문에 예수의 제자들은 예수의 메시지에 권위를 부여하기 위해 구약의 말씀을 인용하고 있습니다(눅 24:13~35). 따라서 구약성서를 신약과 떼어 놓고 이해할 수는 없습니다. 신약에 인용된 구약은 신약의 어머니요 스승입니다. 고대교회의 신학자요 성서번역가인 히에로니무스(제롬, Hieronimus)는 "구약을 모르는 것은 곧 그리스도를 모르는 것이다"라는 유명한 말을 남기기도 했습니다. 아무튼 신약성서가 단순히 구약성서의 첨부나 부록이 아닌 것처럼, 구약성서도 단순히 신약성서의 머리말이나 전역사가 아닙니다.

이외에도 기독교 신앙에 있어서 구약성경의 가치는 기독교 교의학에 끼친 영향에서도 찾아 볼 수 있습니다. 그 영향은 크게 세 주제에서 나타납니다. 첫째, 살아 계신 하나님과 같은 하나님의 본성, 하나님의 창조, 하나님의 계시의 역사성 등의 신론의 주제입니다. 둘째, 하나님의 형상으로서의 인간, 인간의 전체성, 창조와 세계에 대한 인간의 책임성, 인간의 죄성과 용서 등의 인간론의 주제입니다. 셋째, 메시아의 기대와 하나님의 나라 등과 같은 종말론의 주제입니다. 이와 더불어 예언자, 대제사장 그리고 왕으로서의 세 가지 직임에 대한 기독론적 이해와 성령론에도 구약은 깊은 영향을 주고 있습니다.

2 The Holy Scriptures of the Christian church contain two testaments, but they comprise one Bible. The Old Testament, or Old Covenant, remains an essential part of the Christian Bible because the two covenants form one record of God's progressive and redemptive revelation to humankind. The promise of the "former" covenant finds its fulfillment in what the writer ①<u>to the Hebrews</u> called the "superior" covenant(Heb. 8;6). The study of ②<u>either</u> covenant in isolation ③<u>not only</u> leads to an imbalanced and inadequate picture of God's self-disclosure and his purposes for creation, ③<u>but also</u> ④<u>robs</u> the Word of God of its full force as God-breathed truth ⑤<u>and</u> distorts its unified and unique "salvation" history message.   -Andrew Hill & John H. Walton-

위의 지문은 어떤 내용에 관한 것인가요? 간단히 답해보세요.

_____
_____
_____
_____

Words and phrases

contain	comprise	emain
essential	covenant	progressive
redemptive	revelation	isolation
imbalance	inadequate	self-disclosure
distort	unified	unique

Grammar Tips

① what이 이끄는 문장에서 to the Hebrews는 부사구입니다. 주어는 the writer, 동사는 called입니다.
② 어느 언약(두 언약 중 어느 한 가지를 가리킴)
③ not only A but also B : A뿐만 아니라 B도
④ rob A of B : A에게서 B를 빼앗다
⑤ 접속사 and는 동사 robs와 distorts를 연결합니다.

위의 문장을 해석해보세요.

___

알아두기

토라 사본을 필사하는 유대 랍비

토라(Torah, 모세 오경)는 유대 신앙의 율법서입니다. 넓은 의미에서 하나님이 이스라엘, 즉 유대 백성에게 내린 계시의 본질이며, 하나님이 인류를 위해 계시한 가르침 또는 지침이기도 합니다. 토라는 종종 『구약성서』 처음 5권을 가리키는 데 국한되며, 율법 또는 오경(Pentateuch)이라고도 합니다. 유대교, 로마 가톨릭 교회, 동방 정교회, 개신교 교회들의 정경은 『창세기』, 『출애굽기』, 『레위기』, 『민수기』, 『신명기』로 이어지는 순서를 모두 똑같이 받아들이고 있습니다. 기록된 토라는 모든 유대교 회당에서 계약궤 안에 들어 있는 양피지 두루마리에 손으로 직접 쓴 사본으로 보존되어 있습니다.

2) 신약학

① The first three Gospels, in spite of important differences, share a basic structural core. ①<u>Beginning with Jesus's baptism by John and continuing to the report of the women at the tomb, the narrative sequence in Matthew, Mark, and Luke is essentially the same.</u> There are minor variants and rearrangements, but the common pattern is evident. John, on the other hand, diverges from the other three in sequence and in content. In John, Jesus is never actually baptized; his ministry is carried on extensively in Jerusalem, rather than in Galilee and vicinity. In John, Jesus cleanses the temple early in his ministry; in the other three, ②<u>his doing so is the final offense that turns the Jerusalem authorities against him</u>. The exorcism of demons, which is so important in the first three Gospels, is missing from John. The only miracle story found in all four is the feeding of the five thousand, but in John alone it is the occasion for a discourse on the Bread of Life. Jesus's style of teaching is different in John, with long speeches apparently intended for his followers only, in contrast to public statements ③<u>consisting mostly of clusters of short sayings in the other accounts</u>.

-Howard Clark Kee-

Grammar Tips를 참고하여 위의 문장을 해석해보세요.

> **Words and phrases**
> difference : 차이 structural core : 구조적 핵심 narrative sequence : 서사체적 연속성 baptism : 세례
> minor variant : 중요하지 않은 변형 rearrangement : 재배열 diverge from : -와 다르다
> evident : 분명한 extensively : 널리 vicinity : 근교, 근방 the final offense(결정적 위반 또는 행위)
> authority : 당국 ministry : 사역 feeding : 먹이는 것 occasion : 경우 consist of : -로 구성되다
> cluster : 덩어리(포도송이 같은), 무리 account : 서술, 이야기

> **Grammar Tips**

1. 등위접속사 and로 문장 도해하기

①번 문장에는 and가 두 개 있습니다. 이 and가 어떤 단어나 구를 연결하는지 다음의 문장에서 찾아보세요.

Beginning with Jesus's baptism by John (a)<u>and</u> continuing to the report of the women at the tomb, the narrative sequence in Matthew, Mark, (b)<u>and</u> Luke is essentially the same.

등위접속사 and는 연결하는 단어나 구의 문법적 형태가 같습니다. 위의 경우 (a)의 and는 beginning과 continuing을 (b)의 and는 Matthew, Mark와 Luke를 연결합니다. 따라서 (a)의 경우는 분사구문 두 문장을 연결하고, (b)의 경우는 고유명사 세 개를 연결하는 것으로 해석해야 합니다.

2. 동명사와 현재분사 차이

다음 ②번과 ③번 두 문장의 밑줄 친 부분은 모두 동사의 ing형입니다. 그러나 이 두 단어는 형태는 같지만 그 기능에 있어서 차이가 납니다. 어떻게 차이가 나는지 다음 두 문장을 해석해보세요.

<u>His doing so</u> is the final offense that turns the Jerusalem authorities against him.

→ _____

tips : that은 관계대명사 주격

in contrast to public statements <u>consisting</u> mostly of clusters of short sayings in the other accounts.

→ _____

해석을 해보면 첫 번째 문장에서 his doing so는 '그가 그렇게 하는 것'으로 주어의 역할을 합니다. 두 번째 문장은 '주로 구성된 대중 연설'로 명사 public statements를 수식하는 형용사 역할을 합니다. 이렇게 동사의 ing 형태가 주어의 자리에 있을 때 이를 동명사라 하고(주어 자리에는 항상 명사가 와야 하므로), 두 번째 문장처럼 명사를 수식할 때는 현재분사로 형용사의 역할을 합니다. 특히 동사의 ing 형태는 해석을 가장 어렵게 만드는 요소 중의 하나이므로 가능하면 많이 연습하세요.

 생각해보기

네 복음서 중 공관복음서와 요한복음의 차이점들은 무엇인가요?

_____
_____
_____
_____

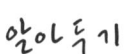 알아두기

1945년 발견된 도마복음 사본

공관복음(共觀福音, Synoptic Gospels) 또는 공관복음서(共觀福音書)란 고대 그리스어의 syn(함께)와 opsis(봄)이 합쳐진 낱말 Synopsis를 한자어로 직역한 것으로서 구체적으로 세 복음서, 마태, 마가 그리고 누가복음을 일컫는 데 쓰입니다. 그 이유는 이 세 복음서의 내용이 저자들의 상호의존으로 거의 일치하고 있을 뿐만 아니라, 예나 지금이나 경우에 따라서는 복음서를 해석하는 데 서로 대조해 볼 수 있는 장점을 갖고 있기 때문입니다. 오늘날 기독교에서 공식적으로 인정된 4복음서 가운데 요한복음서는 그 내용의 독창성 – 예수를 하느님의 말씀(헬라어로 로고스)으로 이해함으로써 그리스 철학과 그리스도론을 결합시킴 – 에서 그리고 여기에 쓰여진 예수의 가르침이 다른 세 복음서과 달리 해석될 수 있는 여지가 더러 있기 때문에 공관복음서라 부르지 않고 있습니다. 현재 로마 가톨릭과 개신교 모두가 성서로 인정하지 않는 베드로복음서, 도마복음서 등도 있는데, 이들을 신약 외경 또는 위경이라고 합니다. 위경은 저자가 실제 저자와 다르다거나 해서 진위성이 의심되는 신학 문서를 말합니다.

② For Jesus, the language of the kingdom was a way of speaking of the power of the Spirit and the new life which it created. The coming of the kingdom is the coming of the Spirit, both into individual lives and into history itself. ①<u>Entering the Kingdom is entering the life of the Spirit, being drawn into the "way" which Jesus taught and was</u>. That Kingdom has an existence within history as the alternative community of Jesus, that community which lives the life of the Spirit. ②<u>That Kingdom is also something to be hoped for, to be brought about by the power or Spirit of God</u>. Life in the Spirit is thus life lived in relationship to the kingly power of God. Indeed, life in the Spirit is life in the Kingdom of God.   -Marcus J. Borg-

> **Words and phrases**
>
> kingdom : 나라, 왕국　　speak of : -에 대해 말하다　　enter : 들어가다　　draw into : -로 이끌다
> existence : 존재　　alternative community : 대안적 공동체　　bring about : 야기하다
> kingly power : 왕적인 권능

Grammar Tips

1. 관계대명사 which : 주격과 목적격이 동시에 쓰이는 경우

①번 문장에서 which 안의 관계절에 동사가 2개입니다. 이 문장들을 which 없이 원래의 문장으로 돌려놓으면 다음과 같습니다.

<u>Entering the Kingdom</u> is <u>entering the life of the Spirit</u>, <u>being drawn into</u> the "way",
　　동명사로 주어　　　　　　　동명사로 보어　　　　　　수동형 분사구문

and Jesus taught <u>the way</u> and was <u>the way</u>.
　　　　타동사 taught의 목적어　be 동사 was의 보어

→ 해석은 예수께서 가르치셨고 스스로 그러하셨던 그 "길"

2. to 부정사의 형용사적 용법 : 명사 + to 부정사

②번 문장에서 to 부정사는 2개가 다 something을 수식하는 형용사 역할을 하는 부정사입니다. to 부정사의 형용사적 용법은 '-하고 -하는 것 또는 존재'로 해석하면 됩니다.

That Kingdom is also <u>something to be hoped for, to be brought about by the power or Spirit of God</u>.

 생각해보기

위의 지문에는 the kingdom과 the Kingdom이 모두 사용되었습니다. 이 두 용어에는 어떤 차이가 있을까요?

_____

_____

_____

_____

예수가 선포한 하나님 나라

'하나님 나라' 또는 '천국'은 앞으로 다가올 그리고 현재 자라고 있는 미래적이고 현재적인 하나님의 다스림을 뜻합니다. 마태복음에서는 '하나님 나라'를 '천국(하늘나라)'이라고 부르는데, 그 이유는 마태복음의 저자와 독자 모두 유대인들이라 하나님을 함부로 부르면 안 된다고 생각했기 때문입니다. 즉, '하나님 나라'와 '천국'은 같은 말이라고 할 수 있을 것입니다. 물론 이방인을 대상으로 씌어진 복음서로 알려진 누가복음에서는 '하나님의 나라'로 부르고 있습니다. '하나님의 나라'는 구약성서와 신약성서 전반에서 발견할 수 있는 개념이어서, 예수는 공생애 동안 '하나님의 나라'의 도래를 핵심으로 하는 설교를 많이 했습니다. 하지만 유대인들은 '하나님 나라'를 외세로부터 해방된 민족주의 국가로 이해했기 때문에, '하나님 나라'를 하나님의 사랑과 정의와 평화의 실천으로 해석했던 예수에 대해 거부했던 것입니다.

마커스 보그는 누구?

마커스 보그(Marcus J. Borg, 1942~)는 현존하는 성공회(Episcopal Church) 신약 신학자입니다.

보그는 스웨덴과 노르웨이계 가정에서 태어났으며, 그의 집안은 루터교회(Lutheran)를 믿어왔습니다. 유니온 신학교를 졸업한 후, 성공회 주교이자 옥스퍼드 대학교 동문인 톰 라이트 주교와 The Meaning of Jesus : Two Visions(한국어판은 한국 기독교 연구소에서 『예수의 의미』로 역간하였다.)를 공동집필하였습니다. 보그는 부인이자 성공회 사제인 캐논 마리안네 웰스 보그 사제(Reverend Canon Marianne Wells-Borg)가 목회하고 있는 성공회 교회에서 활동을 시작하여, 현재 포틀랜드주 오레곤의 트리니티 성공회 주교좌 대성당(Trinity Episcopal Cathedral)에서 사제를 돕는 목사와 영성 프로그램 기획자(directs)로 일하고 있습니다.

마커스 보그

『예수 새로 보기』

대표적인 저서로는 『미팅 지저스』(구자명 역, 홍성사, 1995), 『예수 새로 보기』(김기석 역, 한국신학연구소, 1999), 『예수의 의미』(김준우 역, 한국기독교 연구소, 2001), 『새로 만난 하나님』(한인철 역, 한국기독교연구소, 2001), 『예수 2000년(Jesus at 2000)』(남정우 역, 대한기독교서회, 2003), 『예수와 붓다의 대담』(홍용자 역, 주변인의 길, 2001) 등이 있습니다.

①<u>There are at least two widely held, variously developed, and mutually incompatible theories about the literary sources of the synoptic gospels:</u>(a) ②<u>The majority still hold that Mark was written first and that behind the passages in which Matthew and Luke overlap with each other but not with Mark was a source that scholars call Q</u>. A vocal minority within this majority claims to distinguish different stages in the development of Q; many others, though believing firmly in Q, offer radically different explanations of its origin or, alternatively (like Marcus), regard all such further theories as at best unprovable. (b) A minority, however, hold that Matthew was written first and was used by both Mark and Luke (so that Q never existed). Further, several who agree with the majority on Marcan priority agree with the minority that the overlap between non-Marcan passages in Matthew and Luke is better explained by Luke's use of Matthew than by a common source.

- N. T. Wright-

Words and phrases

widely : 폭넓게   hold : 생각하다   mutually : 상호적으로   incompatible : 양립할 수 없는
literary source : 문헌적 자료   synoptic gospel : 공관복음   overlap : 중복하다   vocal : 목소리를 내는
radically : 완전히, 철저하게   alternatively : 대안적으로(양자택일의)   at best : 최상의 상태에서
unprovable : 증명할 수 없는   priority : 우선   common source : 공통 자료   agree with : -와 동의하다

Grammar Tips

1. There is/are 명사 : -가 있다

①번 문장을 보면 There are로 시작합니다. 여기서 there는 '거기에' 의 뜻이 아니라 뒤에 명사가 의미상 주어로 '-가 있다' 의 뜻입니다. 그러면 위의 문장에서 의미상의 주어가 어떤 것인지 찾아보세요.(명사라는 점 꼭 기억하세요)

two theories라는 것을 여러분 모두 찾으셨을 것입니다. 하지만 two와 theories 사이에 theories를 수식하는 부사와 형용사가 너무 많아 첫 눈에는 잘 들어오지 않을 것입니다.

☞ 등위접속사 and에 대해 공부한 것을 기억해보세요. 등위접속사 and는 문법적으로 같은 품사나 기능을 연결한다고 이전에 말했는데 다음의 문장을 보면 수식어구로서 and로 연결되는 구문들이 모두 '부사+형용사' 임을 알 수 있을 것입니다.

There are at least two [widely held, variously developed, and mutually incompatible] theories about the literary sources of the synoptic gospels.
      부사+형용사(분사구문) 부사+형용사(분사구문) 부사+형용사 명사(의미상 주어)

2. 복잡한 ②번 문장 도해하기

다음의 문장에서 동사의 수와 각 동사의 주어, 그리고 '동사 수-1' 개의 접속사나 관계사를 찾아보세요.

The majority still hold that Mark was written first and that behind the passages in which Matthew and Luke overlap with each other but not with Mark was a source that scholars call Q.

동사 5개, 접속사 2개, 관계사 2개를 모두 찾으셨나요? 자, 이제 함께 분석해볼까요?

The majority still hold that Mark was written first and that behind the passages
　　　주어1　　　　　동사1　접속사1　주어2　　동사2　　　　　　접속사2
in which Matthew and Luke overlap with each other but not with Mark was a
　관계대명사3　　　주어3　　　　동사3　　　　　　　　　　　　　　　　　　　동사4
　└─ 관계대명사(전치사의 목적어)
source that scholars call Q.
　주어4 ┬ 주어5 동사5
　　　 └─ 관계대명사(목적격)

접속사 1과 2는 모두 hold의 목적어로 명사절을 이끄는 접속사입니다.

관계대명사3은 전치사+which의 용법으로 이 때 which는 전치사 in의 목적어입니다.

☞ 명사(선행사) in which 주어 동사

위의 관계절을 풀어보면 다음과 같습니다.
Matthew and Luke overlap with each other but not with Mark in the passages.
→ passages는 사물이므로 관계대명사 which
→ 관계대명사는 선행사 바로 뒤에 가므로 위치가
　 in which Matthew and Luke overlap with each other but not with Mark입니다.

가장 예상하지 못했던 부분이 주어4, 동사4일 것입니다. 관계절을 빼고 문장을 쓰면 다음과 같습니다.
Behind the passages was a source that scholars call Q.
전치사 Behind 때문에 주어가 | 될 수 없음.
　　　　　　　　　　　　└─ 단수이므로 주어가 단수, 따라서 a source가 주어

혹시 but을 선택한 독자분도 있을지 모릅니다. but 역시 등위접속사이지만 위의 분석에서는 문장과 문장을 연결하는 접속사를 찾는 것이므로 제외되었습니다.
but은 문장과 문장을 연결하는 것이 아니라 'with each other' 와 'not with each other' 를 연결합니다.

생각해보기

Q문서와 관련된 공관복음서에 대한 두가지 이론이 설명되었습니다. 어떤 것인지 위 예문에 의거해서 답해보세요.

_____
_____
_____
_____
_____

 알아두기

Q문서는 '예수의 어록'이라고 생각되는 구절들로 이루어진 가상의 기독교 문서를 말합니다. 'Q'라는 명칭은 출처 또는 원천을 말하는 독일어 'Quelle'에서 유래했습니다. 주로 예수의 설교를 담은 어록 복음서일 것으로 보며 따라서 Q자료, Q복음서, 어록, 예수어록이라고 부르기도 합니다. 공관복음서 문제에 가장 널리 알려진 해법은 Q문서가 있었다고 보는 것입니다. 주로 Q문서와 마가전승의 기록이 결합해 '마가복음'을 형성했고, 이를 모본으로 삼아 마태전승과 누가전승이 각자의 기록들을 추가해 '마태복음'과 '누가복음'을 형성했다는 이론이 주류를 이루었습니다.

THe Meaning of Jesus는 '공저'의 매력을 마음껏 발산하는 작품입니다. '역사적 예수'에 대해 보수적 입장의 톰 라이트와 진보적 입장의 마커스 보그가 오랜 우정의 결과물로 내놓은 뜻 깊은 결실이지요. 두 저자는 옥스퍼드 대학교의 동문이며 비록 같은 시기는 아니었지만 조지 케어드라는 교수의 제자들이기도 합니다. 이 책의 가장 큰 장점이자 매력은 '역사적 예수'에 대한 서로 다른 주장의 '만남'입니다.

'예수에 관해 어떻게 알 수 있는가?'(연구방법론), '예수는 무엇을 하였으며 무엇을 가르쳤는가?', '예수의 죽음', "하나님이 예수를 죽은 자들로부터 살리셨다", '예수는 하나님이었는가?', '예수의 출생', "그는 영광 중에 다시 오실 것이다", '예수와 기독교인의 생활'이라는 여덟 개의 주제를 두고 두 저자가 각 주제마다 순서를 바꾸어 자신의 주장을 펼쳐 나갑니다. 이 때 두 저자의 우정에 힘입어 저술 과정에서 상대방의 기존 저작과 이 책의 초고를 함께 읽고 서로 공감하는 부분과 충돌하는 부분을 선명하고 명쾌하게 지적하고 설명해 주고 있습니다. 이렇듯 이 책은 역사적 예수에 대한 진보와 보수, 양측의 성실한 대화와 논쟁, 입장들을 살펴보고 싶은 분들에게 유용할 것입니다.

『예수의 의미』

4 The gospels combine history remembered with history metaphorized. By the former, I mean simply that some of the things reported in the gospels really happened. Jesus really did do and really did say some of the deeds and teachings reported about him.

By history metaphorized, ①I mean the use of metaphorical language and metaphorical narratives to express the meaning of the story of Jesus. I define metaphor broadly to include both symbol and story. Thus the category includes individual metaphors, such as Jesus is the light of the world, and metaphorical narratives, where the story as a whole functions metaphorically. Metaphorical language is intrinsically nonliteral; its central meaning is "to see as"-to see something as something else. ②To say Jesus is the light of the world is not to say that he is literally light, but means to see him as the light of the world. Thus, even though metaphorical language is not literally true, it can be powerfully true in a nonliteral sense.

-Marcus J. Borg-

Grammar Tips를 참조하여 위의 문장을 해석해보세요.

> **Words and phrases**
> combine A with B : A와 B를 혼합하다   metaphorize : 은유화하다   report : 보도하다
> narrative : 이야기   metaphor : 은유   symbol : 상징   category : 범주   individual : 개별적인
> function : 기능을 발휘하다   intrinsically : 본질적으로   nonliteral : 비문자적인   literally : 문자적으로

Grammar Tips

1. 부정사의 부사적 용법 : 목적

①번 문장에서 to 부정사 부분을 해석해보세요.

I mean the use of metaphorical language and metaphorical narratives <u>to express the meaning of the story of Jesus</u>.

위의 문장에서 to 부정사를 빼고 해석을 해볼까요?
→ '나는 은유적 언어와 은유적 이야기의 사용을 의미한다.' 로 문장 자체는 문법적으로 완결된 문장입니다. 이와 같이 to 부정사 부분을 빼고 문장이 완결되었을 경우 대부분의 to 부정사는 부사적 용법으로 전체 내용을 부연, 설명합니다. 위의 경우에는 '-하기 위해서'의 목적으로 해석하면 됩니다.

2. ②번 문장은 짧으면서도 복잡합니다. 한번 분석을 해보세요. 먼저 동사의 수와 각 동사의 주어, 그리고 '동사 수-1' 개의 접속사나 관계사를 찾아보세요.

To say Jesus is the light of the world is not to say that he is literally light, but means to *see him* as the light of the world.

이제 같이 분석해볼까요?

[To say (that)<u>Jesus</u> is the light of the world] <u>is</u> not to say <u>that</u> <u>he</u> <u>is</u> literally light,
　　　접속사1 주어1 동사1　　　　　　　　　　　동사2　　접속사2 주어3 동사3
[to 부정사로 주어2&주어4]

<u>but</u> <u>means</u> to *see him* as the light of the world.
접속사3 동사4

짧지만 동사가 4개이고 접속사가 3개인 문장입니다.

☞ 위의 문장은 to 부정사가 주어와 보어로 쓰이는 경우입니다.

생각해보기

'기억된 역사'와 '은유화된 역사'의 차이점은 무엇일까요? 예문을 통해 답해 보세요.

알아두기

성 마태의 초상(9세기경)

복음서를 이해하기 위해서는 복음서의 문학적 양식을 잘 이해해야 합니다. 우선 복음서를 연대기적인 역사적 기록물로 인식해서는 안 될 것입니다. 4복음서의 본래적인 집필 목적이 "그리스도의 생애를 역사적으로 서술하는 것"은 아니었기 때문입니다. 물론 복음서는 예수 그리스도에 대한 역사적인 사건들을 많이 포함하고 있습니다. 그러나 복음서는 이러한 역사적인 사실뿐 아니라, 그것을 넘어서는 "그 무엇"에 대한 증언들로 기록되어 있습니다. 두 번째로 복음서는 한 인물의 평전이나 전기도 아닙니다. 물론 예수의 생애가 기록이 되어 있긴 하지만 전기의 일반적인 형식을 뛰어넘고 있지요. 즉 어린 시절을 뛰어넘어 약 30세부터의 공생애로 집중되고 특히 공생애 중의 하나님 나라 선포와 고난, 부활에 많은 부분을 할애하고 있는 것을 알 수 있습니다. 만일 이 책이 단순히 예수의 생애를 역사적으로 기록하기 위한 전기(傳記)였다면, 이 책은 '예수전(耶蘇傳)'이라고 불러야 할 것입니다. 그러나 초대교회는 이 책을 '예수전'이 아니라 '복음'(Gospel)이라고 명명했습니다. 그 이유는 이 책의 목적이 단순한 전기가 아니라 '복음'(유앙겔리온 : $\varepsilon\nu\alpha\gamma\gamma\varepsilon\lambda\iota o\nu$), 즉 '기쁜 소식'(good news)을 전파하기 위한 것이었기 때문입니다. 따라서 복음서의 집필 목적은 예수 그리스도가 우리의 죄를 구원하실 메시아라는 사실을 선포하고 이를 고백하기 위한 것입니다. 결국 이 책은 역사책, 문학책, 과학책, 또는 한 인물의 평전도 아닌, 예수 그리스도를 주로 고백하는 이들의 신앙고백을 담은 책, 그리고 구원의 기쁜 소식을 전하는 '복음서'라는 독특한 문학 장르로 인식해야 할 것입니다.

5 In short, the theological force of Paul's letters is again and again inextricably related to their character as dialogue with their recipients, indeed, as ①one side of a sequence of specific dialogues whose terms in large part at least have been determined by the situations addressed.

A theology of Paul is therefore tied to historical analysis and contextualization to a degree neither possible nor necessary to achieve in the case of most other earliest Christian writings. ②Where a Pauline argument was dictated with another group in view, on a particular issue posed in particular terms, the argument angled to achieve a particular effect, we simply cannot hope to do that argument justice in our appreciation of it unless we have grasped enough of these particularities to follow the line of argument and to pick up the nuances intended by Paul.

-James D. G. Dunn-

Words and phrases

inextricably : 뗄 수 없을 정도로, 깊이 be related to : -에 관계되다 character : 특성
recipient : 수신자 a sequence of : 일련의 terms : 용어 at least : 어쨌든 determine : 결정하다
situation : 상황 address : 발화하다 contextualization : 문맥 설명 to a degree : 매우
achieve : 달성하다, 도달하다 argument : 논지 dictate : 구술하다 in view : 눈에 띄는
particular : 특정한 angle : 특정한 관점에서 쓰다 do - justice : 정당하게 평가하다
appreciation : 평가 unless : 만약 -하지 않는다면 grasp : 파악하다 particularities : 상세 설명들
pick up : 파악하다, 이해하다 nuance : 뉘앙스(미묘한 차이) intend : 의도하다

Grammar Tips

1. 관계대명사 소유격 whose

①번 밑줄친 문장을 관계대명사 소유격을 쓰기 이전의 문장으로 써볼까요?

one side of a sequence of specific dialogues <u>whose terms in large part at least</u>

                                                        the terms of specific dialogues

<u>have been determined by the situations addressed</u>.

                                '특정 대화의 용어들' : specific dialogues는 겹치는 단어이고
                                관계절에서 of가 붙은 소유격이므로 of which, 또는 whose로 두 문장을 연결합니다.

2. 복잡한 문장 도해하기

②번 문장은 정말 신학 원서 같은 글입니다. 난이도면에서 아마 최상은 되리라 생각합니다. 아직 완전히 문법적으로 도해하기는 힘들지만 한번 해보는 것도 자신의 영어 능력을 측정하는 좋은 방법입니다. 만약 다음의 문장을 완벽하게 도해하고 해석할 수 있다면 현재 영어실력이 최상이라고 자부하셔도 됩니다. 지금까지 했던 것처럼 동사 수, 각 동사의 주어 그리고 '동사 수-1' 개의 관계사나 문장을 잇는 접속사를 찾아보세요. 혹시 가능하다면 분사구문과 to 부정사도 찾아 이들이 어떤 명사를 수식하는지 찾아보세요.

Where a Pauline argument was dictated with another group in view, on a particular issue posed in particular terms, the argument angled to achieve a particular effect, we simply cannot hope to do that argument justice in our appreciation of it unless we have grasped enough of these particularities to follow the line of argument and to pick up the nuances intended by Paul.

이제 함께 해볼까요?

Where a Pauline argument was dictated with another group in view, on a particular
　접속사1　　주어1　　　　　동사1　　　　　　　　　　　　　　　　　　　　　particular

issue [posed in particular terms], the argument [angled to achieve a particular
　　　　분사구문(issue를 수식)　　　　　　　　　　분사구문(argument를 수식)

effect], we simply cannot hope to do that argument justice in our appreciation of it
　　　　주어2　　　　　　동사2

unless we have grasped enough of these particularities [to follow the line of
접속사2 주어3　동사 3　　　　　　　　　　　　　　　　to 부정사로 particularities 수식

argument and to pick up the nuances intended by Paul].
　　　　　　　to 부정사로 particularities 수식

 생각해보기

위의 예문을 근거로 바울서신의 특징과 신학적 의미가 무엇인지 말해보세요.

_____

_____

_____

_____

 알아두기

바울

바울서신은 사도바울이나 바울의 제자들이 쓴 서신들을 말하며, 바울이나 바울의 제자들이 교회들(로마, 고린도, 데살로니가, 빌립보, 에베소, 골로새, 갈라디아)과 제자 디도, 디모데에게 보낸 목회서신들입니다. 신약성서 27권 중 서신(Epistle) 혹은 "편지"(Letter)의 형태로 된 글이 21권이나 됩니다. 이중에서 바울의 이름으로 기록된 것이 13권에 이릅니다(만일 히브리서를 포함시킨다면 14권입니다). 바울 개인에 의해서만 발신된 것으로는 로마서, 갈라디아서, 에베소서, 디모데전서, 디모데후서, 디도서가 있고, 고린도후서, 골로새서, 빌립보서, 빌레몬서는 "바울과 디모데" 두 사람의 이름으로, 또한 고린도전서는 "바울과 소스테네" 두 사람 이름으로 발신되었고, 데살로니가전서와 데살로니가후서는 "바울과 실루아노와 디모데" 세 사람의 이름으로 기록된 편지입니다. 이를 편의상 다음과 같이 구분해서 연구합니다. (1) 초기 서신들 : 데살로니가전·후서 (2) 주요 서신들 : 갈라디아서, 고린도전·후서, 로마서 (3) 옥중서신들 : 에베소서, 빌립보서, 골로새서, 빌레몬서 (4) 목회서신들 : 디모데전·후서, 디도서입니다. 많은 학자들은 히브리서가 바울의 편지라고 보기도 하지만, 예수의 영원한 속죄에 대해 말하기 위해 유대교 제의를 언급하는 것으로 보아 예루살렘교회의 익명의 저자가 쓴 것으로 보기도 합니다.

스스로 해보기

이제 직접 본인이 문장을 해석해볼까요? 단어를 찾기에 앞서 간단히 전체 예문을 눈으로 훑어 보세요. 지문이 전체적으로 어떤 이야기를 하는 것인지 파악한 후 사전에서 단어를 찾을 때 가능하면 그와 관련된 의미를 찾도록 하세요.

1 ①<u>Once this tradition has been separated out from its present setting in Matthew and Luke</u>, ②<u>it becomes clear that a central interest pervades the whole</u>; the preparation for the coming of the new age. That eschatological expectation characterizes the call to discipleship, the prophetic role of Jesus and his followers, the message of repentance and judgement they preach, and the depiction of Jesus ③<u>as</u> God's agent to reveal his purpose and to establish the new age.   -Howard Clark Kee-

위의 지문은 앞서 언급된 Q문서에 대한 설명입니다. Q문서의 특징에 대해 말해보세요.

_____
_____
_____
_____

Words and phrases

tradition_____	separate_____	pervade_____
preparation_____	expectation_____	eschatological_____
repentance_____	judgement_____	depiction_____
agent_____	reveal_____	

Grammar Tips

① Once(접속사) 주어 동사 : 일단 –하면
② it-that : it은 가주어 that 이하는 진주어
③ as : –로서

위의 문장을 해석해보세요.

___

알아두기

예수

19세기 초부터 유럽과 신약학계(新約學界)에서 중심적인 연구주제로서 그 자리를 굳혀 온 "Q" 연구는, 오늘날 "Q" 본문이 확정되기까지 많은 신약학자(新約學者)들 사이에 관심을 불러일으켜 왔습니다. 공관복음서(共觀福音書) 연구는 "Q" 연구를 말한다고 할 수 있을 만큼, "Q"를 통하지 않고서는 공관복음서를 올바르게 이해할 수 없게 되었지요. "Q"가 독일어 단어에서 왔지만, 그러나 누가 언제 어떤 책에서 그 용어를 처음 사용하였는지 명확하게 규명하기는 쉽지 않습니다. 바이쎄(C. H. Weisse)가 Q에 관한 연구를 학문적으로 시작한 때가 1838년으로서 그때가 "Q"란 표지의 시작이 아닌가 추정할 수는 있지만, 현재 "Q"란 표지의 기원에 대해서는 학자들마다 주장이 너무나도 다릅니다. 주로 바이쎄(C. H. Weisse), 베른러(Paul Wernle), 벨하우젠(J. Wellhausen) 혹은 바이쓰(J. Weiss)가 Q문서 이론의 창안자들로 거명됩니다. 그러면, 누가 정말 "Q"란 표지를 처음으로 사용하였을까요? 비록 "Q"란 표지를 처음으로 사용한 사람에 대해서 확실한 결론을 내리지 못한다고 할지라도, 이미 약 한세기 반 전부터 "Q"의 분명한 실재에 대해서 학자들 사이에 광범위한 공감대가 형성되어 있었다는 점은 틀림없는 사실인 것 같습니다.

2 Of the Jewish renewal movements, the Pharisees are the best known, simply because they are frequently mentioned by name in the gospels. Because they most often appear ①<u>as</u> opponents of Jesus, they have become victims of a historically inaccurate stereotype, namely ②<u>as</u> hypocrites. But if "hypocrite" means somebody who is insincere, or who says one thing and then does another, the stereotype is unfair. The Pharisees ③<u>as</u> a group seem to have been very serious about following the path ④<u>as</u> they saw it.
-Marcus J. Borg-

위 예문에서는 바리새파에 대해 어떻게 말하고 있나요?

_____
_____
_____
_____
_____
_____
_____

Words and phrases

renewal movement_____	frequently_____	mention_____
opponent_____	victim_____	inaccurate_____
stereotype_____	hypocrite_____	namely_____
insincere_____	unfair_____	

Grammar Tips

as는 다양한 뜻을 지닙니다.

① ② ③ as : -로서
④ as : -한 대로, -인 것처럼

위의 문장을 해석해보세요.

_____
_____
_____
_____
_____
_____
_____
_____

예수의 십자가 처형을 요구하는 바리새인들

바리새파는 예수가 활동하던 시대에 존재했던 유대교의 보수적인 분파를 말합니다. 한글개역판에서는 바리새인, 표준새번역에서는 바리새파라고 번역했으나 뜻은 같습니다. 이들은 이스라엘이 외세의 침략 등으로 이스라엘 고유 문화와 신앙을 잃을 것을 우려, 율법의 가르침을 문자적으로 준수하는 데 철저함을 보였으며, 유대교 신학을 계승하는 업적을 남겼습니다. 종교적으로 천사 등의 영적인 존재를 받아들였기 때문에, 영적인 존재를 믿지 않는 사두개파와 대립하였습니다. 하지만 예수를 처형하는 문제에 있어서는 두 파가 연대하는 모습을 보였지요.

3 Whatever precisely Paul was warning against, that thrust of his positive advocacy is clear. ①<u>The means</u> by which individuals <u>respond</u> to the gospel <u>and experience</u> its offered blessings <u>is</u> "faith, trust" (*pristis*). ②<u>That this was already a fundamental feature of his message, quite apart from the dispute over "works of the law,"</u> is clear from the Thessalonian correspondence. There Paul repeatedly returns to the subject of his readers' faith, commending and encouraging it.   -James D. G. Dunn-

위의 지문에서는 바울이 가장 강조했던 것이 무엇이라고 말하고 있나요?

_____
_____
_____
_____
_____
_____
_____
_____

Words and phrases

precisely _____	warn against _____	thrust _____
advocacy _____	means(단수) _____	respond to _____
fundamenta _____	feature _____	apart from _____
dispute _____	Thessalonian correspondence : 데살로니가전·후서	
commend _____	encourage _____	

Grammar Tips

①번 문장의 전체 주어는 the means, 전체 동사는 is
  by which로 시작되는 관계절에서 and는 동사 respond와 동사 experience를 연결
②번 문장의 전체 주어는 that이 이끄는 절(That……the law)이고 동사는 is

위의 문장을 해석해보세요.

_____
_____
_____
_____
_____
_____
_____
_____

알아두기

제임스 던

세계적인 신약학자인 영국 더럼 대학교 명예교수 제임스 던 교수는 바울에 대한 '새로운 관점 (New Perspective)'이란 용어를 주창한 바울신학의 대가로 알려져 있습니다. 던 교수는 그의 책 『바울신학』에서 "로마서에 등장하는 '율법의 행위'는 야훼께서 최초에 이스라엘을 그의 선민으로 택하시면서 이스라엘과 맺었던 계약에서 이스라엘의 몫, 이스라엘이 의를 지키기 위해서 요구되었던 것들을 가리키는 말"이라고 했지요. 그는 "율법의 행위는 그러한 은혜에 대한 이스라엘의 응답이었고 하나님이 자기 백성에게 요구한 순종이었으며, 이스라엘이 하나님의 백성으로 살아가야 할 길이었다"고 말했습니다. 이와 함께 '새로운 관점'에서는 바울의 이신칭의(以信稱義 : 믿음으로 의롭게 됨) 교리가 이방인 전도를 위한 선교적 도구로 생긴 교리로 유대인에게는 적용되지 않는다고 봤습니다. 던 교수는 "이신칭의 교리는 율법에서 자유롭고 할례를 요구하지 않는 이방 선교에 대한 유대 그리스도인들의 반대에 맞서 형성된 변증된 교리"라며 "이신칭의는 이 문제에 대한 바울의 대답이었다"고 해석했지요.

'새로운 관점'은 16세기 종교개혁 이래 당연시돼왔던 전통적인 바울신학 연구의 지각변동이 됐습니다. 특히 유대교가 율법주의적 종교라는 그동안의 견해를 완화시키는 데 공헌했습니다. 이신칭의 교리도 그러한 관점에서 재해석됐지요. '새로운 관점'은 루터와 칼뱅의 바울신학을 새롭게 조명했다는 점에서 신학 세계의 주목을 단숨에 받았지만 반론 또한 제기됐습니다. 이신칭의가 이방인 선교를 위해 의도적으로 만든 교리이고, 유대인들에게는 적용되지 않는다면 지금까지 개신교의 근간을 이루는 '오직 믿음으로'의 신앙 자체가 흔들릴 수 있다는 지적입니다.

던 교수의 대표작으로는 『기독론』, 『그리스도와 성령』, 『바울 신학』 등이 있고, 주석서로 『로마서』, 『골로새서』, 『빌레몬서』, 『갈라디아서』, 『사도행전』이 있습니다. 최근에는 역사적 예수에 대한 연구와 복음서 연구에 집중하고 있으며, 3부작 중 『기억 속의 예수』와 『예루살렘에서 시작』을 펴냈고 세 번째 책을 집필 중입니다. 던 교수는 글래스고 대학을 거쳐 케임브리지 대학에서 공부했습니다.

2. 조직신학

① The term "systematic theology" has come to be understood as "the systematic organization of theology." But what does "systematic" mean? Two main understandings of the term have emerged. First, the term is understood to mean "organized on the basis of educational or presentational concerns." In other words, the prime concern is to present a clear and ordered overview of the main themes of the Christian faith, often following the pattern of the Apostles' Creed. In the second place, it can mean "organized on the basis of presuppositions about method." In other words, <u>philosophical ideas</u> about how knowledge is gained determine the way in which material is arranged. This approach is of particular importance in the modern period, when a concern about theological method has become more pronounced.

-Alister E. McGrath-

Grammar Tips를 참조하여 위의 문장을 해석해보세요.

Words and phrases

systematic : 조직적, 체계적   theology : 조직신학   organization : 조직화   emerge : 나타나다
presentational : 표상적인, 개념적인   concern : 관심   overview : 개관   presupposition : 전제
determine : 결정하다   material : 소재   arrange : 배열하다   pronounce : 공포하다

Grammar Tips

1. 명사절, 형용사절 이해하기

절이란 주어와 동사가 있는 문장을 말합니다. 문장에서 절이 하는 역할은 명사, 형용사, 부사가 있지만 여기서는 명사절, 형용사절에 대해 간단히 다뤄보겠습니다.
명사절은 명사의 위치, 즉 주어, 목적어(동사의 목적어, 전치사의 목적어), 보어(주격 보어, 목적격 보어)에 있는 절을 말합니다(명사의 위치에 대해서는 제1장을 참조하세요.) 다음의 문장을 보면 절이 모두 3개입니다.

Philosophical ideas <u>about</u> how knowledge is gained determine <u>the way</u> in which
　　　　　　　　　(전치사 : '-에 대한'으로 해석)　　　　　　　　　(명사 : '-하는'으로 해석)
material is arranged.

각 문장 앞에 위치한 about은 전치사이고, the way는 명사입니다. 일반적으로 전치사 다음에는 항상 명사가 오므로 'how knowledge is gained'는 명사절이고, 'in which material is arranged'는 선행사 the way(명사)를 수식하는 관계절입니다. 위의 문장을 해석하면

<u>지식이 어떻게 습득되었는가</u>에 대한 철학적 사고들은 <u>소재가 배열된</u> 방법을 결
　　　　　명사절　　　　　　　　　　　　　　　　　　　　관계절(형용사절)
정한다.

2. 관계부사절 이해하기

다음의 문장에서 when을 어떻게 해석할까요?

This approach is of particular importance in the modern period, <u>when</u> a concern about theological method has become more pronounced.

아마 '-할 때'로 해석하면 의미가 잘 통하지 않을 것입니다. 관계부사 when이 이끄는 관계절 문장이기 때문입니다. 위의 문장을 두 문장으로 풀어쓰면 다음과 같습니다.

This approach is of particular importance in the modern period.
A concern about theological method has become more pronounce in that period.

시간이므로 When으로 연결
→ period 뒤로 이동

→ 위의 문장의 경우 ,를 쓴 계속적 용법이므로 뒤로 이어 해석하는 것이 원칙이지만 우리말로 자연스럽게 하기 위해 한정적 용법처럼 해석했습니다.

해석) 신학적 방법론에 대한 관심을 공언한 현대 시대에서 이 접근은 특히 중요하다.

 생각해보기

위의 글에서 '조직적'이라는 단어에 대한 이해를 크게 두 가지로 나누었습니다. 어떻게 이해되는지 간단하게 정리해보세요.

_____

_____

_____

_____

 알아두기

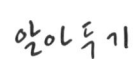

바르트의 『교회교의학』

계몽주의를 전후로 하여 그 이전에는 성서적 명제들의 무오류성(無誤謬性)에 대한 믿음을 바탕으로 그러한 명제들을 체계적으로 조직화시켜 창조에서부터 종말에 이르기까지 계시된 진리의 전 영역을 보여줄 수 있는 체계에 대한 요구가 있었습니다. 토마스 아퀴나스의 『신학대전』과 칼뱅의 『기독교 강요』는 가톨릭과 개신교 신학에서 각각 그러한 요구에 부응하려고 한 노작(勞作)이었습니다.

하지만 계몽주의 이후로는 성서적 명제들의 절대적인 무오류성에 대한 주장이 어려워졌고, 다만 기독교적 진리의 내용을 체계화하는 것이 신학의 한 임무로 남게 되었습니다. 조직신학의 내용을 교의(doctrine)로 파악할 경우 조직신학은 교의학(Dogmatics)과 동의어가 됩니다. 전통적으로 조직신학은 교의학·윤리학·변증론의 세 과목으로 분류되었으나 지금은 일반적으로 교의학과 동일한 것으로 보고 있습니다. 즉 조직신학은 고유한 기독교 사상의 방법적인 논술로서의 교의학으로 제한되었고, 다른 사상과의 관계 속에서 기독교 사상을 옹호하는 변증론이나 기독교적 삶의 방식에 대한 연구인 기독교윤리학은 독립된 분과로 여겨지고 있습니다. 칼 바르트의 대작 『교회교의학』은 칼빈 이후 가장 중요한 조직신학의 저작으로 꼽히고 있습니다.

② Along with Schleiermacher, the other major influence on the course of theology in the nineteenth century was G. W. F. Hegel(1770~1831). ①Though Hegel did not write a systematic theology and was not strictly speaking a theologian, he did develop a philosophical system within which theological issues could be approached in a fresh and creative way. He did not appreciate Schleiermacher's reduction of religion to feeling, but sought instead to bring out its essential rationality. To this extent he was very close to the Enlightenment. But Hegel also had a high regard for history, and probably more than any other thinker of the time he succeeded in incorporating the newly emergent historical consciousness into his theology. Perhaps even more important, however, Hegel addressed the issue of religious language in a way that was genuinely novel and ②that was to have a profound impact upon later theological development.

-Robert H. King-

Words and phrases

along with : –와 함께   course : 방향   strictly speaking : 엄격하게 말해서
in a fresh and creative way : 신선하고 창조적인 방식으로   appreciate : 인정하다   reduction : 환원
bring out : 세상에 내놓다. 발표하다   rationality : 합리성   to this extent : 이 점에서
Enlightenment : 계몽주의   have high regard for : –를 중히 여기다   succeed in : –에 성공하다
incorporate : 결합하다, 협조하다   emergent : 떠오르는   address : 제기하다   genuinely : 완전히
profound : 심오한   impact : 충격   development : 발전

Grammar Tips

1. 복잡한 문장 분석하기

①번 문장을 이전에 공부한 방식으로 분석해볼까요? 동사의 수를 찾은 후 각 동사의 주어를 찾고 '동사 수-1'개의 접속사나 관계사를 찾아보세요. 만약 관계절이 있다면 관계절 전체에 괄호를 쳐 수식하는 명사에 꾸며보세요.

Though Hegel did not write a systematic theology and was not strictly speaking a theologian, he did develop a philosophical system within which theological issues could be approached in a fresh and creative way.

이제 함께 해볼까요?

<u>Though</u> <u>Hegel</u> <u>did not write</u> a systematic theology <u>and</u> <u>was</u> not (strictly speaking) a
접속사1   주어1&2   동사1   접속사2 동사2
theologian, <u>he</u> <u>did develop</u> a philosophical system [within <u>which</u> <u>theological issues</u>
            주어3 동사3   관계사3   주어4
<u>could be approached</u> in a fresh and creative way].
       동사 4

☞ 강조의 do
동사 3에서 did는 행하다의 의미가 있는 것이 아닙니다. develop을 강조하는 용법으로 의미상 아무 뜻도 없습니다.

2. be to 용법

②번 문장에서 밑줄 친 was to의 뜻을 해석해보세요.

… in a way that <u>was to</u> have a profound impact upon later theological development. 아마 '후에 신학적 발전에 심오한 충격을 주는 것인 방식'으로 to 부정사를 was 동사의 보어로 해석한 독자가 있을지도 모릅니다. 하지만 이런 해석은 좀 이상합니다. 이와 같이 'be to 동사원형'이 부정사의 원래 의미가 어색할 경우 be to의 특수한 용법을 생각하시면 됩니다. 위의 문장의 경우 미래적 의미로 '-할'의 뜻으로 해석하면 무난할 것입니다.

 생각해보기

헤겔에게 있어서 기독교 신학의 체계를 잡기 위해 가장 중요한 가치들은 무엇이었을까요?

_____
_____
_____
_____
_____
_____

알아두기

헤겔

칸트 이후 서양 철학은 헤겔에 의해 주도되었습니다. 그는 본래 철학자였으나 그의 철학이 곧 신학이라 할 정도로 신학에 관심이 많았지요. 그의 공헌은 역사 철학에서 발견되는데 역사는 그 자체 의미를 지니고 있으며 변증법적으로 진보적 과정을 통해 발전한다고 주장했습니다. 헤겔은 기독교를 철학적 형태로 변형시켜 하나님을 내재적 세계 정신, 곧 인간 역사 안에서 자신을 실현하는 절대 정신으로 새롭게 설명했습니다.
이러한 헤겔의 사상을 신학에 도입하여 성서와 기독교의 본질 연구에 역사 비평적 방법을 사용한 이들이 헤겔 좌파에 속하는 스트라우스, 바우르, 바이세, 비더만 등입니다. 이들은 19세기 자유주의신학의 한 흐름을 형성하면서 현대사상과 과학의 요구를 적극적으로 수용하여 전통적인 기독교를 재구성하려 하였습니다.

3 It should be noted at the outset, however, that for Augustine creation is good, and hence human beings are created good and set within a good creation already completed. Human beings are created good, desire good, and are not satisfied with anything short of the eternal supreme good, or God. ①<u>Given the supremacy and primacy of good, evil has no place within the created order</u>. Indeed, evil has no positive ontological status at all; ②<u>it is not a being, but rather a privation or corruption of being</u>. Every being, insofar as it is, is good. Hence there is no ontological foundation for or explanation of evil. Nevertheless, evil may be described (but not explained) as a voluntary defection of humankind from the natural order of creation.

-Robert R. Williams-

Grammar Tips를 참조하여 위의 문장을 해석해보세요.

Words and phrases

at the outset : 처음에   complete : 완결하다   short of : –이 부족한   eternal : 영원한
supreme good : 지고의 선   supremacy : 지고성   pirmacy : 우월성
have no place within : –안에 자리가 없다   positive : 명확한   ontological : 존재론적인   status : 지위
privation : 결핍   corruption : 타락   insofar : –하는 한   foundation : 근거   explanation : 설명
voluntary : 자발적   defection : 결함

Grammar Tips

1. Given : –라 가정하면

①번 구문에서 Given은 관용적 용법으로 '–라 가정하면' 또는 '–라 주어지면'의 뜻입니다. 원래 이 문장의 형태는 분사구문의 형태입니다. 이 문장을 원래의 문장으로 써볼까요?

If evil is given the supremacy and primacy of good, evil has no place within the created order.

분사구문으로 고치면 다음과 같습니다.
→ (Being) Given the supremacy and primacy of good, evil has no place within the created order.(Being이 처음 나올 때는 일반적으로 생략됩니다.)

2. Not A But B : A가 아니라 B

'not A but B'의 문구는 영어 문장에서 가장 잘 쓰이는 관용구 중의 하나입니다. 이와 같은 구문이 나올 때 A와 B는 문법적이거나 품사적인 면에서 동등하다는 것을 기억해 두세요.

It is <u>not</u> <u>a being</u>, <u>but</u> rather <u>a privation or corruption of being</u>.
           명사   명사

생각해보기

어거스틴에 의하면 악(惡)은 어떻게 설명될 수 있을까요?

_____

_____

_____

알아두기

어거스틴의 작품 『선의 본질』(*The natura Boni*)의 제1부에 의하면, 하나님은 최고의 존재이며 최고의 선이시며, 그로부터 만물이 존재하게 되었고, 그 나름의 가치를 가지게 되었다고 합니다. 모든 존재는 그 본질로 말미암아 그 자체가 선하며, 악은 본질적 선의 부재라고 하면서 죄는 자유 또는 자의적 행위에서 유래한다고 설명하고 있습니다.

4 ①*Ecclesia is a transfigured mode of human community, <u>comprised</u> of a plurality of peoples and cultural traditions, <u>founded</u> upon the life, death, and resurrection of Christ, <u>constituted</u> by the redemptive presence of God as Spirit, <u>in which</u> privatistic, provincial, and hierachical modes of existence are overcome, and <u>in which</u> is actualized a universal reconciling love that liberates from sin, alienation, and oppression.* ②<u>As such, the church is an anticipatory sign and sacrament of the coming kingdom of God, which is a "kingdom of freedom," a liberated communion of free subjects created and empowered by the indwelling Spirit of the God of freedom.</u> This is the true "spirituality" of the church, its "invisible" essence, to which the empirical, historical church is always only ambiguously, paradoxically related. Ecclesia is at once a historical and an eschatological reality, and the tension thus generated is the source of its true vitality.   -Peter C. Hodgson and Robert C. Williams-

Grammar Tips를 참조하여 위의 문장을 해석해보세요.

Words and phrases

Ecclesia : 교회   transfigured : 변형된   mode : 양식   human community : 인간공동체
comprise : 이루다   plurality : 다양성   peoples : 민족들   found : -를 기초로 하여 세우다
redemptive : 구속적   constitute : 구성하다   presence : 현존   privatistic : 개인적   provincial : 국지적
hierachical : 계층적   existence : 존재   overcome : 극복하다   actualize : 실현시키다
universal : 보편적인   reconcile : 화해하다   liberate : 해방시키다   alienation : 소외   oppression : 억압
anticipatory : 예기적   sign : 징표   sacrament : 성체   communion : 교제   empower : 능력을 주다
indwelling : 내재하는   invisible : 눈에 보이지 않는   empirical : 경험적인   ambiguously : 모호하게
paradoxically : 역설적으로   eschatological : 종말론적인   generated : 생산하다   vitality : 생명력

Grammar Tips

1. 과거분사구문

①번 문장의 밑줄친 부분은 모두 a transfigured mode of human community를 수식하는 구와 절입니다. 'comprised,' 'founded,' 'constituted'는 분사구문으로서, 'in which'로 시작하는 두 문장은 관계대명사절로서 모두 a transfigured mode of human community를 수식합니다.

2. 동격인 문장 찾기

②번 문장에서 같은 내용을 부연설명하는 구를 찾아보세요.

As such, the church is ① <u>an anticipatory sign and sacrament</u> of (a) <u>the coming kingdom of God</u>, (b) <u>which is a</u> "kingdom of freedom," ② <u>a liberated communion of free subjects</u> [created and empowered by the indwelling Spirit of the God of freedom].

→ ②번은 ①번을 설명해주는 동격입니다. (b)는 (a)를 설명해주는 동격입니다. [ ]는 free subjects를 꾸며주는 분사구문입니다.

 생각해보기

위 예문은 교회에 대한 신학적 정의입니다. 위에서 설명한 것 외에 여러분들이 생각하는 교회란 무엇인지 자유롭게 써보세요.

5 Barth summarized his own position by declaring, "The possibility of knowledge of God's Word lies in God's Word and nowhere else." This statement expresses the positive as well as the negative side of his theological method. ①<u>In spite of the unreadiness of humanity for God and the impossibility of true knowledge of God through reason, nature and culture, in his sovereign freedom and grace God has revealed himself in human history and made possible the miracle of knowledge of himself.</u> The single event in history in which God revealed, according to Barth, is the event of Jesus Christ. And in Christ God reveals *himself*, not merely information or a way of life. ②<u>For Barth</u> this means that "the eternal God is to be known in Jesus Christ and not elsewhere."

But how can one know that this is true? Barth responded, "The proof of faith consists in the proclamation of faith. The proof of the knowledge of the Word[of God] consists in confessing it." In other words, faith in Jesus Christ as the self-revealed truth of God is self-authenticating. ②<u>For the Christian</u> this is the fundamental fact on which everything else rests and which itself rests on nothing else. Faith is a gift of God. …

In terms of the flow of the theological history of the twentieth century, one of the great strengths of Barth's theology lies in its recovery of the transcendence of God. ③<u>Only if God's love toward the world is radically free can it be gracious.</u> The graciousness of God's relation with the world is at the very heart of the Christian gospel.

-Stanley J.Grenz & Roger E.Olson-

Grammar Tips를 참조하여 위의 문장을 해석해보세요.

Words and phrases

summarize : 요약하다   position : 입장   declare : 선언하다   statement : 진술
A as well as B : B뿐만 아니라 A도   method : 방법   in spite of : -에도 불구하고   miracle : 기적
reveal : 계시하다   unreadiness : 준비되어 있지 않음   sovereign : 주권적인   respond : 대답하다
proof : 증거   consist in : -에 놓다   proclamation : 선포   self-revealed : 자기 계시적인
self-authenticate : 스스로를 입증하다   rest on : -에 의지하다   In terms of : -의 경지에서
lie in : -에 놓여 있다   transcendence : 초월성   graciousness : 은혜성   radically : 철저히
at the very heart of : -의 중심에

Grammar Tips

1. 복잡한 문장 분석하기

①번 문장은 매우 깁니다. 이와 같이 긴 문장의 경우 지금까지 했던 분석방법을 사용하여 문장을 분석해봅시다. 먼저 동사를 찾고 '동사의 수-1' 개의 접속사나 관계사를 찾으세요. 각 동사의 주어도 찾고요. 특히 아래 문장에서는 and가 연결하는 부분을 찾아보세요. and는 연결하는 전후 품사나 문장의 구성요소가 같다는 것을 꼭 명심하세요.

In spite of the unreadiness of humanity for God and the impossibility of true knowledge of God through reason, nature and culture, in his sovereign freedom and grace God has revealed himself in human history and made possible the miracle of knowledge of himself.

이제 함께 해 볼까요?

In spite of [the unreadiness of humanity for God and the impossibility of true
　　　　　　　　　명사구①　　　　　　　　접속사1　　　　명사구②
knowledge of God through reason, nature and culture], in his sovereign freedom
　　　　　　in spite of에 걸리는 명사구　　　　　　　　　　　　　　　　　명사
and grace God has revealed himself in human history and made possible the
접속사2 명사 주어1&2　동사1　　　　　　　　　　　　접속사3 동사2
miracle of knowledge of himself.

　　and 접속사 1 : 명사구①과 명사구② 연결
　　　　접속사 2 : 명사와 명사 연결
　　　　접속사 3 : 동사와 동사 연결 → 문장과 문장과 연결
　　　　　→ '동사 수-1' 개의 공식이 적용되는 접속사는 접속사3 하나

2. for+사람

②번과 ③번의 경우는 for가 원래의 의미 '-를 위하여' 보다는 '-에게'의 뜻을 가지고 있습니다.

3. Only if 주어+동사 동사+주어(도치가 일어남) : -한다면, -하는 한

Only if 문장의 경우 주절에서 주어와 동사의 도치가 일어납니다.

Only if God's love toward the world is radically free can it be gracious.
　　　　　　　　　　　　　　　　　　　　　　　　　　　조동사│동사
　　　　　　　　　　　　　　　　　　　　　　　　　　　　주어

생각해보기

위 예문을 참고하여 바르트의 신학이 가지는 의미에 대해 정리해보세요.

_____
_____
_____
_____
_____
_____
_____

 **알아두기**

칼 바르트   폴 틸리히

칼 바르트와 폴 틸리히

20세기 전반기의 개신교 신학에는 칼 바르트와 폴 틸리히라는 두 명의 신학자가 우뚝 서 있습니다. 이들 중 바르트는 하나님의 말씀 속에 나타나는 신적 계시에 집중하였으니 그의 주된 관심은 예수 그리스도를 통해 나타난 하나님의 구원 계시를 순수한 형태로 보존하는 데 있었습니다. 반면 폴 틸리히는 이 복음이 구체적인 인간의 상황 속에서 어떤 의미가 있는지를 탐구하는 데 집중하였습니다. 이를 위해 그는 바르트처럼 하나님의 계시로부터 신학을 시작하지 않고, 먼저 동시대의 사람들이 던지는 질문에 귀를 기울인 다음 그 질문에 대답하는 형식으로 신학을 전개해 나갔습니다. 즉, 바르트가 케리그마적 신학을 전개했다면 틸리히는 변증적 신학을 전개했고 바르트가 하나님 중심, 계시 중심적 신학을 전개했다면 틸리히는 인간 상황에서부터 출발하는 인간 중심적 신학 혹은 경험 중심적 신학을 전개한 것입니다. 바르트와 같은 케리그마적 신학의 강점은 기독교의 진리를 상황에 적용시키려 할 때 곧잘 나타나는 기독교 복음의 상대화라는 위험을 피할 수 있습니다. 반면에 그것은 인간 현실에 부적합(irrelevance)해질 약점을 가지고 있습니다. 반면 틸리히와 같은 변증신학은 상황적 적실성(contextual relevance)을 가질 수는 있으나 자칫 기독교 진리를 왜곡시킬 위험성을 동시에 가지고 있습니다. 틸리히는 전통적인 기독교의 언어로는 현대인들에게 기독교의 복음을 의미 있게 소개할 수 없다고 보았기에 부적합성의 위험보다는 왜곡의 위험을 무릅쓰고 신학적 유연성을 확보하고자 애썼습니다. 이렇듯 바르트와 틸리히는 상호 긍정적 영향을 주고받으며 20세기의 신학을 창조적으로 승화, 발전시킨 탁월한 신학자들이며 오늘날까지도 많은 영향을 끼치고 있습니다.

6 If this is true, then theological statements are ①<u>not a description of 'the highest Being' but an analysis of the depths of personal relationships-or rather, an analysis of the depths of all experience 'interpreted by love'</u>. Theology, as Tillich insists, is about 'that which concerns us ultimately'. A statement is 'theological' ②<u>not because it relates to a particular Being called 'God', but because it asks *ultimate* questions about the meaning of existence</u>: ③<u>it asks what, at the level of *theos*, at the level of its deepest mystery, is the reality and significance of our life</u>. A view of the world which affirms this reality and significance in personal categories is *ipso facto* making an affirmation about the *ultimacy* of personal relationships : it is saying that *God*, the final truth and reality 'deep down things', is love. And the specifically Christian view of the world is asserting that the final definition of this reality, from which 'nothing can separate us' since it is the very ground of our being, is 'the love of God in Christ Jesus our Lord'.

- John A. T. Robinson -

Words and phrases

statement : 진술   description : 묘사   analysis : 분석   interpret : 해석하다   insist : 주장하다
concern : 관계가 있다   relate to : ~와 관계하다   ultimate : 궁극적인   significance : 의미
category : 범주   theos : 신   affirm : 긍정하다   ipso facto : 사실상   assert : 주장하다
definition : 정의   separate : 분리하다   ground : 근거

Grammar Tips

1. not A but B : A가 아니라 B
A와 B의 구문 형태는 같아야 합니다.
①번 문장의 경우는 명사구 'a description of 'the highest Being' 과 'an analysis of the depths of personal relationship' 입니다. 이 문장에서 ~는 부연설명하는 것으로, 문장에 따라 다시 말하면, 즉 등으로 해석하면 됩니다.
②번 문장은 not because A but because B로 해석하면 됩니다.

2. what : 의문사로서 문장 안에 쓰일 때
It asks <u>what</u>[<u>, at the level of *theos*, at the level of its deepest mystery,</u>] <u>is</u> the
       주어   부사구   목적어
reality and significance of our life.

위의 문장에서 what은 ask의 목적절을 이끄는 의문대명사입니다. 위의 경우 의문사의 의미가 살아있으므로 'what'의 본래 의미, '무엇이'로 해석해야 합니다.

☞ <u>What</u> is good is not always beautiful.
   'the thing which' 의 의미로 '~한 것' 으로 해석됨

『신에게 솔직히』의 저자 존 로빈슨은 기독교의 메시지를 "비신화화"하여 현대인들의 사고 방식에 적응시킬 것을 주장한 불트만, "종교성 없는 기독교"를 강조한 본회퍼, 하나님이 "궁극적 관심의 대상이자, 존재의 지반"임을 강조한 틸리히에 깊은 영향을 받았습니다. 이러한 신학적 영향하에 로빈슨은 신학을 대중화시키고 신학의 이해를 현대화시키는 데 주력하였지요. 결국 그는 하비콕스와 함께 현대 사회의 변화와 세속화신학의 대표주자로 평가되고 있습니다. 그들은 교회와 세속의 구별을 거절하고 초월적인 신 존재를 믿는 신앙을 비판합니다. 로빈슨에게 있어서 하나님은 초월자가 아니라 개인의 진지한 확신의 영역에 속하며 궁극적 실재를 받아들이는 자신의 인식 여하에 달려있는 것입니다.

『신에게 솔직히』

7 Liberation theology is oriented toward ①the poor and oppressed. "The poor are the authentic theological source for understanding Christian truth and practice" (Sobrino). In the Latin American situation, the church is on the side of the poor. "God is clearly and unequivocally on the side of the poor" (Bonino). ②The fact that God is on the side of the poor leads to a further insight: the poor occupy a position of especial importance in the interpretation of the Christian faith. All Christian theology and mission begin with the "view from below," with the sufferings and distress of the poor.

Liberation theology involves critical reflection on practice. As Gutirrez puts it, theology is a "critical reflection on Christian praxis in the light of the word of God." Theology is not, and should not be, detached from social involvement or political action. ③Whereas classical western theology regarded action as the result of reflection, liberation theology inverts the order: action comes first, followed by critical reflection. "Theology has to stop explaining the world, and start transforming it" (Bonino). True knowledge of God can never be disinterested or detached, but comes in and through commitment to the cause of the poor. ②There is a fundamental rejection of the Enlightenment view that commitment is a barrier to knowledge.   - A. E. McGrath -

Words and phrases

orient : -로 향하다 the poor : 가난한 사람들 the oppressed : 압제받는 사람들 authentic : 확실한
source : 자원 practice : 실천 clearly : 명백하게 unequivocally : 명백하게 insight : 통찰력
position : 위치 mission : 선교 suffering : 고통 distress : 비탄 critical : 비판적인 reflection : 성찰
praxis : 실천 in the light of : -의 견지에서 disinterest : 무관심하다 detach : 분리하다
invert : 뒤집다 transform : 변형하다 commitment : 참여(어떤 명분에 대한) cause : 대의명분
fundamental : 근본적인 rejection : 거부 barrier : 장애

Grammar Tips

1. the+ 형용사 : 복수명사

① the poor : 가난한 사람들 the oppressed : 압제 받는 사람들

**2. the fact that 주어 동사(-라는 사실),
the view that 주어 동사(-라는 관점) : 동격의 that**

②번 두 문장에서 that절은 앞의 사실(fact)와 관점(view)를 부연 설명하는 것으로 이 때의 that절을 동격의 that절이라 칭한다.

3. Whereas 주어 동사, 주어 동사 : -하는 반면에 -하다

Whereas는 while과 마찬가지로 두 문장의 내용을 대조할 때 쓰는 접속사이다.

생각해보기

해방신학의 관점과 동기, 그리고 방법론에 대해 정리해보세요.

알아두기

구티에레스

해방신학(解放神學, liberation theology)은 1960년대 말기 가톨릭 교회에서 라틴아메리카를 중심으로 일어난, 교회가 억압받는 자들을 위해 사회운동에 적극 참여해야 한다는 신학입니다. 해방신학운동의 출발 시기는 보통 1968년 콜롬비아 메데인에서 열렸던 제2차 라틴아메리카 주교회의로 거슬러 올라갑니다. 이 회의에 참석한 주교들은 가난한 자의 권리를 인정하고, 제3세계가 희생한 대가로 산업화된 국가들이 부유해지고 있음을 역설하는 문서를 발표했습니다. 이 운동의 근본이 된 저서는 페루의 신학자이며 사제인 구스타보 구티에레스가 쓴 『해방신학』(Teologia de la liberacion, 1917)입니다. 이 운동의 다른 지도자로는 엘살바도르의 대주교 오스카르 아르눌포 로메로, 브라질의 신학자 레오나르도 보프, 예수회 신학자 J. 소브리노 등이 있습니다. 해방신학운동은 1970년대 라틴아메리카에서 힘을 얻었습니다. 목회는 부유한 엘리트에 대한 가난한 자의 정치적 투쟁을 포함한다고 주장했기 때문에 해방신학자들은 공식적(로마 가톨릭 교회 내부에서)·비공식적으로 마르크스주의의 순진한 조달자, 또는 폭력적인 사회혁명의 주창자로 비판받았습니다. 그러나 니카라과의 에르네스토 카르데날처럼 전적으로 마르크스주의를 지지하는 몇몇 사제도 있었지만, 대부분의 사제는 자신들의 활동이 기독교적이라고 주장했습니다.

⑧ Eschatology is no longer confined to the concluding chapter of dogmatics as teaching about the last things. The whole of Christian theology is penetrated by eschatology. Every theological statement is at the same time as eschatological statement in the sense that eschatology deals with what is ultimate, and to speak of God is to speak of our "ultimate concern" (Tillich). ①There is a consensus among the various schools of theology that the eschatological perspective is basic to the understanding of the Christian faith. At the beginning of his long theological career, Barth inaugurated the eschatological renaissance in Christian theology with this striking claim:② "Christianity that is not entirely and altogether eschatology has entirely and altogether nothing to do with Christ." Echoing this mandate a half century later, Jürgen Moltmann insisted; "The eschatological is not one element of Christianity, but it is the medium of Christian faith as such. … Hence eschatology cannot really be only a part of Christian doctrine. Rather, the eschatological outlook is characteristic of all Christian proclamation, of every Christian existence and of the whole church.

-Carl E. Braaten-

Words and phrases

eschatology : 종말론   be confined to : -에 한정되다   dogmatics : 교의학   penetrate : 관통하다
statement : 진술   in the sense that : -라는 의미에서   ultimate : 궁극적인   consensus : 공감대
schools : 학파   perspective : 관점   inaugurate : 시작하다   renaissance : 대부흥시대
striking : 놀랄 만한   claim : 주장   entirely : 전적으로   altogether : 아주
have nothing to do with : -와 관련이 없다   mandate : 지령   echo : 반향하다   medium : 매개체
as such : 그 자체로   outlook : 전망   characteristic : 특성   proclamation : 선포   existence : 실존

Grammar Tips

1. 동격의 that

①번 문장에서 that 이하의 절은 consensus를 다시 설명하는 말로 동격을 나타내는 명사절입니다. 'among the various schools of theology'는 부사구이므로 괄호로 묶으면 a consensus that이라는 동격의 용법이 잘 보일 것입니다.

There is <u>a consensus</u> (among the various schools of theology) [<u>that</u> the eschatological
→ a consensus와 동격

perspective is basic to the understanding of the Christian faith.]

2. 복잡한 문장 도해하기

②번 문장은 복잡한 문장은 아니지만 entirely and altogether가 반복적으로 쓰여 약간 혼란스러운 느낌을 줍니다. 동사의 수를 찾아 '동사 수-1' 개의 관계사나 접속사를 찾아 보세요. 그리고 각 동사의 주어도 찾아보세요.

"<u>Christianity</u> [<u>that</u> <u>is</u> not (entirely and altogether) eschatology] <u>has</u> (entirely and
주어1   관계사+주어2 동사2   동사1
altogether) nothing to do with Christ.

 생각해보기

종말론은 오늘날 우리의 신앙에 어떤 의미가 있을까요?

_____
_____
_____
_____

알아두기

몰트만

현존하는 독일의 대표적인 신학자인 몰트만(1926~)의 대표적 신학인 '희망의 신학'에서 그 중심을 이루는 두 개념은 희망과 약속입니다. 희망의 신학에서 희망과 약속은 동전의 양면과 같은 관계에 있지요. 몰트만이 희망 문제에 특별한 관심을 갖게 된 것은 수용소 생활이었습니다. 한편 몰트만은 성서가 미래적 희망으로 가득 차 있다는 것을 성서 연구를 통해 발견합니다. 성서의 메시지는 하나님의 약속과 인간 희망으로 이루어졌습니다. 아브라함이 고향을 떠나는 사건이나 모세의 출애굽 사건이 그 대표적인 예지요. 몰트만은 이러한 개인적 체험과 성서에 나타난 희망과 약속 사상을 블로흐의 희망의 철학을 매개로 하여 체계화했습니다.

몰트만은 하나님의 약속은 또 다른 세계를 위한 것이 아니라 이 세계의 새로운 창조를 위한 것이라고 생각했습니다. 몰트만의 미래적 종말론은 하나님 나라에 대한 새로운 이해를 제시함과 동시에 그를 현대적 종말론 논쟁의 중심에 서게 했습니다. 19세기 자유주의 신학을 기점으로 전개된 종말론은 하나님 나라가 현재적이냐 아니면 미래적이냐 하는 것이 논쟁의 초점이 되었습니다. 리츨과 하르낙의 자유주의 신학, 다드의 실현된 종말론, 불트만의 실존적 종말론은 하나님 나라를 현재적인 것으로 간주했습니다. 이에 반해 몰트만의 종말론은 미래에 대한 기대를 전제로 하고 있습니다. 따라서 몰트만의 종말론은 세계가 달라질 것이라는 희망으로 이해되었습니다. 그 약속의 성취는 역사의 모든 가능성을 초월하는 하나님의 종말론적 행위로만 이루어질 수 있습니다.

따라서 교회의 주요한 과제는 개인을 회심시키는 것보다 오히려 사회구조의 개혁이라고 몰트만은 말합니다. 신학은 세계가 무엇인가를 단지 해석하는 것에 머물러선 안되며, 세계를 변화시켜야 한다고 보았습니다. 몰트만의 정치신학은 이러한 교회관과 신학관으로부터 유래되었습니다. 그는 말하기를 희망의 성취가 단지 하나님의 힘으로 이루어지기만을 기다리는 수동적인 것이 아닌 인간의 노력에 달려 있다고 보았습니다. 따라서 희망의 신학은 이론 신학이 아니라 행동신학입니다. 그것은 하나님이 세상의 악에 대해 어떤 일을 하시지 않는가를 묻는 대신, 악을 변화시키려고 행동합니다. 교회는 현재의 역사 속에서 자유, 평화, 정의를 위하여 노력해야 하며, 필요한 경우 어떤 정치적인 힘을 발휘하여 현 사회를 개조해야 한다는 것입니다.

9 The metaphysic of process led Whitehead to a specific theological orientation. Three postulates provide a summary of this theology. First, ①<u>God is not aloof from, nor unaffected by, the world</u>; rather God and the world are interdependent. Whitehead's emphasis, therefore, clearly is on the divine immanence, for God is "an actual entity immanent in the actual world." God is also transcendent, of course, but only insofar as the divine being is logically, not chronologically, prior to the world. Nor is God's transcendence unique. Transcendence characterizes every actual entity, for each "in virtue of its novelty, transcends its universe, God included." God's transcendence refers to the divine inexhaustibility, enduring faithfulness of purpose and ability to utilize even evil for good ends.

Second, God works in the world primarily through persuasion, rather than coercion. God provides the lure, of course, but each occasion has the prerogative to accept or reject it. Thus, when Whitehead offered images of God and the world, the two he chose were "tender care" and "infinite patience." Process thinker Lewis Ford has drawn out the implications of this understanding. "Faith in this sense is reciprocal. ②<u>Just as the world must trust God to provide the aim for its efforts, so God must trust the world for the achievement of that aim.</u>"

Third, we ought not to view God in terms of omnipotence, but as the one who suffers with the world. Whitehead rejected the classical understanding of God as the divine despot, claiming that in this way, "the Church gave unto God the attributes which belonged exclusively to Caesar." ③<u>Nor is God omniscient in the classical sense of knowing the future.</u> Like humans, God knows the future only as possibility, never as actuality.

-Stanley J. Grenz & Roger E. Olson-

Words and phrases

lead A to - : A를 -로 이끌다   metaphysics : 형이상학   process : 과정   orientation : 방향
postulate : 가정   aloof from : -과 초연한   unaffect : 영향을 주지 않다   interdependent : 상호의존적인
divine immanence : 신적인 내재성   actual : 실제적   entity : 총체   transcendent : 초월적인
insofar as : -하는 한   chronologically : 연대기적으로   prior to : -에 선행하는   in virtue of : -덕분에
inexhausitibility : 소진 불가성   enduring : 영속하는   utilize : 이용하다   primarily : 주로
persuasion : 설득   coercion : 강압   lure : 매력   prerogative : 특권   accept : 받아들이다
reject : 거절하다   image : 심상, 표상   infinite : 무한한   implication : 함축된 의미   reciprocal : 상호적인
in terms of : -의 견지에서   achievement : 성취   despot : 전제 군주   claim : 주장하다
attribute : 속성   belong : 속하다   omniscient : 전지전능한   exclusively : 독점적으로
actuality : 현실성

Grammar Tips

1. not A nor B : A도 아니고 B도 아니다

not A nor B의 용법에서 A와 B는 품사나 문법적 기능이 같아야 합니다. 이제 ①번 문장을 한번 볼까요?

God is <u>not</u> <u>aloof from</u>, <u>nor</u> <u>unaffected by</u>, <u>the world</u>
　　　　　　　형용사구　　　　　형용사구　　from, by의 목적어

2. Just as A, so B : A가 그러한 것처럼 B도 그렇다.

<u>Just as</u> the world must trust God <u>to provide</u> the aim for its efforts, <u>so</u> God must
　　　　　　　　　　　　　　　　trust 사람 to –이 –를 믿고 하게 하다
trust the world <u>for</u> the achievement of that aim.
　　　　　　　 –를 위해

3. 문장의 도치 : Nor가 앞에 나오는 경우

③번 문장을 도치되기 이전의 문장으로 바꾸면 다음과 같습니다.

God is nor omniscient in the classical sense of knowing the future.
→ 위의 문장에서 nor를 강조하기 위해 맨 앞으로 빼면 주어와 동사의 위치가 도치됩니다.

 생각해보기

화이트헤드의 과정신학에서 설정한 세 가지 가정은 무엇인가요?

_____
_____
_____
_____
_____

알아두기

화이트헤드

과정신학은 인간과 세계의 진화론적 성격을 강조하여, 신(神)도 변화해 가는 세계와의 영적인 교류를 통하여 발전해 가는 과정에 있다고 주장합니다. 1960년대에 미국에서 새롭게 생겨난 신학 사조 가운데 하나죠. 이 용어는 영국의 철학자 A. N. 화이트헤드의 "과정과 실재"(Process and Reality)라는 강연에서 유래되었습니다.

세계대전의 충격을 받고 태어난 신정통주의 신학의 영향 때문에 1950년대까지도 화이트헤드의 철학 체계를 신학에 응용하려는 사람은 극히 드물었습니다. 그런 속에서 미국의 C. 하트숀이 1940년대 초 시카고 대학교로 교직을 옮기면서 화이트헤드를 신학의 본격적인 작업에 원용하기 시작했습니다. 그를 이어 시카고 대학의 S. M. 오그덴, J. B. 캅, P. N. 해밀턴 등이 이를 뚜렷한 신학운동으로 발전시켰기 때문에 과정신학자들을 시카고학파라고도 부릅니다. 이들은 다른 급진적인 신학자들과는 달리 유신론적이며, 신의 개념에서는 신의 창조와의 관련성, 자신에 대한 초월 능력, 신의 양극성, 사랑이라는 신의 근원적인 속성 등을 특히 강조합니다.

미국 과정신학의 중심 주제는 '신의 본성'과 '신과 세계의 관계' 입니다. 이것은 화이트헤드의 신론에 힘입은 바가 크지요. 화이트헤드는 자신의 형이상학적인 원리에 근거하여 신의 본성에 대한 양극적인(dipolar) 개념을 제시했습니다. 신은 원초적(primordial) 본성과 결과적(consequent) 본성을 갖습니다. 전자로서의 신은 현실성의 근거로서, 어떤 현실성에 의해서도 제한되지 않으며, 후자로서의 신은 세계의 창조적 전진의 결과입니다. 신은 세계에 관계하며, 세계는 신에게 반응합니다. 신은 전적인 완전 속에 있지 않고, 과정과 변화 속에 존재합니다. 이와 같이 화이트헤드는 신과 세계가 창조적인 전진에 서로 참여한다고 주장했습니다.

10 The term *Gaia* has caught on among those seeking a new ecological spirituality as a religious vision. *Gaia* is seen as a personified being, an immanent divinity. ①<u>Some see the Jewish and Christian male monotheistic God as a hostile concept that rationalizes alienation from and neglect of the earth.</u> *Gaia* should replace God as our focus of worship. I agree with much of this critique, yet I believe that ②<u>merely replacing a male transcendent deity with an immanent female one is an insufficient answer to the "god-problem."</u>

-Rosemary Radford Ruether-

Grammar Tips를 참조하여 위의 문장을 해석해보세요.

Words and phrases

term : 용어 ecological : 생태학적 personify : 인격화하다 immanent : 내재된 monotheistic : 유일신적
hostile : 적대적인 rationalize : 합리화하다 alienation : 소외 neglect : 경시
replace : –를 대신하다, –를 바꾸다 critique : 비판 deity : 신 insufficient : 불충분한

Grammar Tips

1. see A as B : A를 B로 간주하다

Some see the Jewish and Christian male monotheistic God as <u>a hostile concept</u>

[<u>that</u> rationalizes alienation from and neglect of the earth].
관계대명사 주격

2. 동명사가 주어인 경우

Merely <u>replacing a male transcendent deity with an immanent female one</u> is an
   동명사 replace A with B : A를 B로 대체하다
insufficient answer to the "god-problem."

생각해보기

로즈마리 류터는 남성적인 신개념의 비판에 어떤 입장을 보이고 있나요?

_____
_____
_____
_____
_____
_____

알아두기

로즈마리 류터는 가톨릭 신앙을 배경으로 하고 있는 여성 생태신학자로서 시카고지역 에반스톤에 위치한 게렛 신학교(감리교)에서 가르치고 있습니다. 1992년 출간된 그의 책 *Gaia and God : An Ecofeminist theology of Earth Healing*은 러브록과 마굴리스에 의해 사용된 가이아 이론 - 즉 전 지구를 살아있는 생명체로 보고, 그 속의 모든 개체들에게 고유한 역할을 부여함으로써 지구라는 유기체가 존속된다는 이론 -을 사용하여 자신의 신학을 전개해 나갑니다. 류터는 인간 역시 다른 생명체와 공존하는 자신의 제한적 역할을 감당하는 지구생명체의 일부라고 보고, 전통적 기독교가 자연을 얼마나 대상화하였으며 지배의 논리(자연지배, 여성

로즈마리 류터

에 대한 남성의 지배, 종에 대한 주인의 지배)를 정당화해왔는가를 지적합니다. 그는 지배문화 일체를 남성적 단일신론의 결과라고 비판하고 있습니다. 그럼에도 기독교 문화와 성서전통에 대해 전적으로 부정적 판단을 내릴 수 없다고 말하는데 류터의 중요성이 있습니다. 그가 'Gaia'란 이름을 사용하고 있는 이유는 단지 과학적 세계관을 그대로 수용하는 것이 아니라 지배문화에 대한 새로운 의식, 곧 종교적 비전으로서의 생태학적 영성을 되찾기 위함이었습니다. 결국 류터는 가부장주의 내에서 인간을 탈중심화시키고 자연과의 일체감을 지닌 형태로 인간을 재중심화시키려는 노력을 하고 있다고 보아야 할 것입니다.

「가이아와 하느님」

(이정배, "현대 생태신학자들(3) - 로즈마리 류터" 중에서)

스스로 해보기

이제 직접 본인이 문장을 해석해볼까요? 단어를 찾기에 앞서 간단히 전체 예문을 눈으로 훑어보세요. 지문이 전체적으로 어떤 이야기를 하는 것인지 파악한 후 사전에서 단어를 찾을 때 가능하면 그와 관련된 의미를 찾도록 하세요.

1   Such ①<u>are my basic hypotheses</u> on "where we are" for reflection on theological method. My strategy for the reflection itself is as follows: I shall claim that amidst the great differences of contemporary theologies certain methodological constants ②<u>do</u> appear. That claim can be made more specific ③<u>by introducing</u> the following definition of a shared theological method in the new paradigm: theology is the attempt ④<u>to establish</u> mutually critical correlations between an interpretation of the Christian tradition and an interpretation of the contemporary situation.   -David Tracy-

위의 지문은 어떤 내용에 관한 것인가요? 간단히 답해보세요.

_____
_____
_____
_____
_____
_____

Words and phrases

hypotheses_____	reflection_____	method_____
strategy_____	as follows_____	claim_____
contemporary_____	constant_____	specific_____
definition_____	paradigm_____	mutually_____
critical_____	correlation_____	interpretation_____

Grammar Tips

① such를 강조하기 위해 주어와 동사 도치
② 강조의 do ('하다'의 의미가 아님)
③ by 동사ing : -함으로써
④ to 부정사 : 형용사적 용법으로 명사 the attempt를 수식

위의 문장을 해석해보세요.

알아두기

조직신학(systematic theology)은 성서의 연구와 관련된 성서신학, 기독교 신앙의 역사와 관련된 역사신학(교회사), 실제적인 신앙활동과 관련된 실천신학과 함께 신학의 4개 분과 중의 하나로 신앙의 진리를 잘 수집하여 교리를 세우고 그 교리를 체계화하는 학문입니다. 그래서 조직신학은 "교의신학"이라고 불리기도 합니다. 즉 철근, 목재, 콘크리트 등의 여러 재료를 잘 배합하여 튼튼한 집을 짓는 것처럼 성서신학과 역사신학의 성과들을 조화시키고 체계화시켜서 우리의 신앙생활에 새롭게 적용가능한 실천신학적 토대와 이론적 틀을 제공하는 학문을 조직신학이라고 말할 수 있습니다.

2   Usually revelation is interpreted as having ①both an objective and a subjective dimension. The objective dimension refers to what is revealed, ②while the subjective dimension refers to how revelation is received. The precise way in which revelation is interpreted often depends on ③which of these dimensions is given primary emphasis.

- George Stroup-

위에서 말하는 계시의 두 차원은 어떤 것인가요?

___

Words and phrases

revelation	objective	subjective
dimension	refer to	precise
depend on	primary	emphasis

Grammar Tips

① both A and B : A와 B 모두
② while : 반면에
③ which of these dimensions : which는 의문 대명사로서 '어떤 것'의 의미

위의 문장을 해석해보세요.

3 Christology is reflection upon the one whom the Christian community confesses ①<u>as</u> Lord and Savior. Historically this reflection has not been a merely theoretical matter. The effort has been informed by ②<u>the keenest of human interests</u>-the interest in salvation. ③<u>It is therefore fitting that soteriology(the doctrine of salvation) be considered at the same time as Christology.</u>

　　　　　　　　　　　　　　　　　　　　　　　　　　　　　-Walter Lowe-

위의 지문은 어떤 내용에 관한 것인가요? 간단히 답해보세요.

_____
_____
_____
_____

Words and phrases

| confess_____ | theoretical_____ | effort_____ |
| keen_____ | salvation_____ | fitting_____ |

Grammar Tips

① as : -로서 해석해보세요
② 형용사의 최상급입니다.
③ It(가주어)-that(진주어)

It is therefore fitting that soteriology(the doctrine of salvation) (should) be considered at the same time as Christology.
→ fitting이라는 형용사의 속성상 that 절에서 주어 soteriology와 동사 be 사이에 should 생략

위의 문장을 해석해보세요.

_____
_____
_____
_____

4 In truth, Bultmann maintains, all this language is ①<u>not</u>, properly speaking, desribing a superanatural transaction of any kind <u>but</u> is an attempt ②<u>to express</u> the real depth, dimension and significance of the historical event of Jesus Christ. In this person and event there was something of ultimate, unconditional significance for human life- and ③<u>that</u>, translated into the mytholigical view of the world, comes out as 'God' (a Being up there) 'sending' (to 'this' world) his only-begotten 'Son'. The transcendental significance of the historical event is 'objectivized' as a supranatural transaction.

-John A. T. Robinson-

불트만에 의하면 성서의 언어는 어떤 의미가 있나요?

Words and phrases

in truth	maintain	properly speaking
describe	supranatural	transaction
attempt	dimension	mythological
unconditional	only-begotten	objectivize

Grammar Tips

① not A but B : A가 아니라 B
② to 부정사의 형용사적 용법
③ that의 선행사는 something

위의 문장을 해석해보세요.

_____
_____
_____
_____
_____
_____
_____
_____

알아두기

불트만

독일의 신약학자인 불트만(1884~1976)은 20세기 신약성서의 '비신화화'(非神話化) 논쟁으로 유명합니다. '비신화화'는 고대 문서가 지니는 신화적 사고의 틀을 없애고 성서비평학과 실존론적 해석을 통하여 그 본질적 의미를 분명히 하려는 시도로서 불트만이 처음 제창하였습니다. 불트만은 신약성서 안에 있는 예수의 설교의 전제를 이루고 있는 하나님의 나라 개념을 위시하여 모든 세계 개념들은 모두 신화론적이라고 주장했습니다. 한마디로 현대의 인과론적 과학적 세계관과는 맞지 않는다는 것이었지요. 불트만은 비신화화의 목적이 성경의 신화론적 기사들을 제거하는 것이 아니라 재해석하는 것이라고 주장합니다. 신화는 우주론적으로서가 아니라 마땅히 인간학적으로 또는 보다 나은 말로 실존론적으로 해석되지 않으면 안 된다는 것입니다. 그의 이러한 이론은 당시의 일부 제자들의 문제제기에 직면하고, 보수주의 신학자들의 비판을 받으며 비신화화 운동은 잘못된 성경관에 근거하여 모든 기독교의 역사적 근거를 파괴시켜 성서적 하나님이 상실된 기독교, 그리스도 없는 기독교를 재현하려는 신자유주의 운동의 한 부분이라고 비판받기도 했습니다. 하지만 불트만의 신학은 자유주의라기보다는 신정통주의라고 보아야 할 것입니다. 신정통주의자들은, 적극적으로든 소극적으로든, 정통주의자들에 의해서는 일반적으로 거부되는 '성서에 대한 고등비판적인 방법과 견해'들을 많이 수용하고 받아들였던 것이 사실입니다. 다시 말해서 신정통주의자들은 자유주의에 대한 거부를 통해 기독교의 계시성을 회복하자는 차원에서 다양한 성서신학적 방법론들을 어느 한 가지만 고집하지 않고 적극적으로 활용했던 것입니다. 그런 의미에서 불트만은 성서의 계시성을 회복하기 위한 차원에서 '비신화화'를 주장했던 것이지요. 그 결과 두 갈래의 '불트만 학파'가 나타났지요. 1954년 E. 케제만은 '역사적 예수에 대한 물음'(역사적 예수에 대한 인식이 그리스도교 신앙에 대해 갖는 의미에 대한 물음)을 제기했고, E. 푹스와 G. 에벨링은 불트만의 실존주의적 분석을 토대로 하여 인간 실존의 언어적 양식을 강조하는 신약성서 해석방법을 발전시켰습니다. 이것이 이른바 새로운 해석학(new hermeneutic)입니다.

5 According to Moltmann, the real heart of Christianity, and therefore the true centerpiece of theology, is hope for the coming of God's "Kingdom of Glory," the divinely promised fulfillment of God's glory in the full freedom and community of humans ①<u>as well as</u> the liberation of creation itself from bondage to decay. Every part of his theology is permeated by this central motif. He maintains that eschatology has too often served as a useless appendage to theology, and even ②<u>where it has been emphasized</u> it has not been allowed full play. Instead of the traditional approach, ③<u>he wishes to let the eschatological Kingdom of Glory in which God will be "all in all" determine the correct formulation of every Christian doctrine</u>: "From first to last, and not merely in the epilogue, Christianity is eschatology, is hope, forward looking and forward moving, and therefore also revolutionizing and transforming the present." He asserts that his reorientation toward the future is ④<u>not only</u> biblically sound <u>but also</u> points the way to solutions to the problems and impasses of contemporary theology.

-Stanley J. Grenz & Roger E. Olson-

위의 지문은 몰트만의 신학을 어떻게 설명하고 있나요?

_____
_____
_____
_____
_____
_____

Words and phrases

centerpiece	fulfillment	bondage
decay	permeate	maintain
appendage	allow	instead of
determine	formulation	revolutionize

| transform_____ | assert_____ | reorientation_____ |
| sound(형용사)_____ | impass_____ | |

Grammar Tips

① A as well as B : B뿐만 아니라 A도
② where : 접속사로 -하는 곳에서
③ He wishes to let <u>the eschatological Kingdom of Glory [in which God will be "all in all"]</u> <u>determine</u>
　　　　　　　　　　to 부정사 to let의 목적어　　　　　　[ ] the Kingdom을 수식하는 관계절
<u>the correct formulation of every Christian doctrine.</u>
　　　　to let의 목적보어
④ not only A but also B : A뿐만 아니라 B도

위의 문장을 해석해보세요.

6 Theology is a living enterprise. The Gospel does not ①<u>call man to return</u> to a previous stage of his development. It does not ②<u>summon man back to dependency, awe, and religiousness</u>. Rather it is ③<u>a call to imaginative urbanity and mature secularity</u>. It is not a call to man to abandon his interest in the problems of this world, but an invitation to accept the full weight of this world's problems as the gift of it Maker. It is a call to be a man of this technical age, with all that means, seeking to make it a human habitation for all who live within it.
                                                                                                        -Harvey Cox-

하비콕스는 복음을 어떻게 설명하고 있나요?

_____
_____
_____
_____

Words and phrases

enterprise_____	previous_____	development_____
summon_____	dependency_____	awe_____
religiousness_____	urbanity_____	secularity_____
abandon_____	habitation_____	

Grammar Tips

1. call : 동사와 명사로 쓰인 경우

①번과 ③번 문장에서 단어 'call'이 모두 쓰였지만 그 품사는 다릅니다.
①번은 동사로 call 사람 to 동사원형 : -가 -하도록 요청한다(부른다)입니다. 반면에 ③번은 -에 대한 요청으로 명사의 뜻으로 해석해야 합니다.

2. summon 사람 to 명사 : -를 -로 소환하다.

위의 문장을 해석해보세요.

___

알아두기

하비 콕스

『세속도시』

하버드 신학부의 침례교 신학자인 하비 콕스의 저작 The Secular City(1965)는 당대 미국 신학계에 거센 논쟁을 일으켰습니다.

콕스의 저작의 표제에 있는 '도시'란 말은 5세기 가톨릭 교회를 변호하여 어거스틴이 사용한 '하나님의 도시'(일명 신국)에서 따온 것입니다. 어거스틴의 저작이 '땅의 도시'와 '하나님의 도시'를 날카롭게 대조하고 있는 반면에 콕스는 현대의 세속도시가 많은 비평가들이 주장하는 악(惡)이 결코 아니며 기독교의 참된 표현이며 어떤 관점에서는 우리 시대의 하나님 나라의 현시라는 사실을 증명하려고 하고 있습니다.

콕스는 세속화란 하나님에 대한 성서적 교리로부터 나온다고 보았습니다. 자연을 창조한 동시에 초월하며 인간의 정치와 가치들을 꿰뚫어 역사하며 심판하시고 지상의 어떤 존재와도 동등할 수 없는 의지를 지니신 유일하신 하나님을 지시한다는 점에서 자연·정치·가치의 세속화를 포함합니다. '세속화'를 폐쇄된 세계관과 하나님의 행동에 대한 개방을 가로막는 엄중한 억압을 의미하는 '세속주의'와 혼동하여서는 안 된다고 주장합니다. 『세속도시』를 통해 현대사회의 익명성·유동성·자율성에 대해 긍정적 평가를 내리는 하비 콕스는 기독교 사상가들이 도시생활의 결실들을 쉽게 평하하는 것을 어렵게 만들어 버렸습니다. 대신에 그의 긍정적 입장은 그들로 하여금 형식적 종교체계들의 한계 밖에 있는, 현대문명 속에서 실현가능한 종교적 운동과 가치들에 대해 고민하고 모색하도록 만들었습니다. 콕스는 『세속도시』를 통해 현대인의 영혼이 얼마나 깊숙이 세속화되어 있는지를 보여주었으며, 이러한 문제를 취급하는 동기와 수단을 제공해 주었던 것입니다.

7 Is Küng a liberal Protestant in Roman Catholic disguise? There is no question that he-like Erasmus during the Reformation-wishes to remain within the Roman Catholic church and change it from within. His theological method, however, is ① <u>much more</u> akin to that of contemporary Protestant theology <u>than</u> to classical Catholic thought. Küng stands in the tradition of Schleiermacher and Tillich while also drawing heavily on Barth. In fact, one ② <u>might</u> correctly say that his entire project is an attempt to mediate between the Catholic and the Protestant streams of contemporary theology. … Creative dialog with modern and postmodern science and philosophy is Küng's forte. Through it he builds ③ <u>a convincing case that</u> the rational credentials of unbelief are no stronger than those of belief <u>and that</u> to hold fast to God we need not sacrifice being enlightened, modern persons.

-Stanley J. Grenz & Roger E. Olson-

한스 큉 신학의 정체성과 강점은 무엇일까요?

_____
_____
_____
_____
_____

Words and phrases

liberal_____	disguise_____	method_____
be akin to_____	entire_____	project_____
mediate_____	streams_____	postmodern_____
forte_____	convincing_____	credential_____
unbelief_____	enlightened_____	

Grammar Tips

① much more A than B : B보다 A가 훨씬 더

② might : 추측의 조동사, -할지도 모른다
③ a convincing case that - and that : 동격의 that, -라는 믿을 만한 사례

위의 문장을 해석해보세요.

___

 알아두기

1979년 12월 오스트리아에서 휴가를 보내고 있던 스위스 출신 독일 튀빙겐의 신학자 한스 큉(1928~)은 바티칸으로부터 가톨릭 교수 자격(missio canonica)을 박탈당했다는 메시지를 전달받았습니다. 가톨릭 신학자이지만 바르트와 틸리히의 영향을 받았고 그러면서도 가톨릭적 입장을 견지했던 큉은 이 일로 인해 바티칸과 극명한 갈등 관계에 놓이게 되었습니다. 언론들은 그를 일러 '가톨릭의 거대한 획일 체제에 도전하는 현대의 마틴 루터'라고 불렀습니다.

『교회』

한스 큉(튀빙겐대 명예교수)은 가톨릭 신학자로 출발했지만 기독교의 일치, 세계 종교간 대화 등으로 학문적 지평을 넓혀 왔습니다. 그는 교회의 본질과 가톨릭교회의 기존 교리들에 대한 재해석을 시도하며 『교회의 구조들』(1962), 『교회』(1967), 『무오한가』(1970) 같은 책들을 통해 가톨릭 권위 체계를 비롯, 교황의 무오성 교리 등에 비판을 가했습니다. 또 산아제한이나 사제의 독신제도 등과 같은 문제들에 대해서도 비판했지요. 그는 또 『그리스도인은 누구인가』(1974)를 통해 현대적이며 과학적인 세계관을 바탕으로 기독교 교리를 새롭게 변증하기도 했습니다. 80년대 이후 큉은 에큐메니칼 사상을 교파간 대화뿐 아니라 세계 종교간 대화로 넓혀가면서 기독교가 '세계윤리'를 확립하는 데 기여해야 함을 역설하고 있습니다.

한스 큉

3. 역사신학

① An understanding of the development of the history of Christianity, especially its institutional elements, is widely regarded as an integral part of the discipline of theology. Students ①<u>who intend to minister in a particular Christian tradition, or who are interested in deepening their understanding and appreciation of their own tradition,</u> will find the history of that tradition to be of particular importance. Many church history courses include elements of historical theology. For example, ②<u>it is very difficult to understand</u> the origins and development of the European Reformation without some understanding of Luther's doctrine of justification by faith alone, ③<u>just as a lack of knowledge of the issues surrounding the Donatist controversy will make it hard to make sense of the history of the church in North Africa during the fourth century.</u>

-Alister E. McGrath-

*Grammar Tips*를 참조하여 위의 문장을 해석해보세요.

Words and phrases

development : 발전   institutional : 제도적인   regard A as B : A를 B로 간주하다   integral : 필수적인
widely : 널리   discipline : 학과   minister : 사역하다   be interested in : -에 관심을 가지다
appreciation : 평가   origin : 기원   of importance : 중요한
doctrine of justification by faith : 이신칭의 교리   surrounding : 에워싸는   controversy : 논쟁
make sense of : -를 이해하다

Grammar Tips

1. 등위접속사 or가 연결하는 것은 관계대명사 주격이 쓰인 관계절

등위접속사 or는 and와 마찬가지로 동등한 품사나 문구를 연결하는 접속사입니다.

Students [who intend to minister in a particular Christian tradition], or [who are interested in deepening their understanding and appreciation of their own tradition],

(who로 시작하는 관계절)

2. 가주어 it과 가목적어 it

it이 본래 의미인 '그것은'의 의미가 없이 아무 의미가 없게 쓰이는 경우가 가주어, 또는 가목적어의 it이고 이와 같은 경우에는 it이 지칭하는 진주어나 진목적어를 대신 해석해야 합니다.
②번 문장의 경우 it은 가주어이고 진주어는 to 부정사
③번 문장의 경우 it은 가목적어로 to 이하가 진목적어입니다.

just as a lack of knowledge of the issues surrounding the Donatist controversy will
　　　　　(주어1)　　　　　　　　　(분사구문으로 the issues를 수식해줌)
make it hard to make sense of the history of the church in North Africa during the
(동사2)(가목적어)　　　　　(진목적어)
fourth century.

생각해보기

교회사와 역사신학의 차이점은 무엇일까요?

_____
_____
_____

알아두기

도나투스

도나투스 논쟁

4세기 초에 디오클레티안 황제의 기독교 박해는 초기 교회에 커다란 분열의 계기를 만들어 주었습니다. 이 때의 박해는 교회의 재산을 몰수하고 기독교 문서를 압수하여 폐기하는 것을 골자로 했었지요. 박해 후, 교회 내에서 일어난 논쟁의 요지는 박해 시에 기독교 문서를 폐기하도록 내어준 성직자들의 정통성에 관한 것이었습니다. 이 문제에 대한 강경론을 취한 자들과 온건론을 취한 자들 간에 첨예한 대립이 있었으며, 이 논쟁은 특히 북아프리카에서 강하게 일어났지요.

마요리누스를 비롯한 강경파들은 최근에 사망한 카르타고 교회의 감독 후임자로 선출된 카실리안의 정통에 관하여 문제를 제기했습니다. 카실리안에게 감독 서품식을 거행해 준 3명의 지역 감독들 중 박해 때 기독교 문서를 내어준 자가 있었고, 그런 자에 의해 수행된 성직수임은 무효화되어야 한다고 주장하였던 것입니다. 그들은 그 대안으로 마요리누스를 카르타고의 감독으로 선출했습니다.

그러나 마요리누스는 그 일 직후 사망했고 도나투스가 그 뒤를 이었습니다. 그는 곧 그들 그룹의 중심인물이 되었고 도나투스주의 혹은 도나투스 교회라는 명칭은 그의 이름에서 비롯되었습니다. 도나투스파는 결국 기존 교회의 총체적 타락을 주장하고 교회의 순결성을 강조하면서 교회의 분리를 택했고, 그들의 교회로 입교할 자들에게 재침례(세례)를 요구하였습니다. 기존교회는 이들을 교회분리주의자로 정죄했으며, 콘스탄티누스의 제국은 공권력으로 그들을 누르기 시작했습니다. 도나투스 교회는 북아프리카를 중심으로 상당한 규모의 무리를 형성하였고 7세기까지 존속했습니다. 도나투스 논쟁은 교회의 정체성에 관한 논쟁이었으며, 상당 기간 동안 지속되었습니다. 5세기 초에 어거스틴과 도나투스주의자들간의 논쟁은 유명하며, 이때의 논쟁 과정에서 정립된 어거스틴의 성례전론과 교회론은 중세 로마 가톨릭교회에 광범위한 영향을 미쳤습니다.

(남병두, 『기독교의 교파 : 그 형성과 분열의 역사』(살림, 2007) 중에서)

※ 루터의 이신칭의(以信稱義)에 대한 설명은 147쪽, 169쪽 참조.

② The conversion of Constantine marks a turning-point in the history of the Church and Europe. It meant much more than the end of persecution. The sovereign autocrat was inevitably and immediately involved in the development of the church, and conversely the Church became more and more implicated in high political decisions. ①It is characteristic that the Western attitude towards the conversion of Constantine and its consequences has generally been more ambivalent than the Eastern. In the West there has been a sharper consciousness of the double-sidedness of his benefits to the Church. But if his conversion should not be interpreted as an inward experience of grace, ②neither was it a cynical act of Machiavellian cunning. It was a military matter. His comprehension of Christian doctrine was never very clear, but he was sure that victory in battle lay in the gift of the God of the Christians.

-Henry Chadwick-

Grammar Tips를 참조하여 위의 문장을 해석해보세요.

> **Words and phrases**
> conversion : 개종   turning-point : 전환점   persecution : 박해   sovereign : 절대적인
> autocrat : 전제군주   inevitably : 필연적으로   immediately : 즉각적으로   involve : 포함하다, 관련하다
> conversely : 역으로   implicate : 관련하다   characteristic : 특징   attitude : 태도   consequence : 결과
> ambivalent : 양면적인   benefit : 이익   cunning : 교활함

> **Grammar Tips**

1. 복잡한 문장 분석하기

다음의 문장에서 동사를 찾아보세요. 그리고 '동사 수-1' 개의 접속사나 관계사를 찾아보세요. 각 동사의 주어도 찾아보고요. 그리고 and가 연결하는 것들을 찾아보세요.

It is characteristic that the Western attitude towards the conversion of Constantine and its consequences has generally been more ambivalent than the Eastern.

이제 함께 해볼까요?

<u>It</u> <u>is</u> characteristic <u>that</u> <u>the Western attitude</u> towards <u>the conversion of Constantine</u>
가주어1 동사1   접속사로 진주어   주어2   명사구1
and <u>its consequences</u> <u>has generally been</u> more ambivalent than the Eastern.
         명사구2   동사2
(its→ the conversion's)

It은 가주어로 진주어는 that 절입니다.

2. 도치문장 이해하기

<u>neither</u> was it a cynical act of Machiavellian cunning.

→ if가 이끄는 앞의 부정문과 연결하기 위해 위의 문장에서 neither를 맨 앞으로 보냈습니다. 원래 문장을 쓰면 'it was neither a cynical act of Machiavellian cunning.' 입니다. 위와 같이 도치가 일어날 경우 주어와 동사의 위치가 바뀝니다. 여기서 it은 his conversion을 지칭합니다.

생각해보기

콘스탄틴의 기독교 공인이 교회에 불러일으킨 변화는 무엇이었나요?

_____
_____
_____
_____
_____

 알아두기

콘스탄틴의 기독교 공인

콘스탄틴은 로마제국 제패를 위해 막센티우스(Maxentius)와 물비안(Mulvian) 다리에서 일대혈전을 벌였습니다. 그는 밤에 꿈에서 '₽(키로Chi-rho)' 상징으로 전쟁에 나가면 이기리라는 음성을 듣게 됩니다. 그 뜻을 몰라 고민하던 중 기독교인이었던 한 부하가 그리스도(Χριστος)의 희랍어 첫 두 알파벳이므로 그리스도의 이름으로 전쟁에 나가야 한다고 말했습니다. 이를 긍정적으로 받아들인 콘스탄틴은 그의 투구와 그의 군사들의 방패마다 '₽'를 그려 넣었죠. 이렇게 하여 막센티우스는 패배했고, 콘스탄틴은 그리스도의 이름으로 큰 전승을 거두게 되었습니다. 이 사건이 계기가 되어 밀라노칙령이 발표되었고, 기독교는 해방되었을 뿐 아니라 로마제국의 국교가 되기에 이릅니다. 그리고 더 이상 로마제국 어디에서도 기독교에 대한 박해는 없었습니다. 그러나 로마의

콘스탄틴

기독교 공인은 결국 기독교를 세속화시키고 생명력을 잃고 암흑화되어 가는 출발점이 되었습니다. 이후로 교회는 정치에 참여하기도 하고, 이용당하기도 하며, 로마제국의 교회에서, 교회권력(교황)과 국가권력(왕, 제후)의 줄다리기로 갈등이 심화되는 이른바 중세 암흑기(Dark Age)를 맞이하게 되었습니다.

(김홍기, 『김홍기 총장이 쉽게 쓴 세계 교회 이야기』(신앙과지성사, 2009) 중에서)

『군주론』

마키아벨리의 『군주론』

군주론은 르네상스 시대(A.D. 14~16세기경) 이탈리아 정치이론가 N. 마키아벨리(1469~1527)가 지은 정치학의 고전입니다. 이 책은 군주의 통치기술과 철학을 다룬 책으로 군주가 국가를 통치하기 위해서는 권력에 대한 의지, 야심, 용기가 필요하며, 몰인정과 잔인함을 통해 국민이 군주를 두려워하는 것도 무방하다고 말했으며, 때론 국가를 위해 종교를 이용해야 한다고 주장했습니다. 그래서 이러한 정치논리들을 '마키아벨리즘'이라고 부르게 되었지요.

3 The theme of withdrawal from a sinful and distracting world became of central importance to these communities. ①While some lone figures insisted on the need for individual isolation, the concept of a communal life in isolation from the world gained ascendancy. One important early monastery was founded by Pachomius during the years 320-5. This monastery developed an ethos which would become normative in late monasticism. Members of the community agreed to submit themselves to a common life which was regulated by a Rule, under the direction of a superior. The physical structure of the monastery was significant : the complex was surrounded by a wall, highlighting the idea of separation and withdrawal from the world. ②The Greek word *koinonia*(often translated as "fellowship"), frequently used in the New Testament, now came to refer to the idea of a common corporate life, characterized by common clothing, meals, furnishing of cells(as the monks' rooms were known), and manual labor for the good of the community.

-Alister E. McGrath-

Words and phrases

withdrawal : 퇴거, 물러남   distracting : 혼돈스러운   lone : 고독한   figure : 인물(수련자)
insist on : -를 주장하다   gain ascendancy : -우세하다   isolation : 고립   communal life : 공동생활
monastery : 수도원   found : 건립하다   ethos : 정신   normative : 규범   monasticism : 수도원 생활
submit oneself to : -에 복종하다   regulate : 통제하다   rule : 규칙   superior : 수도원장
physical : 물리적인   significant : 매우 중요한   complex : 복합적 건물   surround : 둘러싸다
frequently : 자주   highlight : 강조하다   refer to : -를 언급하다   corporate : 협동의   furnish : 제공하다
manual labor : 손일   cell : 독방

Grammar Tips

1. While 주어 동사, 주어 동사 : -가 -하는 반면, -가 -한다

①번 문장에서 while은 '-하는 반면에'의 뜻을 가진 접속사입니다.

2. 복잡한 문장 해석하기

②번 문장은 분사구문 때문에 복잡해보이는 문장입니다. 다음의 문장에서 주어와 동사를 찾고, 과거분사와 현재분사가 어떤 역할을 하는지 생각해보세요.

The Greek word *koinonia*(often translated as "fellowship"), frequently used in the New Testament, now came to refer to the idea of a common corporate life, characterized by common clothing, meals, furnishing of cells(as the monks' rooms were known), and manual labor for the good of the community.

이제 함께 해볼까요?

The Greek word *koinonia*(often translated as "fellowship"), frequently used in the
주어   *koinonia*를 수식하는 분사구문
New Testament, now came to refer to the idea of a common corporate life,
                            동사
characterized by common clothing, meals, furnishing of cells(as the monks' rooms
life를 수식하는 분사구문   명사1   명사2   동명사3
were known), and manual labor for the good of the community.
                    명사4 (명사1, 2, 동명사3, 명사4는 ,와 and로 연결되어 by에 함께 걸림)

생각해보기

파코미우스에 의해 설립된 수도원의 특징에 대해 적어보세요.

_____

_____

_____

_____

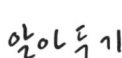 

파코미우스가 설립한 수도원들의 본부격인 이집트의 파바우 수도원 터

파코미우스(Pachomius, 290년경~346)는 이집트의 수도자로서 공주(共住) 수도원제도를 처음으로 확립한 인물이었습니다. 그가 쓴 수사용 규율서는 현존하는 규율서들 가운데 가장 오래된 것이죠. 이집트 출신으로 은둔자 생활을 했던 파코미우스는 최초로 수도원을 세웠습니다. 그는 협동노동 시스템과 공동훈련제도를 적용해 노동시간과 기도시간을 배분한 공동일과계획표를 만들었습니다.

이 규율은 기독교 수도원 역사상 공동체 중심의 획일적 수도생활을 규범으로 한 첫 번째 사례이며, 이전의 종교생활을 특징짓는 명상 일변도의 개인주의적 수도생활을 탈피한 최초의 경우였습니다. 또한 파코미우스는 '군주제 수도원'의 시스템을 확립했습니다. 이 수도원제도에서는 공동체를 관장하는 종교지도자의 중앙집권화된 권위가 신을 상징하는 이미지로 간주되어, 자기부정과 자선으로 자기중심주의를 극복하려는 사람들로부터 충실한 반응을 얻을 수 있었습니다.

파코미우스는 죽을 때까지 7,000명 이상의 수사와 수녀에 달하는 11개의 수도원을 설립했으며, 그의 원고 중 현존하는 것은 하나도 없지만, 그의 생애에 대한 전기는 5세기 역사가 팔라디우스의 『수도원 새벽기도 이야기』(Lausiac History)에 담겨 있습니다. 파코미우스의 규율은 5세기 초에 성 히에로니무스(제롬)가 옮긴 라틴어 번역본만 전해지고 있습니다.

4 Augustine followed the Roman tradition of Pope Stephen and accordingly accepted the validity of Donatist baptism; but he conceded to the Cyprianic view that baptism bestowed in a schismatic community was an ineffective means of grace until the recipient was reconciled with the Catholic church. ①In the sacraments, he urged, the priest's actions belong to God who at the moment of ordination has imprinted upon the priest an indelible mark(character); therefore, ordination is independent of the moral and spiritual condition of the person ordained, and the efficacy of the sacraments does not depend on the devout state of mind of the baptizing or celebrating priest. ②All that is required of the priest is awareness that in the sacramental action which he is administering it is the whole church which is acting.   -Henry Chadwick-

Words and phrases

tradition : 전통　accordingly : 그러므로　accept : 받아들이다　validity : 유효성　concede : 인정하다
view : 관점　bestow : 수여하다　schismatic : 분리된　ineffective : 비효과적인　means : 수단
recipient : 수령자　reconcile : 화해하다　sacrament : 성례　urge : 주장하다　ordination : 안수
imprint : 부가하다　indelible : 지울 수 없는　mark : 표시　efficacy : 유효성　devout : 신실한
celebrating : 집례를 주관하는　require : 요구하다　administer : 관리하다, 집례하다

Grammar Tips

복잡한 문장 분석하기

①번과 ②번 문장은 보기에 복잡한 문장입니다. 먼저 동사를 찾고 '동사 수-1' 개의 접속사와 관계사를 찾고 그리고 부사구를 괄호로 묶어보세요.

먼저 ①번 문장부터 해볼까요?

In the sacraments, he urged, the priest's actions belong to God who at the moment of ordination has imprinted upon the priest an indelible mark(character);

이제 함께 해볼까요?

In the sacraments, <u>he urged</u>, <u>the priest's actions</u> <u>belong</u> to <u>God</u> [who (at the moment
　　　　　　　　삽입(본래 문장의 맨처음 위치)　주어1　　　　　동사1　　관계대명사(주어2)　　부사구
of ordination) <u>has imprinted</u> (<u>upon the priest</u>) (<u>an indelible mark(character)</u>)];
　　　　　　　　　동사2　　　　　　　A　　　　　　　　　　B
　　　　　　　　　　　　　　　　　→ A와 B의 순서가 바뀜 imprint B upon A : A에 B를 부가하다

②번 문장도 분석해보세요.

All that is required of the priest is awareness that in the sacramental action which he is administering it is the whole church which is acting.

이제 함께 해볼까요?

<u>All</u> [<u>that</u> <u>is required of</u> the priest] <u>is</u> awareness <u>that</u> (in the sacramental action
주어1　관계사1(주어2)　동사2　　　　　　　　　동사1　　　　　동격의 접속사2　　부사구(절이 포함된)
[<u>which</u> <u>he</u> <u>is administering</u>]) <u>it is</u> the whole church <u>which</u> is acting.
관계사3　주어3　동사3　　　　　　　강조용법

생각해보기

도나투스와의 논쟁을 통해, 성례의 유효성에 대한 어거스틴의 입장은 어떻게 정리되었나요?

_____

_____

_____

_____

_____

_____

알아두기

3세기 중반에 라틴 신학자인 카르타고의 키프리안은 다소 일관성을 가지고 교회의 일치라는 전제 위에서, 성령이 교회 안에 내주하기 때문에 교회에서 떨어져 나간 사람들에 의한 성령의 수여는 있을 수 없다고 주장했습니다. 더욱이 교회로부터 분리되어 나간 사람들은 이단보다 나을 것이 전혀 없다고 생각했지요. 왜냐하면 분리주의자들은 명백히 교회의 비분리성을 믿지 않기 때문입니다. 그들은 영적으로 죽어 있기 때문에 성령을 수여할 위치에 있지 못하다고 키프리안은 보았습니다.

한 세기 반 후에, 어거스틴은 도나투스와의 논쟁을 통해 이 이론의 기초를 다시 검토하지 않을 수 없게 되었고, 그는 키프리안의 견해에 동의하지 않았습니다. 어거스틴은 교회는 하나의 혼합체라고 주장했지요. 성령을 전달해 주는 주체는 사제가 아니라, 사제를 통해 역사하는 가장 높은 대제사장이신 그리스도라는 것입니다. 사제는 영적인 능력이 거의 없는 사람일 수도 있고, 혹은 분리주의자들 가운데 속할 수 있고, 심지어는 이단일 수도 있습니다. 그럼에도 불구하고 만일 그가 기독교적인 세례를 집행하면, 그 세례는 타당하다고 보았습니다. 그러나 하나의 장애가 있습니다. 그것은 세례의 효과(effects)가 수혜자의 상태에 의존한다는 것입니다. 만일 수혜자가 계속해서 분리주의자 혹은 이단이길 고수한다면, 그 사람은 어떤 유익도 얻지 못할 뿐 아니라, 보다 더 확실하게 저주를 받게 될 것이라고 보았습니다.

세례식

(Stephen W. Sykes, '성례전', 『현대 기독교 조직신학 : 기독교 신학의 전통과 과제에 대한 개론』(한국장로교출판사, 1999) 중에서)

5 Luther draws a distinction, between the 'spiritual' and the 'worldly' government of society. God's *spiritual* government is effected through the Word of God and the guidance of the Holy Spirit. ①The believer who 'walks by the Spirit' needs no further guidance from anyone as to how he should act: he is perfectly in tune with the divine will, and acts accordingly. ②Just as a good tree needs no instructions to bear fruit, so the true believer needs no legislation to guide his conduct. Just as a tree bears fruit naturally, so the believer naturally acts morally and responsibly.

-Alister E. McGrath-

Grammar Tips를 참조하여 위의 문장을 해석해보세요.

Words and phrases
distinction : 구분   government : 정부   effect : 이루다   guidance : 지도   in tune with : ~와 일치하는
instruction : 지도   legislation : 법률   conduct : 행동   bear : 맺다

Grammar Tips

1. how to 부정사 : 어떻게 -하는 것

의문사 how와 to 부정사가 함께 하면 방법적인 것, 즉 '어떻게 -하는 것'의 뜻을 지닌 명사구가 됩니다. 위의 문장의 경우 should가 있어 '어떻게 행동해야만 하는 것' 또는 '행동해야만 하는 방법'으로 해석하면 됩니다.

2. Just as 주어 동사, so 주어 동사 : -가 -하듯이 -도 -한다

위의 문구는 거의 관용구로 '-가 -하듯이 -도 -한다'로 해석하면 됩니다.

 생각해보기

루터는 하나님의 영적 정부의 역할에 대해 어떻게 말하고 있나요?

_____
_____
_____
_____
_____
_____
_____

 알아두기

루터

루터는 신앙과 선행이 구분되는 것이 아니라 서로 연결되어 있음을 제시하고 있습니다. 그리고 예수 그리스도에 대한 믿음이 최고의 선행임을 천명함으로써 세속적인 일들과 성스러운 일들 사이의 차이를 허물어 버리고 있지요. 왜냐하면 신앙 안에서 선행의 차이는 없어지기 때문입니다. 이것은 모든 선행이 신앙에 종속되어 있음을 의미합니다. 루터에게 있어서 신앙에 우선하지 않는 모든 행위는 무의미한 것이며, 이 행위로 구원에 도달하려는 것은 우상 숭배에 해당됩니다. 신앙은 행위를 가능케 하는 원천이 되는데 그것은 인간에게 그런 능력이 주어진 것이 아니라 성령이 내주하시기 때문입니다. 그러므로 루터는 무엇보다도 먼저 '믿음의 열매로서의 선행'의 당위성을 강조하고 있습니다. 그러나 선한 행위가 결코 인간을 의롭게 할 수 없으며, 이러한 행위는 오직 하나님의 행위임을 강조합니다. 인간이 선한 행위를 할 수 있는 것은 첫 번째 창조가 아닌 두 번째 창조인 거듭남(regeneratio)을 통해서만 가능합니다. 루터는 인간의 전적 타락과 자유의지를 부정함으로, 그에게서 신인협동(神人協同)의 가능성은 찾아보기 어렵습니다. 루터에게 있어서 '오직 믿음으로' 구원을 받는다는 명제는 신앙적인 선행을 통해 구원을 받고자 했던 당시 로마 가톨릭 교회의 구원관에 대한 반박이었다는 점을 중요한 역사적 배경으로서 전제해야 할 것입니다. 루터는 단순히 선행을 무시한 것이 아니라 선행이 신앙과 은총보다 선두에 있는 것을 경계했던 것이죠.

6 The most prominent characteristic of the *Institutes* is its balance. ①<u>It is a fundamental error to suppose that it is a book that teaches "Calvinism" and that "Calvinism" is the same thing as the doctrine of predestination.</u> It is true ②<u>that Calvin believed that God "elected" those whom he intended should be saved.</u> So did St. Thomas Aquinas. It is also true that Calvin as pastor and preacher believed (along with other Calvinists) that this was a useful doctrine, which should be taught and applied. However, it had no centrality in Calvin's achievement as a systematic theologian. Book One of the *Institutes* opens with God, "What is to know God"; Book Two deals with the knowledge of God in Christ; and Book Three with how we obtain salvation. Only when we reach Chapter Twenty-one of his third book (Chapter Fifty-six of the whole) ③<u>do we come to "Of the Eternal Election,</u> by Which God Has Predestinated Some to Salvation, and Others to Destruction," and it proves to be one of the shorter chapters, some five thousand words. In Book Four we move on to what might be called applied theology: church, sacraments, discipline, and, last but not least, civil government, a subject to which Calvin devoted fourteen thousand words. Magistrates (who included monarchs) were "gods," so when James I went on about the "divine right of kings" he was not abandoning his Calvinism.

-Patrik Collinson-

Words and phrases

the *Institutes* : 『기독교 강요』 prominent : 중요한, 특출한 fundamental : 근본적인
suppose : 가정하다 the doctrine of predestination : 예정설 elect : 선택하다 intend : 의도하다
apply : 적용하다 centrality : 중심점 achievement : 업적 deal with : 다루다 obtain : 얻다
prove : 증명하다, 입증하다 last but not the least : 마지막으로 나오지만 상당히 중요한
devote : 헌신하다 magistrate : 정치적 통치자 go on : 행동하다(주장하다)
divine right of kings : 왕권신수설 abandon : 포기하다

Grammar Tips

1. ①번 문장에서 it이 두 번 나옵니다. 이 it이 어떻게 쓰였는지 생각해보세요. 그리고 문장에서 that이 세 번 나옵니다. 이 that은 어떻게 쓰였는지 생각해보세요.

   <u>It</u> is a fundamental error to suppose <u>that</u> <u>it</u> is a book <u>that</u> teaches "Calvinism" and

   <u>that</u> "Calvinism" is the same thing as the doctrine of predestination.

   어떻게 쓰셨는지요. 이 두 개의 it은 모두 용법이 다릅니다. 함께 볼까요?

   It is a fundamental error to suppose that it is a book [that teaches "Calvinism"] and
   가주어 → 진주어는 to suppose 이하의 문장   the Institutes를 지칭함   관계대명사 주격
   부정사 to suppose의 목적절을 이끄는 that

   that "Calvinism" is the same thing as the doctrine of predestination.
   to suppose의 목적절을 이끄는 that으로 and로 연결

2. ②번 문장은 whom 때문에 문법적으로 도저히 이해가 안 가는 문장입니다. 문법적으로 만드는 방법은 whom을 who로 바꾸면 he intended를 삽입구문처럼 생각해서 해석이 가능합니다. 이렇게 가끔 우리는 문법적으로 오류가 있는 문장을 만나게 됩니다. 이런 경우 우리는 전후 문맥을 보고 의미를 유추해야 합니다. 원어민이 쓰는 문법적 오류는 의도적인 것, 비원어민이 쓰는 문법적 오류는 문법이 틀리다는 것이 영원한 진리입니다.

3. 강조의 도치

③번 문장의 경우 only when이라는 부사절을 강조하기 위해 앞으로 나와(특히 only 때문입니다) we come to 로 시작하는 문장이 do we come to로 강조문구의 형태를 띠었습니다.

 생각해보기

칼빈의 예정론이 그의 『기독교 강요』에서 차지하는 비중은 어느 정도인가요?

___

알아두기

칼빈

칼빈과 『기독교 강요』

존 칼빈은 프랑스의 종교개혁자, 신학자, 저술가, 교회 정치가입니다. 1536년 출판된 『기독교 강요』는 칼빈 신학의 집대성이고 개혁교회와 장로교회를 통해 그의 신학은 많은 부분 계승되고 있습니다. 특히 스코틀랜드의 존 녹스에게 영향을 끼쳐 오늘날 장로교회 교리에 있어 그의 신학은 가장 중요한 위상을 차지하고 있습니다. 또한 영국 청교도들에게도 영향을 주었는데, 청교도들은 성공회의 온건한 종교개혁에 반대한 칼빈주의 개신교도들로서, 그리스도의 율법 아래 복종해야 한다는 신념에 따라 성서의 권위를 강조했습니다. 칼빈은 오직 성서(Sola Scriptura)를 주장하여 신앙의 진정한 권위는 성서에 있지, 교회에 있지 않음을 선언한 종교개혁자이기도 합니다.

한국은 초기 내한 선교사들 다수가 장로교 선교사들(미 남·북장로교, 캐나다장로교, 호주장로교)이 주축이 되어 초기 한국 선교를 전개했기 때문에 칼빈의 전통에 서 있는 장로교가 가장 큰 교세를 자랑하고 있습니다.

칼빈의 이중예정론

이중예정론(Double predestination)은 하나님이 천지창조를 하기 이전에 구원을 받아 영원한 생명을 얻을 사람과 버림을 받아 영원한 죽음을 당할 사람을 미리 예정한 것으로 개혁주의를 따르는 개신교파의 교리입니다. 개신교 종교개혁자 칼빈이 주장한 이중예정론에는 하나님의 영원하고 변하지 않는 미리 정해진 계획을 따르는 하나님의 선택과 버림이 있으며, 하나님이 인간들 가운데 구원할 자와 버림을 받을 자를 미리 정하였다는 것입니다. 따라서 하나님의 예정에는 이중적인 측면이 있다고 봅니다.

이러한 구원의 선택과 버림의 예정된 계획의 모든 것은 오직 하나님에 의해서만 결정되며, 인간의 어떠한 선행이나 공로로도 하나님의 예정된 선택에 영향을 줄 수 없다는 것입니다. 또한 인간의 타락도 하나님의 계획된 예정으로 여깁니다. 따라서 개혁주의 신학의 이중예정론은 하나님의 절대적인 주권이 강조됩니다.

① The reformation advocated by Luther and Zwingli questioned many of the teachings and practices of the traditional church, but it accepted without too many misgivings a great many of the traditional views regarding the state and its authority. Although their views on the relationship between church and state differed considerably, Luther and Zwingli agreed on the positive value and authority of the state. Both taught that-within certain limits-Christians must obey the state, and that they are called to serve in their different functions within that state. ② It was unavoidable, however, that as the search for original and purely scriptural Christianity was carried further some would claim that the tension between the church and the Roman Empire in the first centuries of Christianity was somehow normative, that the church is not to be allied with government, that a true church is always inviting persecution, and that the conversion of Constantine was therefore the great apostasy that marked the end of pure Christianity.

-Juston L. Gonzalez-

> **Words and phrases**
> advocate : 주도하다   without too many misgivings : 그렇게 많이 의심하지 않고   state : 국가
> considerably : 놀랄 만하게   agree on : ~에 대해서는 의견을 같이 하다   positive : 긍정적인
> authority : 권위   unavoidable : 어쩔 수 없는, 피할 수 없는   claim : 주장하다   tension : 긴장
> normative : 규범적인   ally : 동맹하다   persecution : 박해   conversion : 개종   apostasy : 배교

Grammar Tips

1. ①번 문장에서 동사는 advocated일까요, 아니면 questioned일까요?

advocated의 경우 바로 뒤에 by가 오므로 수동형 동사입니다. 그런데 문장에 be 동사가 없으므로 이것은 분사구문으로 보아야 합니다. reformation과 advocated 사이에 which was가 생략되었다고 생각하면 됩니다.

2. 복잡한 문장 분석하기

②번 문장은 무척 깁니다. 이와 같은 경우 동사를 구별하고 '동사 수-1' 개의 접속사나 관계사를 찾은 후 각 동사의 주어를 찾아보십시오. 또 아래 문장처럼 처음에 it이 나왔을 경우 인칭대명사 '그것'을 가리키는지 아니면 가주어인지 확인해보세요.

It was unavoidable, however, that as the search for original and purely scriptural Christianity was carried further some would claim that the tension between the church and the Roman Empire in the first centuries of Christianity was somehow normative, that the church is not to be allied with government, that a true church is always inviting persecution, and that the conversion of Constantine was therefore the great apostasy that marked the end of pure Christianity.

이제 함께 해볼까요?

It was unavoidable, however, that [as the search for original and purely scriptural Christianity was carried further] some would claim that the tension between the church and the Roman Empire in the first centuries of Christianity was somehow
가주어1 동사1   명사절 접속사2   부사절(~함에 따라) 주어부(주어는 the 주어earch)2
동사2   주어3   동사3   명사절3   주어부(주어는 the tension)4   동사4

normative, <u>that</u> <u>the church</u> <u>is</u> not to be allied with government, <u>that</u> <u>a true church</u> <u>is</u>
　　　　　　명사절4　주어5　동사5　　　　　　　　　　　　　　명사절5　주어6　동사6

<u>always inviting</u> persecution, <u>and</u> <u>that</u> <u>the conversion of Constantine</u> <u>was</u> therefore
　동사6　　　　　　　　　　　명사절6　　　　주어7　　　　　동사7

the great apostasy <u>that</u> <u>marked</u> the end of pure Christianity.
　　　　　　　관계사7(주어8)　동사8

- → 위의 문장의 경우 that 앞에 some would claim이 계속 반복적으로 쓰여야 하는데 생략되었기 때문에, (콤마)와 and의 수는 세지 않았습니다. (생략된 것까지 합치면 동사는 10개, 관계사나 접속사는 9개가 됩니다)
- → 동사5인 is 동사는 부정사 to와 함께 쓰여 '–해야만 한다'의 당위로 해석해야만 합니다.(be to 부정사 용법 참조)

 생각해보기

루터와 츠빙글리의 교회와 국가 인식은 어떠했으며, 이보다 과격한 종교개혁 흐름은 이들의 입장을 어떻게 비판했나요?

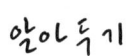  알아두기

츠빙글리

종교개혁 당시 로마 가톨릭 교회는 세속 권력까지 장악하여 모든 성도들의 삶을 통제하고 있었습니다. 이러한 로마 가톨릭 교회에 반기를 들고 개혁을 추진했던 루터는 1524~1525년 농민전쟁을 겪은 후에 영주들이 통치하는 국가 권력의 후원을 받는 국가교회 형태를 지지하게 되었습니다. 루터는 기본적으로 로마 교회에 반대하여 교회와 국가가 상호 구분된 역할을 하는 두 왕국론을 주장하였으나, 나중에는 국가의 보호를 받는 국가교회의 형태로 변화하게 된 것입니다.

자유도시인 취리히에서 종교개혁을 했던 츠빙글리는 시의회의 후원을 받으면서 종교개혁을 추진했습니다. 츠빙글리는 교회와 국가를 두 왕국으로 구분하는 것을 반대하고 하나님의 주권을 실현하는 두 기관으로서의 밀접한 연관성을 강조했습니다. 츠빙글리는 교회와 국가와의 밀접한 관계에서 교회의 치리를 시의회에게 넘겨주었습니다. 반면에 츠빙글리의 개혁에 반대하고 나왔던 재세례파(Anabaptist)들은 교회와 국가의 완전한 분리를 주장했지요. 그리하여 재세례파들은 국가가 하나님이 세운 것이라는 것은 인정하나 기독교인들이 국가의 공무원이 되거나 군대에 가는 것은 반대했습니다.

⑧ Wesley did not understand sanctification as something that happens after justification, or as something having to do with works, while justification has to do with faith. "We are sanctified as well as justified by faith," and "no man is sanctified till he believes: every man when he believes is sanctified." ①<u>Strictly speaking sanctification is the effect on the believer of the fact that God pronounces him just, for at the same time and by the same act by which he justifies the sinner God begins to sanctify him.</u> But this is not instant sanctification. On the contrary, sanctification is a process, a pilgrimage on which every believer must set out. Its goal is entire sanctification, or Christian perfection. This perfection does not mean that the Christian who has attained it no longer errs, or that he no longer needs the grace and sustenance that come from God. What it actually means is that the person who has attained it no longer willfully breaks the law of God, but rather acts out of love. Wesley did not believe that every Christian achieves this state during the course of this life. ②<u>But he did believe that it ought to be preached, both as a preparation for the coming kingdom, and as a way of keeping it constantly as a goal before all believers, so that they might steadily move toward it.</u> For, he insisted, when salvation and the Christian life stand still, they begin to recede.

-Justo L. Gonzales-

Grammar Tips를 참조하여 위의 문장을 해석해보세요.

Words and phrases

sanctification : 성화　justification : 칭의(의인화)　have to do with : –와 관련이 있다
A as well as B : B뿐만 아니라 A도　strictly speaking : 엄격하게 말하자면　effect : 효과
pronounce : 선포하다　instant : 즉각적인　sinner : 죄인　on the contrary : 반대로　process : 과정
pilgrimage : 순례　set out : 떠나다　entire : 온유한　perfection : 완성　attain : 도달하다
err : 잘못하다　sustenance : 보존　willfully : 의도적으로　state : 상태　so that : 그래서, 그 결과
steadily : 끊임없이　insist : 주장하다　salvation : 구원　still : 정지된　recede : 후퇴하다

Grammar Tips

복잡한 문장 분석하기 : ①번과 ②번 문장을 분석해볼까요? 먼저 동사를 찾고 '동사 수-1' 개의 관계사나 접속사를 찾아보세요.

①Strictly speaking sanctification is the effect on the believer of the fact that God pronounces him just, for at the same time and by the same act by which he justifies the sinner God begins to sanctify him.(and가 무엇을 연결하는지 찾아보세요.)

②But he did believe that it ought to be preached, both as a preparation for the coming kingdom, and as a way of keeping it constantly as a goal before all believers, so that they might steadily move toward it.(as의 의미와 and가 무엇을 연결하는지 찾아보세요)

이제 함께 분석해볼까요?

①Strictly speaking sanctification is the effect on the believer of the fact that God
　　　　　　　　주어1　　　동사1　　　　　　　　　　　　　　동격의접속사 주어2
pronounces him just, for at the same time and by the same act [by which he
　동사2　　　　　접속사2(원인)　└─ and가 연결 ─┘　　　　　　　　관계사3 주어3
justifies the sinner] God begins to sanctify him.
　동사3　　　　　　주어4　동사4

by which 이하의 관계절은 문맥상 at and by which로 써야하는데 저자가 문장 자체가 길어지므로 의도상 생략한 것입니다. by which는 문맥상 at the same time과 by the same act를 모두 걸려 해석해야 합니다.

②But he did believe [that it ought to be preached, both as a preparation for
　　주어1 동사1　　접속사1 주어2　　동사2　　both A and B
앞문장과 연결이므로 계산하지 않습니다.　　　　　　　　문장을 연결하는 것이 아님
the coming kingdom, and as a way of keeping it constantly as a goal before all
　　　　　　　　　　　　　　　　　　　　　　　　　　　　　　　　-로서
believers, so that they might steadily move toward it.]
　　　　　　접속사2 주어3　동사3

→ that이 이끄는 명사절 [ ]는 believe의 목적절

생각해보기

웨슬리의 성화론에 대해 정리해보세요.

_____
_____
_____
_____
_____
_____
_____
_____

9 While the Scrantons stayed in Yokohama and began their study of the language, the Appenzellers proceeded to Korea. The little boat, *Tserio Maru*, which anchored at Chemulpo on **Easter morning**, April 5, 1885 was a missionary ship. It brought Mr. Underwood, the Appenzellers, and Drs. Taylor and Scudder of the American Board, the latter two being intent on prospecting the country. Thus the Presbyterian and Methodist clergymen reached Korea on the same date. ①Henry Loomis had regretted that Mr. Underwood had brought no wife with him, but the bachelorhood of the new missionary proved to be fortunate, for Mr. Underwood, being single, was permitted to proceed to Seoul, while the Appenzellers were requested by the American Chargé d'Affairs to return to Japan because it was felt unsafe for Mrs. Appenzeller to come to the strange city at that time. As Mr. Appenzeller was awaiting at Chemulpo the order of the American legation, he penned a letter to the Board, which closed with the following prayer: "We came here on Easter. ②May He who on that day burst asunder the bars of death, break the bonds that bind the people, and bring them to the light and liberty of God's children.

-L. George Paik-

> **Words and phrases**
> proceed : 나아가다   anchor : 정박하다   American Board : 미국 선교본부
> be intent on : -에 열중하다   prospect : 조사하다   regret : 유감으로 생각하다
> bachelorhood : 독신(주의)   prove to : -로 판명되다   fortunate : 행운의   permit : 허가하다
> request : 요청하다   American Charg d' Affairs : 미국 대리공사   await : 기다리다
> American legation : 미국공사관   burst : 파열시키다   asunder : 두 동강으로
> bar : 창살   bond : 굴레, 구속

Grammar Tips

1. 복잡한 문장 분석하기

다음의 문장은 여러 문장이 포함된 복합문장입니다. 지금까지 우리가 분석한 방식대로 동사를 먼저 찾고, 그 다음에 '동사 수-1' 개의 관계사나 접속사를 찾고 그 동사의 각 주어를 찾아보세요.

Henry Loomis had regretted that Mr. Underwood had brought no wife with him, but the bachelorhood of the new missionary proved to be fortunate, for Mr. Underwood, being single, was permitted to proceed to Seoul, while the Appenzellers were requested by the American Charg d' Affairs to return to Japan because it was felt unsafe for Mrs. Appenzeller to come to the strange city at that time.

이제 함께 분석해볼까요?

<u>Henry Loomis</u> <u>had regretted</u> <u>that</u> <u>Mr. Underwood</u> <u>had brought</u> no wife with him, <u>but</u>
주어1   동사1   접속사1   주어2   동사2   접속사2
<u>the bachelorhood</u> of the new missionary <u>proved</u> to be fortunate, <u>for</u> <u>Mr. Underwood</u>,
주어3   동사3   접속사3(왜냐하면) 주어4
<u>being single</u>, <u>was permitted</u> to proceed to Seoul, <u>while</u> <u>the Appenzellers</u> <u>were</u>
분사구문(이유)   동사4   접속사4(반면에) 주어5   동사5(수동형)
<u>requested</u> by the American Chargé d' Affairs to return to Japan <u>because</u> <u>it</u> <u>was felt</u>
                                                              접속사5 주어6(가주어) 동사6
unsafe for Mrs. Appenzeller <u>to come</u> to the strange city at that time.
                           진주어

2. May 사람 동사원형 : -가 -하기를

위의 문장에서 May는 기원으로 쓰입니다.

May He [who (on that day) burst asunder the bars of death], break the bonds [that bind the people], and bring them to the light and liberty of God's children.

 생각해보기

인천에 도착한 두 선교사 중에 언더우드는 서울로 가고 아펜젤러는 일본으로 돌아간 이유가 무엇일까요?

 알아두기

1885년 4월 5일에 도착한 언더우드와 아펜젤러 부부는 장로교와 감리교의 첫 내한 선교사였습니다. 하지만 아펜젤러는 이내 일본으로 돌아가야 했지요. 이유는 지난해 발생했던 갑신정변의 여파로 시국이 불안정해 여성이 입경하는 것을 미공사관에서 만류했기 때문입니다. 게다가 아펜젤러 부인이 임신 중이어서 닷새 후(4월 10일) 아펜젤러 부부는 일본으로 돌아가게 되었습니다.

사실 한국에 가장 먼저 오기로 했던 감리교 선교사는 스크랜튼이었습니다. 아펜젤러가 내한한 지 한 달 만인 1885년 5월 3일에 스크랜튼이 인천에 도착함으로써 최초의 입경(入京) 감리교 선교사는 스크랜튼이 됩니다. 이후 아펜젤러나 벙커, 헐버트 등의 감리교 선교사들이 서울에 잘 안착할 수 있도록 준비

백낙준

해 주었던 이가 바로 스크랜튼이었죠. 게다가 먼저 와 있던 알렌이나 언더우드 등과 같은 장로교 선교사들과 선교 협력 관계를 형성하며 초기 한국 개신교 에큐메니칼 전통을 수립하는 데도 선구자 역할을 담당했답니다.

위 글의 필자인 백낙준 박사(연세대 초대총장)는 한국개신교회사를 최초로 연구한 교회사학자입니다. 미국 예일대에서 세계적인 교회사가인 K. S. 라투렛에게 지도를 받아 1927년 "The History of Protestant Missions in Korea : 1832~1910"라는 제목으로 박사논문을 발표했지요. 이 저작은 현재까지도 한국개신교사의 가장 중요한 연구서로 읽혀지고 있습니다.

여기서 잠깐! 이 글을 쓰신 탁월한 교회사학자인 백낙준 박사도 집필내용 중에 한 가지 실수가 발견되었는데요. 위 지문에서 아펜젤러, 언더우드가 도착한 시점을 'Easter morning' 즉 '부활절 아침'이라고 적고 있습니다. 하지만 현대의 한국교회사 학자들이 고증을 통해 확인해 본 결과 이 날 두 선교사의 도착시간은 부활절 오후쯤이라네요. 아마도 백낙준 박사님께서 부활절 아침의 여명이 밝아 오는 드라마틱한 풍경을 상상하면서 나름의 픽션을 이 역사서술에 가미하셨던 모양입니다. 이런 작은 오류조차도 훗날 모두 밝혀지게 된다는 사실이 매우 흥미롭지요?

⏰ **10** The controversy over the missionary practices of the Jesuits in China had its roots in the policies adopted by Matteo Ricci, who in 1601, after great difficulties, had established a Catholic mission in Peking. He managed to do this by developing great appreciation for Chinese culture, and by thus gaining the confidence of the emperor. Although Ricci himself was hesitant on the matter, his successors felt that most of the Confucian rites practiced by the Chinese were civil and cultural in character, and that therefore Christian converts could continue participating in them without falling into idolatry or superstition. The Dominicans and Franciscans who arrived later did not understand the precarious balance on which missions could exist in China, and were puzzled and scandalized by the Jesuit concessions. In 1645 a Dominican obtained a decision from Rome against the Chinese rites. ①<u>The Jesuits had the emperor of China make a solemn declaration (that the rites in question were not religious, but civil,)</u> and this declaration was proclaimed throughout the land. In consequence, the emperor felt personally affronted when some "babarian" in Rome insisted on contradicting him. The final outcome did not take place until 1742, when the Chinese rites were formally condemned by the Catholic Church. The net result of all this was the almost complete disappearance of what had been a very successful mission. ②<u>Here we see illustrate, (albeit in a somewhat unusual context,) the variety of opinions existing within the Roman Catholic Church regarding the manner and degree to which the church ought to accommodate itself to culture.</u>

-Justo L. Gonzales-

Words and phrases

controversy : 논쟁   missionary practice : 선교활동   policy : 정책   adopt : 적용하다
establish : 설립하다   mission : 선교국   manage to : 어렵게 -하다   develop : 발전시키다
appreciation : 평가   gain : 얻다   confidence : 신임   hesitant : 주저하는   successor : 후계자
Confucian : 유교의   rite : 의식   civil : 시민적인   convert : 개종자   fall into : -에 떨어지다
idolatry : 우상숭배   superstition : 미신   precarious : 위험한   puzzl : 당황하게 하다
scandalize : 모욕하다   concession : 용인   solemn : 경건한   declaration : 선언   proclaim : 선포하다
in consequence : 그 결과   affront : 모욕하다   babarian : 야만적인   contradict : 부정하다
outcome : 결과   take place : 발생하다   formally : 공식적으로   net : 최종적인   condemn : 비난하다
illustrate : 예증하다   context : 문맥   regarding : -에 대해   degree : 정도   accommodate : 적용하다

Grammar Tips

1. 사역동사 have : have A 동사원형 : A를 -하게 하다

The Jesuits <u>had</u> <u>the emperor of China</u> <u>make</u> a solemn <u>declaration</u> [that the rites in
　　　　　사역동사　　　목적어　　　　　목적보어　　　　　　　　that절과 동격
question were <u>not</u> religious, <u>but</u> civil,]
　　　　　　　not A but B : A가 아니라 B

2. 해석하기 어려운 동사 2개 "see illustrate"

Here we <u>see illustrate</u>, albeit in a somewhat unusual context, the variety of opinions existing within the Roman Catholic Church regarding the manner and degree to which the church ought to accommodate itself to culture.

→ see illustrate는 동사 2개가 이뤄진 것으로 해석하기가 어렵습니다. 문맥상
　see (and) illustrate로 보는 것이 적합합니다.

생각해보기

중국에서 일어난 예수회와 프랜시스, 도미니크회 간의 갈등은 무엇 때문에 발생했나요?

_____

_____

_____

_____

_____

알아두기

위 사건은 17~18세기 중국에서 활동하던 로마 가톨릭 선교사들 사이에서 벌어졌던 논쟁으로 '중국전례논쟁(Chinese Rites Controversy)'이라 언급됩니다. 초기 예수회의 중국선교를 개척했던 마테오 리치(Matteo Ricci, 1552~1610)는 중국의 전통적인 유교문화를 존중하며 문화적인 요소들을 적극적으로 수용하는 문화적 응주의 선교방식을 채택했었지요. 하지만 예수회 중국선교 이후에 중국에 당도한 도미니크 수도회와 프랜시스 수도회는 반대 의견을 냈고, 이 문제를 로마 교황청으로 가져갔습니다. 1645년 포교성성(布敎聖省) 회의에서는 도미니크 수도회에서 제출한 보고서를 바탕으로 중국의 의례행위를 금지했습니다. 결국 여러 논쟁 끝에 1704년 교령(敎令)과 1715년에 더욱 강화된 교서에서 교황 클레멘스 11세는 중국의 의례를 금지했습니다. 그리고

마테오 리치

1742년 교황 베네딕토 14세는 이 금령을 다시 내렸고 더 이상의 논쟁을 금지시켰습니다. 그리고 이 문제의 발단이 되었던 예수회도 1773년 해산되었습니다. 이러한 로마 교황들의 조처에 대해, 내정간섭이라고 느낀 중국의 강희제는 매우 격분하여 포르투갈 사람들에게 명하여 교황의 회칙을 가지고 중국으로 오는 교황의 특사를 체포했고, 1706년에는 예수회의 입장에 동조하지 않는 선교사들을 축출했습니다. 그로부터 거의 2세기가 흐른 뒤 교황청은 이 문제를 다시 검토하여 1939년 12월 8일 교령에서 기독교교도들의 공자숭배와 조상에 대한 제사 참여를 승인했습니다. 제2차 바티칸 공의회(1962~65)에서는 가능하다면 언제라도 교회의 예배의식 속에 토착민의 의례를 집어넣을 수 있다는 원칙이 선포되기도 했지요. 예수회도 1814년 재건되었답니다.

⏰ **11** Increasingly co-operation and autonomy characterized the Protestantism of the country. The formation by Methodists and Presbyterians of the General Evangelical Council in 1905 and of the Federal Council of Protestant Missions in 1912 ①-to the latter of which the Young Men's Christian Association and the Bible societies were added- was followed, in 1919, by a federal council of the Presbyterian and Methodist churches and, in 1927, by the Korean Christian Council. An independent Presbyterian Church, growing out of the efforts of the several Presbyterian missions, came into being before 1914 and in 1922 adopted a new constitution. In 1930 the two Methodist bodies, the one organized in 1908 and the other in 1918, united to form the Korean Methodist Church, also autonomous, and a Korean was elected bishop. Koreans were also chosen as district superintendents. ②The churches were being prepared, all unconsciouly, for the storm which would remove from them their Occidental missionaries and cut off financial aid from the West.

-Kenneth Scott Latourette-

Grammar Tips를 참조하여 위의 문장을 해석해보세요.

Words and phrases

increasingly : 점차로   co-operation : 협력   autonomy : 자율   formation : 형성
the General Evangelical Council : 복음주의 연합공의   independent : 독립적인
the Federal Council of Protestant Missions : 개신교 선교 협의회   adopt : 적용하다
the Young Men's Christian Association : 기독 청년회   constitution : 헌법
body : 조직   bishop : 감독   district superintendent : 자치감독   prepare for : ~를 준비하다
uncousciouly : 무의식적으로   storm : 폭풍   remove : 제거하다
Occidental : 서양의   cut off : 끊다   financial : 경제적인   aid : 도움

Grammar Tips

1. 대시(–)의 용법 : 부언 설명으로 '즉' 이라고 해석하면 됩니다.

-to <u>the latter</u> of <u>which</u> the Young Men's Christian Association and the Bible
　　후자　　formation을 받음
societies <u>were added</u>-
　　add A to B : B에 A를 첨가하다

2. 복잡한 문장 분석하기

이제 다음의 문장을 분석해볼까요?(and가 어디에 걸리는지 찾아보세요)

The churches were being prepared, all unconsciously, for the storm which would remove from them their Occidental missionaries and cut off financial aid from the West.

이제 함께 해볼까요?

<u>The churches</u> <u>were being prepared</u>, (all unconsciouly,) <u>for</u> the storm <u>which</u> <u>would</u>
　주어1　　　　동사1　　　　　　　　　　　　　　　　　　　　　　관계사1(주어2 & 3)
<u>remove</u> from them their Occidental missionaries <u>and</u> <u>cut off</u> financial aid from the
　동사2　　　　　　　　　　　　　　　　　　접속사2 동사3(앞의 would와 함께 걸림)
West.

 생각해보기

위 예문을 토대로 1900년 이후의 한국교회 상황을 두 가지 측면에서 설명해 보세요.

알아두기

19세기 말 한국에 들어온 개신교회는 다양한 교파·교리적 배경을 지닌 '분파형'(sectarian) 교회였습니다. 그런데 1903년 원산부흥운동 이후 '오순절 성령체험'을 한 선교사들과 한국인 교인들 사이에 분열된 교회를 '하나 된 교회'로 바꾸어가려는 움직임이 일기 시작했습니다.

이 같은 각 교파 선교부의 연합운동은 한국에서 초교파 단일 개신교회를 설립하려는 운동으로 발전되었습니다. 이 운동은 1905년에 결성된 장로교와 감리교 6개 선교부 소속 선교사 협의체인 '한국복음주의선교사연합공의회'(General Council of

세브란스병원

Protestant Evangelical Missions in Korea)를 통해 적극 추진되었습니다. 그러나 정작 문제는 선교사들을 파송한 미국과 캐나다, 오스트레일리아 등 '본국' 교회들의 입장이었습니다. 본국 '교파교회' 선교부로부터 재정적 지원을 받아야 할 선교사들이 '피선교지'에서 초교파 단일 교회를 설립하는 것이 쉬운 일은 아니었습니다. 게다가 목사 안수나 교회의 조직 문제에 들어가니 하향식 '감독제' 전통을 따르는 감리교회와 상향식 '회중주의'를 따르는 장로교회 사이에 절충점을 찾기가 어려웠습니다. 결국 1905년부터 한국인들의 전폭적인 지지와 기대감 속에 논의되던 '대한예수교회' 설립운동은 교리나 신학적인 이유가 아닌, 정치적인 이유로 1년 만에 중단되고 말았습니다.

비록 단일 교회 설립은 실패로 끝났지만 그 대신 초교파적 연합운동은 활발하게 추진되었습니다. 서울에서는 감리교의 배재학교와 장로교의 경신학교가 합동 운영을 모색하였고 세브란스 병원과 의학교도 연합 기관이 되었으며 초교파 신학교로 피어선성경학원이 설립되었습니다. 평양에서도 두 교회 연합으로 숭실학교와 숭의여학교를 운영하였고 감리교 병원이던 기홀병원도 연합병원이 되었습니다. 그리고 감리교의 「찬미가」와 장로교의 「찬양가」가 합하여 「찬송가」가 되었고 장로교의 「그리스도신문」과 감리교의 「죠션크리스도인회보」가 통합되었고, 선교사들의 영문 잡지인 감리교의 *The Korea Methodist*와 장로교의 *The Korea Field*도 합하여 *The Korea Mission Field*가 되었습니다.

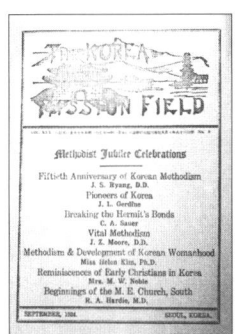

The Korea Mission Field

스스로 해보기

이제 직접 본인이 문장을 해석해볼까요? 단어를 찾기에 앞서 간단히 전체 예문을 눈으로 훑어보세요. 지문이 전체적으로 어떤 이야기를 하는 것인지 파악한 후 사전에서 단어를 찾을 때 가능하면 그와 관련된 의미를 찾도록 하세요.

1 The final form of the Chalcedonian definition owed much to the Formulary of 433. It pronounced Christ to be (a) perfect God and perfect man, ①consubstantial with the Father in his Godhead, and with us in his manhood②; (b) made known ③in two natures without confusion, change, division, or separation. The meaning of the preposition 'in' was explained by further clauses; (c) the difference between the natures is in no sense abolished by the union; (d) the properties of each nature are preserved intact, and both come together to from one person(*prospon*) and one *hypostasis*.

-Henry Chadwick -

위의 지문은 어떤 내용에 관한 것인가요? 간단히 답해보세요.

_____
_____
_____
_____
_____

Words and phrases

owe A to B _____	form _____	definition : 신조
Formulary : 신조	pronounce A to B _____	consubstantial _____
confusion _____	division _____	preposition _____
clause _____	in no sense _____	abolish _____
property _____	preserve _____	intact _____
prosopon : 하나님의 위격	*hypostasis* : 하나님의 실체	

Grammar Tips

① consubstantial : 형용사로 앞의 perfect God and perfect man을 수식
　　　　　　　　consubstantial은 바로 다음의　with the Father in his Godhead
　　　　　　　　　　　　　　　　　　　　　　　with us in his manhood
　　　　　　　　　이 두 개의 with에 모두 걸림

② ;(세미 콜론) : '그리고'의 의미

③ in : -으로

위의 문장을 해석해보세요.

___

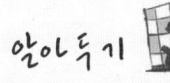

알아두기

네스토리우스의 정죄

칼케돈 공의회(Council of Chalcedon)는 451년 10월 8일부터 11월 1일까지 소아시아의 비티니아의 도시 칼케돈(현재의 터키)에서 열렸던 초대교회의 공의회 중 하나입니다. 당시 공의회에서는 그리스도의 신성과 인성은 분리되지 않는다는 내용의 칼케돈 신조를 통해, 예수 그리스도는 완전한 인간이요, 완전한 하나님이라고 고백했습니다. 또한 칼케돈 신조에 '하나님을 낳으신 분'(테오토코스, Theotokos)라는 단어를 넣음에 따라, 예수 그리스도의 신성을 강조하는 교리인 신모설(神母說)을 올바른 교리로 재확인하였습니다. 칼케돈 공의회의 정통교리 확립으로 콥트교회 등 단성설(單性說 : 예수 그리스도는 신성만이 존재한다는 이론)을 따르는 교회나 그리스도의 인성을 강조하는 네스토리우스파 교회는 이단으로 정죄되어, 정통 교회에서 분리되어 나가게 됩니다. 이중 그리스도의 신성과 인성은 구분된다고 주장한 네스토리우스파는 더욱 압박을 받게 되어 중동과 중국으로 활동 무대를 옮기게 되지요. 이 때 당나라로 온 경교(景敎 : 네스토리우스파의 중국식 이름)가 통일신라에까지 전래되었을 것이라는 주장이 교회사학계에서 대두되고 있답니다.

❷ The most significant feature of Luther's ecclesiology①, and the one that seems to determine much of the rest, is the universal priesthood of believers. Here again Luther has been misrepresented as if he were claiming simply that every Christian is his own priest. This is true, but what is most important is that every Christian is a priest to others, "for as priests we are worthy to appear before God ②to pray for others and to teach one another divine things." This common priesthood of all in behalf of all binds the church together, for no Christian may claim to be such ③without accepting the honor and responsibility of priesthood.

-Justo L. Gonzales-

루터의 만인사제설의 교회론적 의미는 무엇인가요? 간단히 답해보세요.

___

Words and phrases

significant_____	ecclesiology : 교회론	determine_____
priesthood : 사제직	misrepresent_____	be worthy to_____
appear_____	in behalf of_____	bind_____

Grammar Tips

①번의 and 절은 동격의 절로 '즉' 이라고 해석해야 합니다.
→ 동사가 단수 'is' 인 점을 감안하면 주어는 the most significant feature로 one은 이것을 지칭하는 것으로 부연설명입니다.
②는 to 부정사의 부사적 용법으로 '-하기 위해서' 로 해석하면 의미상 좋습니다.
③번에서 without 동사ing는 '-함이 없이' 로 관용적 표현입니다.

위의 문장을 해석해보세요.

___

알아두기

가톨릭의 고해성사 모습

종교개혁 당시 개신교가 가톨릭교회와 결별하면서 제시한 신학적인 대안은 이신칭의론(以信稱義論)이었습니다. 구원은 사제가 집전하는 성사참여를 비롯한 선행에서 연유하는 것이 아니라 오로지 예수를 구세주로 인정하는 믿음을 통해서 이루어진다는 이 교리는 개혁의 대의명분이었고 오늘날까지 전 세계의 모든 프로테스탄트 교회가 신봉하는 으뜸의 원리입니다. 이러한 '이신칭의론'은 '만인사제주의'라는 또 하나의 중요한 신앙논리를 창출했습니다. 이는 로마 가톨릭교회의 사제제도와 이에 근거한 고해성사의 반대에서 시작되었습니다. 사제가 신자에게 죄의 용서를 선포하는 고해성사 없이도, 신자가 직접 하나님께 죄를 용서받을 수 있다고 보는 것이지요. 또 구원은 사제의 도움 없이 개인의 독자적 믿음만으로 도달할 수 있는 영역이므로 모든 인간은 이제 스스로 사제가 된다는 것입니다. 이 만인사제주의는 결국 성직자와 평신도는 절대자 앞에서 영적으로 평등하다는 것을 의미합니다. 이는 기독교 역사에서 한 획을 긋는 혁명적 변화였습니다.

독해 연습하기 · 역사신학

3   The reformers usually referred to themselves as the evangelicals and conceived of their religious communities as parts of the one holy universal or Catholic Church on earth. ①<u>Only in later years was the term Protestant applied to the reformed or evangelical churches,</u> and ②<u>it was not until the seventeenth century that the Reformed and Lutheran Churches were defined and designated as separate church bodies.</u> The term Protestant derived from the protest made at the Diet of Speyer in 1529 when the evangelical estates - princes and cities- objected to the decree ③<u>that</u> the religious *status quo* was to be preserved, no innovations introduced in additional territories, ③<u>and that</u> the mass should be everywhere tolerated. Although in sixteenth-century usage the word protest meant assertive affirmation as well as articulate objection, historians have often stressed the negative aspect, interpreting the Reformation primarily as a reaction against abuses and institutional decay. ④<u>This view of the Reformation, popular with many nineteenth-century historians, stressed the moral decline of the clergy, the institutional corruption of the Church, and the displacement of the true spiritual ends by economic considerations and political power drives on the part of the ecclesiastical hierarchy.</u>

-Lewis W. Spitz-

19세기의 역사가들은 '종교개혁'을 주로 어떻게 인식했나요?

_____
_____
_____

Words and phrases

refer to	conceive A as B	term
designate	derive from	protest
estate	decree	status quo
preserve	innovation	territory
additional	mass	tolerate
A as well as B	assertive	affirmation

articulate	objection	primarily
abuses	reaction	institutional
corruption	decline	consideration
political power drives	on the part of	ecclesiastical hierarchy

Grammar Tips

① Only in later years가 강조되어 문장 도치
   → 주어는 the term Protestant, 동사는 was applied to로 수동형
② it is not until A that- : A할 때가 되어서야 –를 하다
③ 두 개의 that은 모두 the decree와 동격으로 쓰인 that
④ 주어는 this view of the Reformation, 동사는 stressed, 목적어는 the decline, the corruption과 the displacement

위의 문장을 해석해보세요.

알아두기

로마 가톨릭교는 우리가 흔히 쓰는 '천주교'와 같은 말로 그 원어는 라틴어 'Catholicus'라는 형용사에서 나왔으며, 그 뜻은 '보편적인'이라는 것입니다. 이에 반해 개신교는 '프로테스탄트(protestant)'라고 하는데 이 말은 1529년 독일 스파이어 회의에서 일부 종교개혁자들이 가톨릭교회에 '프로테스트(a protest : 항의)'했기 때문에 붙여진 이름입니다. 기독교 역사에서 교회는 두 차례에 걸친 대분열을 겪게 되지요. 제1차 대분열은 1054년 콘스탄티노플을 중심으로 하는 동방교회와 로마를 중심으로 하는 서방교회 사이에서 로마 교황의 권한 문제와 성상 숭배 문제에 대한 갈등으로 인해 야기되었습니다. 교회의 제2차 대분열은 1517년에 발생한 루터의 종교개혁의 결과로 로마 가톨릭과 개신교가 분열된 것입니다. 이처럼 기독교는 교회사에서 두 차례 일어난 대분열을 통해 동방정교(Orthodox), 천주교(Catholic), 개신교(Protestant)에 이르는 3개의 교회로 나누어진 것입니다. 그러므로 '기독교(Christianity)'는 어느 한 종파만을 지칭하는 것이 아니라 이 세 교회를 모두 통칭하는 용어라고 할 수 있습니다. 그러므로 흔히 '기독교'를 개신교로, '천주교'를 가톨릭으로 인식하여 '기독교'와 '천주교'가 마치 대립되는 개념으로 인식하는 현 한국교회의 용어개념은 잘못된 것이라고 할 수 있습니다.

4   Under such circumstances, ①<u>convinced that</u> he had failed as a minister, Wesley decided to return to England. Back in Britain, he again established contact with the Moravians, who helped him in his struggle for faith and self-worth. Finally, on May 24, 1738, the famous Aldersgate experience took place: "In the evening I went unwillingly to a society in Aldersgate-Street, ②<u>where one was reading Luther's preface to the Epistle to the Romans.</u> About a quarter before nine, while he was describing the change which God works in the heart through faith in Christ, ③<u>I felt my heart strangely warmed.</u> I felt I ④<u>did trust</u> in Christ, Christ alone for salvation: And an assurance was given me, that he had taken away *my* sins, even *mine*, and saved *me* from the law of sin and death.
                                                                                            -Justo L. Gonzles-

위의 지문은 어떤 내용에 관한 것인가요? 간단히 답해보세요.

_____
_____
_____
_____
_____
_____

Words and phrases

circumstance_____	convince_____	contact_____
take place_____	unwillingly_____	society_____
describe_____	assurance_____	take away_____

Grammar Tips

①번 문장은 분사구문으로 convinced 앞에 being이 생략된 것입니다.
②번의 where는 관계부사의 계속적 용법으로 a society를 지칭하는 것이며 해석할 때는 '그곳에서'로 하는 것이 자연스럽습니다.

③ feel은 지각동사로 목적어와 목적보어를 가지는 5형식 동사로 사용되기도 합니다.

   I <u>felt</u> <u>my heart</u> <u>strangely warmed.</u>
     동사   목적어   목적보어 : –가 –하는 것을 느꼈다

④번의 did는 강조를 위해 쓰인 것으로 '하다' 라는 의미는 전혀 없습니다.

위의 문장을 해석해보세요.

_____

_____

_____

_____

_____

_____

_____

_____

알아두기

감리교의 창시자 존 웨슬리가 절망과 좌절 끝에 거듭남의 은총을 경험하는 올더스게잇 거리(Aldersgate Street) 사건이 1738년 5월 24일 오후 8시 45분에 일어났습니다. 그날 그 시각 올더스게잇 거리의 소집회에 참여하였다가 웨슬리는 루터의 로마서 서문을 듣게 되었고, 이로 인해 가슴이 뜨거워지는 체험을 하게 된 것이지요. 이 체험 이후로 웨슬리는 보다 그리스도를 신뢰하는 믿음을 갖게 되었습니다. 1739년 런던에서 브리스톨로 활동무대를 옮긴 웨슬리는 시장과 거리, 빈들에서 옥외설교를 하기 시작했습니다. 수만의 광부들이 웨슬리의 설교를 듣기 위해 하던 일도 중지하고 그의 설교를 경청했습니다. 노동자와 농민들은 상처받고 불안한 자신들의 마음을 웨슬리의 설교를 통해 치유 받고 통성기도와 찬양으로 부흥의 불을 붙여가게 되었습니다. 영국 성공회 감독이 성공회법이 금하는 옥외설교를 왜 하느냐고 물었을 때 웨슬리는 "모든 세계는 나의 교구이다"(All the world is my parish.)라는 유명한 말을 남겼지요. 웨슬리는 독특한 평신도설교가(lay preacher)제도, 순회설교제도(circuit rider) 등을 활용하였고, 월회 철야기도회, 매일의 새벽기도회, 주1회 목요일의 속회(class meeting), 주 2~3회의 조모임(band meeting), 애찬회(lovefeast) 그리고 찬송가 보급 등을 통해 부흥운동을 일으켰습니다. 또한 웨슬리의 성화운동은 사회적 성화운동(social sanctification)으로 확산되어 인류 최초의 노동조합운동(광부, 농부, 산업노동자), 노예제도 철폐운동, 교도소제도 개혁운동, 여성해방운동(여성설교자 임명), 경제적 나눔과 분배를 통한 사회복지 실현과 희년사회의 실현을 희망하는 운동으로 발전되었습니다.

5   The First Amendment to the Constitution declared that "Congress ①shall make no law ②respecting an establishment of religion or restricting the free exercise therof." The Constitution thus prevented the formal establishment of religion, meaning that no Christian church (such as the Church of England) ③was to be given a favored legal status by the state. Although some modern constitutional theorists argue that this was intended to remove religion from American public life, or that it justifies this practice today, ④it is clear that the intention of the Constitution was simply to avoid giving legal or social precedence to any specific Christian grouping.   - Alister E. McGrath-

위의 지문은 어떤 내용에 관한 것인가요? 간단히 답해보세요.

_____
_____
_____
_____
_____

Words and phrases

Amendment to the Constitution : 수정헌법	Congress_____	respect_____
establishment_____	restrict_____	prevent_____
legal_____	status_____	constitutional_____
intend_____	remove_____	give precedence to_____

Grammar Tips

① 명령, 규정을 의미하는 shall: '-하여야 한다' 로 해석해보세요.
② 등위접속사 or : and와 마찬가지로 연결하는 것들의 품사, 문법적 기능이 같아야 합니다
   <u>respecting an establishment of religion</u> or <u>restricting the free exercise therof</u>.
            동사원형ing로 시작하는 분사구문   동사원형ng로 시작하는 분사구문
③ be to 용법 : '-해야만 한다' 로 해석해보세요.
④ it- that : it은 가주어, that 이하는 진주어로 명사절

위의 문장을 해석해보세요.

___

권리장전으로 알려진 미국의 수정헌법(1791)

알아두기

종교의 자유(freedom of religion) 개념은 인류의 자유 획득 과정에서 오랜 역사를 가지고 있습니다. 그러나 종교자유의 보장은 상대적으로 근대적인 현상입니다.

18세기 후반이 되어서야 '종교의 선택'의 문제는 미국의 수정헌법을 통해 국가에서 개인의 문제로 전환되었습니다. 이에 대해 미국의 저명한 교회사가 시드니 미드(Sidney Mead)는 '강요에서 설득으로(from coercion to persuasion)' 종교의 구조가 변화됐다고 설명하기도 합니다.

미국의 수정헌법 제1조에 의하면 미국 의회는 국교를 만드는 법도, 사람들의 자유로운 신앙 생활을 금지하는 법도 만들지 못하도록 규정돼 있습니다. 인류 역사상 처음으로 종교의 문제를 국가의 영역이 아닌 사적인 영역으로 옮긴 것이죠. 여기서 국교를 만드는 것을 금지하는 것은 위에서 언급한 것처럼 어떤 특정 종교에 특권을 주는 것을 금한 것입니다. 그리고 더 나아가 국가가 사람들의 자유로운 종교 행위를 금지할 수 있는 법을 만들어서도 안 된다는 것입니다. 이제 미국을 비롯한 '종교의 자유'가 헌법으로 명기된 새로운 세계에서는 교회를 비롯한 모든 종교가 어떤 국가 권력의 보호나 간섭으로부터 떨어져 독자적 힘으로 전교(傳敎)와 성장을 모색해야 하는 시대에 접어 들었습니다.

4. 기독교윤리학

① A Christian is ordinarily defined as "one who believes in Jesus Christ" or as "a follower of Jesus Christ." He might more adequately be described as one who counts himself as belonging to that community of men ①<u>for whom</u> Jesus Christ-his life, words, deeds, and destiny-is ②<u>of supreme importance</u> ③<u>as</u> the key to the understanding of themselves and their world, the main source of the knowledge of God and man, good and evil, the constant companion of the conscience, and the expected deliverer from evil.

-H. Richard Niebuhr-

Grammar Tips를 참조하여 위의 문장을 해석해보세요.

Words and phrases

ordinarily : 일상적으로　follower : 따르는 사람　adequately : 적절하게　describe : 기술하다
count A as B : A를 B로 간주하다　belong to : -에 속하다　supreme : 최고의　key : 비결
deliverer : 구제자

Grammar Tips

1. **for whom : 전치사 + 관계대명사**

    번 문장에서 whom은 바로 앞의 men을 설명하는 관계대명사입니다. 해석은 '-에게' 입니다.

2. **of + 명사 : 형용사**

    of supreme importance → supremely important

3. **as : 전치사로서 '-로서'의 뜻**

생각해보기

기독교인의 삶 가운데 예수 그리스도는 어떤 존재일까요?

_____
_____
_____
_____
_____

리처드 니버

리처드 니버(Helmut Richard Niebuhr, 1894~1962)는 신정통주의(neo-orthodoxy) 신학자 라인홀드 니버의 동생으로 미국 신정통주의의 좌파를 대표하는 인물이었습니다. 그는 총체적이며 비평적인 기독교 세계관을 목표로 삼았지요. 리처드 니버는 엘머허스트 대학을 거쳐 이든 신학교에 진학, 1914년 졸업과 동시에 세인트루이스에서 목회를 시작했습니다. 그러면서도 그는 공부를 병행해 1917년 워싱톤 대학에서 문학석사를 받았습니다. 1919년 그는 모교인 이든 신학교로 자리를 옮겨 신학과 윤리를 가르치다가 3년 후 예일대에서 신학을 공부해 1924년 철학박사 학위를 받았습니다. 그 후 엘머허스트 대학의 학장으로 3년간 지낸 다음 1927년 이든 신학교에서 기독교윤리를 가르쳤습니다. 이때에『교파주의의 사회적 기원』이라는 책을 써서 학계의 인정을 받아 급기야 1931년 예일대학으로부터 초청을 받아 그 후 세상을 떠날 때까지 그곳에서 윤리와 신학을 가르치며 세계 신학계에 지대한 영향을 미쳤습니다.

2 The ethic of Jesus is the perfect fruit of prophetic religion. ①<u>Its ideal of love has the same relation to the facts and necessities of human experience as the God of prophetic faith has to the world.</u> It is drawn from, and relevant to, every moral experience. It is immanent in life as God is immanent in the world. It transcends the possibilities of human life in its final pinnacle as God transcends the world. ②<u>It must, therefore, be confused neither with the ascetic ethic of world-denying religions nor with the prudential morality of naturalism, designed to guide good people to success and happiness in this world.</u> It is easily confused with the former because of its uncompromising attitude toward all the impulses of nature; but it never condemns natural impulse as inherently bad.

-Reinhold Niebuhr-

Words and phrases
ethic : 윤리 fruit : 결실 ideal : 이상 necessity : 필연성 draw from : -에서 이끌다
relevant to : -과 관련이 있는 immanent : 임재하는, 내재하는 transcend : 초월하다 pinnacle : 정점
ascetic : 금욕적인 prudential : 신중한 naturalism : 자연주의 be confused with : -와 혼동하다
uncompromising : 타협하지 않는 attitude : 태도 impulse : 충동 condemn : 비난하다
inherently : 타고날 때부터

Grammar Tips

1. 문장에서 같은 내용이 반복될 때 생략하기

영어 문장에서 문장이 길어질 경우 앞에서 나온 같은 단어는 생략하는 경우가 있습니다. ①번 문장의 경우 as 이하의 문장에서 has와 to 사이에 a relation이 생략되었습니다.

Its ideal of love has <u>the same relation</u> to the facts and necessities of human experience as the God of prophetic faith has (a relation) to the world.

2. neither A nor B : A도 아니고 B도 아닌

A와 B의 품사나 문법적 기능이 같다는 것을 기억해주십시오. ②번 문장의 경우 with로 시작되는 구가 neither-nor 용법에 걸리는 구문입니다. designed는 분사구문으로 the prudential morality of naturalsim을 설명합니다.

생각해보기

'예수의 윤리' 와 '일반 도덕적 윤리' 의 차이점은 무엇일까요?

알아두기

라인홀드 니버

라인홀드 니버(Reinhold Niebuhr, 1892~1971)는 '기독교 현실주의'의 대변자였습니다. 신정통주의자로서 동생 리처드 니버와 신앙관은 비슷했지만 신학보다는 윤리학에, 신론보다는 인간론에 그리고 교회보다는 사회에 더 많은 관심을 가지고 활동했습니다. 그는 23세부터 디트로이트에서 13년 동안 목회하면서 노동자들의 열악한 현실을 마주 대하였습니다. 노동이 조합과 법으로 보호받지 못하던 시대의 미국 산업사회, 특히 자동차 산업의 문제를 폭로하면서 자본주의 비판가가 됩니다. 1928년부터 1960년 은퇴할 때까지 뉴욕 유니온 신학교의 교수로서 그는 인간의 삶에 깊이 뿌리박힌 악을 강조하였습니다. 그의 목회 기간 중에 경험한 인간과 사회구조에서 발견한 것이었습니다. 그는 인간을 물질과 영의 연합체라고 보았습니다. 그는 1971년 6월 1일 메사추세츠의 스톡브릿지에서 78세의 일기로 눈을 감았습니다.

③ The Christian life is one of being and doing. Christian Ethics has to study both. We need to act from the right motive and to find the right content of actions in particular situations in terms of our fundamental beliefs and attitudes. ①<u>How we move from one to the other is itself a major matter to investigate.</u>

Our basic Christian insights ②<u>need cultivating</u> in the context of Christian worship, and in fellowship with our fellow Christians and a sharing of minds with them. ③<u>This involves drawing upon the help which comes from what theology traditionally calls the 'means of grace'. prayer and sacrament and Bible study in the community of Christians</u>; and living with the tensions which inevitably result from the differences of outlook between Christians of very different background, experience, and temperament, as they try to grow together into a greater maturity of discernment in thought and action.

-Ronald Haydn Preston-

Words and phrases

motive : 동기   content : 내용   in terms of : –의 견지에서   fundamental : 근본적인   attitude : 태도
investigate : 탐구하다   cultivate : 배양하다   draw upon : 끌어올리다   tension : 긴장
inevitably : 필연적으로   result from : –에서 유래하다   outlook : 전망   temperament : 기질
maturity : 성숙   discernment : 분별

Grammar Tips

1. 의문사로 시작되는 명사절

①번 문장에서 how we move from one to the other는 의문사로 시작하는 명사절로 주어의 역할(주부라 불림)을 합니다.

2. need + 동사원형ing : –될 필요가 있다(수동의 뜻으로 쓰임)

need cultivating = need to be cultivated

3. 복잡한 문장 도해하기

다음의 문장을 지금까지 연습한 것처럼 동사의 수를 찾고 '동사 수–1' 개의 관계사나 접속사를 찾고 각 동사의 주어를 찾아보세요. 그리고 drawing이 이 문장에서 어떤 역할을 하는지 써보세요.

This involves drawing upon the help which comes from what theology traditionally calls the 'means of grace'. prayer and sacrament and Bible study in the community of Christians.

이제 함께 해볼까요?

<u>This</u> <u>involves</u> <u>drawing</u> upon the help <u>which</u> <u>comes</u> from <u>what</u> <u>theology</u> traditionally
주어1 동사1 동명사로 목적어   관계사1(주어2) 동사2   관계사2 주어3
<u>calls</u> the 'means of grace'<u>,</u> prayer and sacrament and Bible study in the community
동사3   동격의 콤마
of Christians.

생각해보기

기독교윤리학이 연구해야 할 두 가지는 무엇이며, 그 통찰력을 어디에서 얻을 수 있을까요?

_____
_____
_____
_____
_____
_____
_____
_____
_____

알아두기

윤리학(倫理學, ethics)은 인간의 행동관습에 대한 반성 작업입니다. 기독교윤리(Christian ethics)도 행위의 옳고, 그름을 따지는 작업이라는 점에서 일반 윤리학과 맥을 같이하지요. 그러므로 이 둘은 행위의 옳고 그름을 판단할 수 있는 '보편적인 행위규범'을 도출하려고 합니다. 반면 철학적 윤리학은 이성에 대한 신뢰를 통해 객관적이고 보편적인 진리를 추구하려 합니다. 철학적 윤리학은 인간의 이성적 사유나 경험 등의 내재적 요소에서 출발하기 때문에 내재적 주관성을 넘지 못하고 한계를 드러냅니다. 즉 객관적이고 보편적인 행위규범의 확립이 불가능한 것이지요. 반면에 기독교윤리학은 이러한 객관적이고 보편적인 행위규범을 하나님께서 우리에게 계시하신 성경에서 찾기 때문에 보다 명확하게 찾을 수 있습니다. 바로 그 점이 기독교윤리학이 일반 윤리학과 구별되는 가장 중요하고 근본적인 차이점이라고 할 수 있습니다.

4 ①What we have in view when we deal with Christ and culture is that total process of human activity and that total result of such activity to which now the name *culture*, now the name *civilization*, is applied in common speech. Culture is the "artificial, secondary environment" which man superimposes on the natural. It comprises language, habits, ideas, beliefs, customs, social organization, inherited artifacts, technical processes, and values. ②This "social heritage," this "reality sui generis," which the New Testament writers frequently had in mind when they spoke of "the world," which is represented in many forms but to which Christians like other men are inevitably subject, is what we mean when we speak of culture.

-H. Richard Niebuhr-

Grammar Tips를 참고하여 위의 문장을 해석해보세요.

Words and phrases

have - in view : -를 주목하다   deal with : -를 다루다   civilization : 문명   apply : 적용하다
the nature : 자연적인 것들   artificial : 인공적인   secondary : 이차적인
superimpose A on B : B에 A를 부가하다   comprise : 포함하다   habits : (사회적인) 풍습
customs : 관습   inherit : 물려받다   artifact : 인공물   heritage : 유전   sui generis : 독특한
have in mind : 마음에 두다   represent : 재현하다   inevitably : 필연적으로
be subject to : -에 종속되다

Grammar Tips

복잡한 문장 도해하기

①번과 ②번 문장은 복잡한 문장입니다. 동사를 먼저 찾고 '동사 수-1' 개의 관계사나 접속사를 찾고 그 다음에 각 동사의 주어를 찾아보세요.

① What we have in view when we deal with Christ and culture is that total process of human activity and that total result of such activity to which now the name *culture*, now the name *civilization*, is applied in common speech.

이제 함께 해볼까요?

[ ] 주어3

[What we have in view when we deal with Christ and culture] is that
유사관계대명사 주어1 동사1   접속사2 주어2 동사2   동사3

total process of human activity and that total result of such activity to which now
                                                                              관계사3

the name *culture*, now the name *civilization*, is applied in common speech.
   주어4   동격 주어4   동사4

이제 ②번 문장을 분석해봅시다. 아래 문장의 경우 콤마가 어떤 역할을 하는지 생각해 보세요.

This "social heritage," this "reality sui generis," which the New Testament writers frequently had in mind when they spoke of "the world," which is represented in many forms but to which Christians like other men are inevitably subject, is what we mean when we speak of culture.

이제 함께 해볼까요?

This "social heritage," this "reality sui generis," [which the New Testament writers
　　주어1　　　　　　　　주어1의 동격　　　　　관계사1(목적격)　　　　　주어2
frequently had in mind when they spoke of "the world," which is represented in
　　　　　　동사2　　　　　접속사2 주어3 동사3　　　　　　　　관계사3(주어4)　동사4
many forms but to which Christians like other men are inevitably subject,] is
　　　　　접속사　관계사4　　　　주어5　　　　　동사5　　　　　　　동사1
따라서 세는 것에서 제외
what we mean when we speak of culture.
유사관계사5 동사6 접속사6 　동사7
　　　　주어6　　　　주어7

※ but : (this "social heritage") to which Christians like other men…
　　　　　　　　생략

→ 관계사1, 관계사3, 관계사4가 걸리는 명사는 모두 This "social heritage"입니다. 그리고 관계사3 앞의 콤마, 관계사4 앞의 but 앞에는 모두 this "social heritage"가 있어야 하는데 생략되었으므로 접속사 수에서 제외됩니다.

생각해보기

'그리스도와 문화'의 관계를 연구할 때의 문화는 어떤 개념일까요?

스스로 해보기

이제 직접 본인이 문장을 해석해볼까요? 단어를 찾기에 앞서 간단히 전체 예문을 눈으로 훑어보세요. 지문이 전체적으로 어떤 이야기를 하는 것인지 파악한 후 사전에서 단어를 찾을 때 가능하면 그와 관련된 의미를 찾도록 하세요.

1   The problem of politics and economics is the problem of justice. The question of politics is ①<u>how to coerce</u> the anarchy of conflicting human interests into some kind of order, offering human beings the greatest possible opportunity for mutual support. In the field of collective behavior the force of egoistic passion is ②<u>so strong that</u> the only harmonies possible are those which manage to neutralize this force through balances of power, through mutual defenses against its inordinate expression, and through techniques for harnessing its energy to social ends. All these possibilities represent something less than the ideal of love. Yet the law of love is involved in all approximations of justice, ③<u>not only as the source of the norms of justice, but as an ultimate perspective by which their limitations are discovered.</u>

                                                                                                   -Reinhold Niebuhr-

위의 지문은 어떤 내용에 관한 것인가요? 간단히 답해보세요.

_____
_____
_____
_____

Words and phrases

coerce_____	anarchy_____	conflict_____
mutual_____	behavior_____	egoistic_____
netrualize_____	harness_____	represent_____
approsimation_____	norm_____	ultimate_____
perspective_____		

Grammar Tips

① how to 부정사 : 어떻게 –하는지 또는 –하는 법
② so 형용사 that : 너무나 –해서 –하다
③ not only A but (also) B : A뿐만 아니라 B도

위의 문장을 해석해보세요.

_____
_____
_____
_____
_____
_____
_____
_____
_____
_____
_____

알아두기

『도덕적 인간과 비도덕적 사회』

라인홀드 니버(Reinhold Niebuhr, 1892~1971)의 대표적 저서는 바로 『도덕적 인간과 비도덕적 사회』(Moral Man and Immoral Society, New York : Charles Scribner's Sons, 1932)입니다. 그는 이 책에서 인간 개개인은 얼마든지 도덕적일 수 있어도 그런 개인들이 모여 집단이 되면 전혀 다른 특성, 즉 집단으로서의 이익을 추구하는 새로운 논리와 생리를 갖게 됨으로써 사회는 비도덕적이 될 수 있다고 주장했습니다. 유토피아주의와 냉소주의를 배격하면서 인간의 오류성과 실용주의를 결합시킨 니버의 사상은 흔히 '기독교 현실주의' 철학으로 불립니다.

기독교 현실주의란 사회정의를 구현하기 위해서는 시대상황에 맞게 도덕원칙을 적용하는 데도 유연성을 보여야 한다는 철학입니다. 니버는 또한 이성과 과학의 힘으로 인간의 문제가 해결 가능하다는 낙관주의도 거부하면서, 개인과 집단이익의 모든 요소들을 제대로 인식하는 현실주의, 실용주의적 시각으로 현대사회의 여러 문제들을 극복하고자 했습니다.

2 In economic life we come to the famous thesis of Max Weber concerning the relation of the Protestant ethic (particularly the Calvinist) to the spirit of capitalism. The immense discussion provoked by this does not die down, and ①<u>it has become difficult to recover what exactly Weber maintained.</u> Putting it briefly, it was that there was an 'elective affinity' (to use his phrase) between some leading Calvinist ideas and the motivation needed to make the new, dynamic capitalist system work. The hard work, thrift (to save and acquire capital and put it to use), and sustained pursuit of wealth, combined with restraint in consumption, ②<u>all</u> required an asceticism of the market place which was new in human history. Weber never crudely maintained that Calvinism caused capitalism; in fact he was trying to assess the variety of factors which led to his startling change in economic life in the Western world. One of them was some aspects of the Calvinist ethic. I think he made his point. The upshot is that both in politics and economics Calvinism has had a dynamic effect, and ③<u>in ways which would have seemed strange to Calvin himself.</u>

-Ronald Haydn Preston-

위의 지문은 어떤 내용에 관한 것인가요? 간단히 답해보세요.

___

___

___

Words and phrases

thesis	capitalism	immense
provoke	maintain	elective
affinity	motivation	dynamic
thrift	acquire	sustain
pursuit	restraint	consumption
asceticism	crudely	assess
startling	make one's point	upshot

Grammar Tips

① it -to : it은 가주어, to 이하는 진주어
② all은 앞에서 말한 모든 것을 지칭함
③ in ways which 절은 앞에 dynamic effect의 방법에 대해 말한 것

위의 문장을 해석해보세요.

_____
_____
_____
_____
_____
_____
_____
_____
_____
_____
_____

막스 베버

막스 베버(Max Weber, 1864~1920)의 『프로테스탄티즘의 윤리와 자본주의 정신』(Die protestantische Ethik und der Geist des Kapitalismus, 1904~1905)은 그의 가장 대표적 저작입니다. 이 책을 통해 베버가 주목한 것은 독일의 경우, 자본주의 기업의 이해 및 성공과 프로테스탄트적인 배경 사이에 통계학적인 상호관련이 있다는 점이었습니다. 나아가서 이러한 상호관련을 청교도 신학의 예정설(豫定說)과 소명(召命)이라는 개념의 우연한 심리적인 결과로 보았지요. 베버에 따르면, 칼빈의 예정설로 인한 구원에 대한 심리적 불안이 형성되었고, 그에 대한 대답으로서 세속적 소명에 대한 헌신과 노력을 통해 이윤을 창출하고, 이를 낭비하지 않는 금욕적 삶이 요구되었다는 것입니다. 이러한 근대적 개신교윤리는 근대세계의 자본의 축적을 가능케 했고 현대 자본주의 발달의 근거가 되었다는 것이지요.

3 The Kingdom of God is transformed culture, because it is first of all the conversion of the human spirit from faithlessness and self-service to the knowledge and service of God. This kingdom is real, for ①<u>if God did not rule nothing would exist</u>; and ②<u>if He had not heard the prayer for the coming of the kingdom, the world of mankind would long age have become a den of robbers.</u> Every moment and period is an eschatological present, for in every moment men are dealing with God.

-H. Richard Niebuhr-

위의 지문은 어떤 내용에 관한 것인가요? 간단히 답해보세요.

_____
_____
_____
_____
_____

Words and phrases

transform_____ first of al_____ conversion_____
self-service_____ den_____ robbers_____
deal with_____

Grammar Tips

1. 가정법 과거(if 주어+과거동사, 주어 would(could) 동사)

→ 현재 사실의 반대

①번 문장은 가정법 과거의 문장입니다. 따라서 내용은 현재 사실의 반대입니다.

2. 가정법 과거완료(if 주어+과거완료동사, 주어 would(could) have+동사의 과거완료)

→ 과거 사실의 반대

②번 문장은 가정법 과거완료로 과거사실의 반대입니다.

위의 문장을 해석해보세요.

___

알아두기

『그리스도와 문화』

리처드 니버(Helmut Richard Niebuhr, 1894~1962)는 그의 대표작 『그리스도와 문화』에서 다섯 가지 유형의 문화관을 제시하였습니다. 첫째 유형은 ① '문화에 대립하는 그리스도'로서 문화에 대한 그리스도인들의 배타적 태도를 말합니다. 이런 태도를 지닌 이들은 사회관습이 무엇이든 그리스도와 적대 관계에 있다고 보는데 2세기의 교부 터툴리안과 톨스토이 등을 예로 들었습니다. 두 번째는 ② '문화의 그리스도'로서 첫째 유형과 정반대되는 개념입니다. 이들은 그리스도와 문화 사이에 근본적인 일치와 연속성이 존재한다고 생각합니다. 따라서 그리스도는 위대한 교육자요 문화의 영웅이었지요. 토마스 제퍼슨은 그리스도를 완전한 도덕 교육가로 보았고, 슐라이어마허는 모든 종교와 문화의 완성자로 보았습니다. 세 번째, ③ '문화 위의 그리스도'는 그리스도와 문화를 모두 긍정합니다. 하지만 그 둘 사이에는 간격이 있다고 봅니다. 이 관점에서는 그리스도가 로고스와 주님으로 이해되지요. 또한 그리스도는 높은 층에, 문화는 낮은 층에 둡니다. 이는 알렉산드리아의 클레멘트와 토마스 아퀴나스 등에게서도 나타납니다. 네 번째로 ④ '역설적 관계에 있는 그리스도와 문화'는 그리스도와 문화의 관계를 화해할 수 없는 양자 간의 끊임없는 싸움으로 보았습니다. 그리스도는 그리스도요, 문화는 문화인 것이지요. 니버는 사도바울과 루터, 그리고 키에르케고르가 이에 해당된다고 보았습니다. 마지막으로 ⑤ '문화의 변혁자인 그리스도' 유형은 어거스틴, 칼빈, 존 웨슬리 등입니다. 이 입장에 의하면 모든 세계는 구속받을 수 있는 가능성이 있지요. 그래서 인간 문화의 문제는 변혁의 문제로서, 세계는 배격되어서도 안 되고 소홀히 여겨져서도 안 된다고 보았습니다.

5. 실천신학

①It cannot be emphasized too strongly that Christianity does not occupy its present position as a global faith on account of university faculties of theology or departments of religion. There is a strongly pastoral dimension to Christianity, which is generally inadequately reflected in the academic discussion of theology. ⋯ The writings of individuals such as Richard Baxter and Jonathan Edwards are saturated with the belief that theology finds its true expression in pastoral care and the nurture of souls. In more recent years, ②this concern to ensure that theology finds its expression in pastoral care has led to a resurgence of interest in pastoral theology.

-Alister E. McGrath-

Words and phrases

emphasize : 강조하다   occupy : 차지하다   position : 위상   global faith : 범세계적 신앙
on account of : -때문에   faculty : 학부   dimension : 차원   inadequately : 부적절하게
reflect : 반영하다   academic : 학술적·학문적   individual : 개인   saturate : 배다
find its expression in- : -에 나타나다   pastoral care : 목회   nurture : 양육   ensure : 확신시키다
lead to- : -로 이끌다   resurgence : 소생

Grammar Tips

1. It-that : 가주어 it-진주어 that

2. 복잡한 문장 나눠보기

다음의 문장에서 동사를 찾아본 후 '동사 수-1' 개의 관계사나 접속사를 찾아보세요. 그리고 각 동사의 주어를 찾아보세요.

This concern to ensure that theology finds its expression in pastoral care has led to a resurgence of interest in pastoral theology.

자, 이제 함께 해볼까요?

This concern [to ensure that theology finds its expression in pastoral care] has led
주어1   접속사 주어2   동사2   동사1
to a resurgence of interest in pastoral theology.

 알아두기

조나단 에드워즈(Jonathan Edwards, 1703~1758)는 18세기 대각성운동을 주도하였고, 철저한 칼빈주의 신학자요, 철학자였습니다. 에드워즈는 그의 목회 기간 동안 두 차례의 부흥을 경험했습니다. 첫 번째 부흥은 1734년 11월 알미니우스 사상의 확산을 염려하여 행한 "오직 믿음에 의하여 이루어지는 칭의"(Justification by Faith Alone)라는 일련의 설교를 통하여 일어났습니다. 1735년 봄과 여름에 온 마을이 성령이 충만하게 되었고, 남녀노소를 막론하고 놀라운 방법으로 회심을 체험했습니다. 한 주에 30명이 회심하는 역사가 일어나 6개월 만에 300명 이상이 회심하고, 교인수가 620명으로 늘어나는 유례없는 사건이었습니다. 두 번째 부흥은 1740년 조지 휫필드가 노스앰톤에 와서 설교함으로 시

조나단 에드워즈

작되어 뉴잉글랜드 전역으로 번졌습니다.

조나단 에드워즈는 수많은 설교와 경건에 관한 책을 출판하였는데, 『의지의 자유』(1754)는 뛰어난 저서로 인정받고 있으며, 『신앙고백록』(1765, 사후 간행)이나 『종교적 감정론』(1746)에서는 마음의 종교를 지성의 종교보다 높이 사고 있습니다. 『신의 보살핌 속에 있는 죄인』(1741)은 유명한 설교집입니다. 칼빈주의에 수정을 가하여 미국 철학에 완벽한 사상과 감정 체계를 확립하였습니다.

② The expression "theology and practice" suggests ①<u>both</u> the general issue of praxis dimensions, contents, and references of theology as well as issues that attend one of the traditional subdisciplines of theological study, practical theology. The general issue is ②<u>as old as</u> theology itself but has a special thematization in the debate fostered by the Aristotelian vision of the sciences about whether theology is a practical science. The most recent form of this debate is now occurring under the question of theology's relation to praxis as the situationality of corrupt corporate and political life.

-Edward Farley-

Grammar Tips를 참조하여 위의 문장을 해석해보세요.

Words and phrases

expression : 표현   suggest : 제시하다   praxis : 프락시스(실천이나 실행을 의미하는 말)
dimension : 차원   reference : 참고   attend : 수반하다   subdiscipline : 소학문
thematization : 주제화(담화 중에서 특정 화제를, 또는 문장 중에서 특정 단어를 뽑는 심리적 행동, 과정)
foster : 양육하다, 자라나다   practical science : 실천학문   recent : 최근의   occur : 발생하다
relation to : -에 대한 관계   situationality : 상황성   corrupt : 타락한   corporate : 공동의

Grammar Tips

1. both : 부사로서 '둘 다'의 의미

2. as 형용사 as : -만큼 -한

생각해보기

신학이 과연 실천적 학문인가에 대한 의문을 제기한 학문적 관점은 무엇일까요?

_____
_____
_____
_____
_____
_____
_____
_____

 **알아두기**

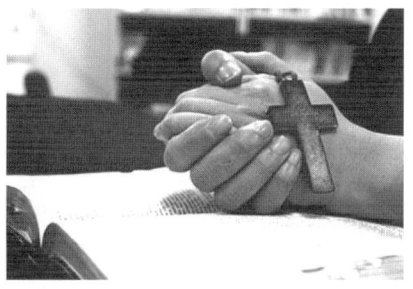

프락시스(praxis)란 말은 '생각하는 행위'라는 뜻입니다. 프락시스는 사고 혹은 이론과 분리된 행동이 아니라, '사고와 병행하는 행위'라는 뜻입니다. 이 단어는 라틴아메리카 신학의 중심 개념이 되었으며, 신학의 출발점은 민중의 삶 속에 참여하여 그들의 삶을 변형시키는 데서부터 시작한다는 것입니다. 프락시스는 실천과 이론, 행동과 사고 사이의 끊임없는 상호작용을 말합니다. 프락시스로서의 신학은 올바른 사고(정통교리)를 추구하는 것이 아니라 행동과 사고(정통실천)의 상호혼합을 추구합니다. 신학의 임무는 단지 무엇을 설명하는 것에 머무는 것이 아니라, 민중의 해방을 위해서 적극적이고도 끊임없는 방법 모색이라는 것이지요.

프락시스에서 출발한 신학이 남미의 '해방신학'인데, 해방신학자들은 획일적이고 경직된(monolithic) 신학을 지양하며, 민중의 역사적 상황에 따라서 신학을 규정짓습니다. 즉 신학의 목적을 세계를 이해하는 데 두는 것이 아니라, 세계를 변혁하는 데 두는 것이지요. 하지만 오늘날 이러한 실천신학의 개념은 좀더 온건하고 보편적인 범주로 확대되어 교회와 목회, 선교의 현장에서 다양한 주제들을 수렴하여 발전해 나가고 있습니다.

스스로 해보기

이제 직접 본인이 문장을 해석해볼까요? 단어를 찾기에 앞서 간단히 전체 예문을 눈으로 훑어보세요. 지문이 전체적으로 어떤 이야기를 하는 것인지 파악한 후 사전에서 단어를 찾을 때 가능하면 그와 관련된 의미를 찾도록 하세요.

1 Theology is practical in the sense that it ①<u>concerns, in all of its expressions, the most basic issues of human existence</u>. It has to do ②<u>with</u> the human pilgrimage in its totality : <u>with</u> its meaning and significance, <u>with</u> the determination of appropriate responses to the realities we confront during its course, <u>with</u> the growth of persons in community, <u>with</u> the construction of institutions suited to human well-being. The origin of theology is practical; it arises out of prior worldly involvements. Its end is likewise practical; it plunge us once more into the sea of experience.   -Edward Farley-

위의 지문은 어떤 내용에 관한 것인가요? 간단히 답해보세요.

___
___
___
___

Words and phrases

in the sense that_____	pilgrimage_____	in its totality_____
determination_____	appropriate_____	confront_____
construction_____	institution_____	suit_____
arise_____	involvement_____	prior_____
plunge A into_____		

Grammar Tips

① 동사 concerns의 목적어는 the most basic issues of human existence
② 밑줄친 with는 모두 처음의 It has to do와 연결

위의 문장을 해석해보세요.

알아두기

실천신학(practical theology)은 목회신학이 그 근저를 이루는데, 목회·설교·예배·교회법(행정)·선교·기독교교육학 등을 망라합니다. 19세기 초반부터 그 학문적 논의가 시작되어 후반에 실증적인 연구가 깊어졌고, 20세기에 들어와서는 이론보다 실용주의적인 학문으로서 발전하게 되었지요. 실천신학이 보다 학문다운 면모와 위치를 굳힌 것은 20세기 중반부터였습니다. '현대신학의 원조'이자, '실천실학의 아버지'로 불리는 슐라이어마허(1768~1834)는 일찍이 실천신학을 모든 신학의 '왕관'이라 표현했으며, 20세기의 대표적 실천신학자인 보렌은 실천신학이 모든 신학분야의 전제가 되어야 한다고 주장하기도 했습니다.

지금까지 실천신학은 교회 안에서 교회를 위하여 봉사하는, 이른바 임상적(臨床的)인 일들을 연구하는 학문으로 이해되어 왔으나, 근래에는 교회의 선교적 사명까지도 이 신학의 관심분야로 확대되고 있습니다. 오늘날에는 E. 투루나이젠의 『목회론』(牧會論, 1946)에서 볼 수 있듯이, 자연과학이나 사회과학의 새로운 연구 성과까지도 수용, 현대세계의 중심에 위치하는 기독교회, 특히 목자(牧者)가 그 고유의 사명을 가장 순수하고도 적절하게 완수할 수 있는 방법을 확립하고 제시하는 데 모든 노력을 기울이고 있습니다.

1) 예배학

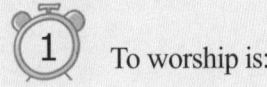 To worship is:

To quicken the conscience by the holiness of God,
To feed the mind with the truth of God,
To purge the imagination by the beauty of God,
To open the heart to the love of God,
To devote the will to the purpose of God.

Why does man worship? Because he cannot help worshiping. Worship is not a human invention: rather it is a divine offer. God offers himself in a personal relationship, and man responds. God's offer of love elicits man's response in worship. A vision of God demands a worship responses because God is worthy of worship. God often surprises man by breaking in on his experience, in which case man often spontaneously responds in adoration and praise.

-Franklin M. Segler-

Grammar Tips를 참조하여 위의 문장을 해석해보세요.

Words and phrases

quicken : 소생시키다   feed : 양식을 주다   purge : 맑게 하다   devote : 헌신하다
cannot help 동사원형ing : -하지 않을 수 없다   invention : 발명   respond : 응답하다
be worthy of : -할 만한 가치가 있다   elicit : 유도하다, -하도록 하다   break in : 강제로 개입하다
spontaneously : 자발적으로   adoration : 경배   praise : 찬양

 생각해보기

이 글에서 말하는 '예배의 주체'는 누구입니까?

_____
_____
_____
_____
_____
_____
_____

 알아두기

예배학(liturgics)에 대한 어근은 헬라어의 leitourgia(레이투르기아)에서 나온 말입니다. 이 말은 노동(ergon)과 백성(laos)이라는 단어의 합성어입니다. 원래 이 단어는 고대 그리스에서 도시나 국가의 공익을 위해 실시하는 공익사업을 뜻하는 단어였습니다. 그러나 이 말은 예배와 관련하여 기독교인들이 순종과 믿음으로 하나님께 바치는 노동 혹은 봉사의 의미로 사용되게 된 것입니다. 그리고 이 말은 점차 기독교의 예전(liturgy)을 지칭하게 되었습니다. '예배학'이란 말이 처음으로 나타나기 시작한 것은 1863년 닐레(Neale)의 『예배학과 교회사에 대한 에세이』란 책이 쓰여지기 시작한 때부터입니다. 이 때부터 실천신학의 한 부분으로서 존재하게 된 것이지요. 예배학이라고 하는 것은 한마디로, 하나님께 드려지는 예배에 대한 전반적인 것들을 신학적인 체계로 또는 역사적인 연구를 통해 규명하고 발전시켜 나가는 학문이라고 할 수 있습니다. 이러한 의미에서 볼 때 예배학은 어떤 학문으로서뿐만이 아니라 예배를 드리는 모든 신자들의 삶의 문제와도 연관되는 학문이라고 볼 수 있습니다.

스스로 해보기

이제 직접 본인이 문장을 해석해볼까요? 단어를 찾기에 앞서 간단히 전체 예문을 눈으로 훑어보세요. 지문이 전체적으로 어떤 이야기를 하는 것인지 파악한 후 사전에서 단어를 찾을 때 가능하면 그와 관련된 의미를 찾도록 하세요.

1 As men believe, so they worship. ①<u>The doctrines we hold determine the nature of our worship.</u> If we are sacramentalists, we will seek God through channels of doing rather than receiving. If we view God as only divine principle, we will seek to conform to the principle. If we view God as idea, we will seek to know him through intellectual understanding or reasoning. If we view God as a personal Being, we will seek to know him in personal relationship. If we conceive of him as Spirit, self-revealed in history, we will worship him in "spirit and truth." … Christian worship is first an experience, not an act. It is based upon a historical fact, the fact that God revealed himself in history. Evangelical worship is grounded in the great historical facts of God's creation, the incarnation, the works of Jesus Christ, his atoning death, his resurrection, and his abiding presence in the life of believers. The way men think about these historic facts is called theology. Worship that is not grounded in the knowledge and love of God is not true worship. Theology that does not lead to the worship of God in Christ is both false and harmful. A sound theology serves as a corrective to worship, and true worship serves as the dynamic of theology

-Franklin M. Segler-

위의 지문은 어떤 내용에 관한 것인가요? 간단히 답해보세요.

Words and phrases

determine _____	sacramentalist _____	channel _____
conform to _____	conceive _____	base on _____
reveal _____	ground _____	abiding _____
sound(a) _____	corrective _____	dynamic _____

Grammar Tips

① 전체 문장의 주어는 the doctrine, 동사는 determine. we hold는 관계절로 the doctrine을 수식

이제 위의 전체 문장을 해석해볼까요?

_____

_____

_____

_____

_____

초기 개혁교회의 예배광경

2) 설교학

① Preaching is both description and address. ①<u>The old debate among New Testament scholars as to whether the gospel consists of the presentation of the life, ministry, death, and resurrection of Jesus as in the Gospels, or the word of the cross with which Paul addressed his hearers has not been and should not be resolved as ... or.</u> ②<u>Not only are both ingredient to the biblical witness but each needs the other.</u> Properly understood, any narration of the story of Jesus must carry an implied if not expressed word of address to the listeners in order to qualify as preaching. Speaking that is "about" God or Jesus or related themes but is not "to" the hearers may be interesting and may even be followed by a cordial discussion, but it is not preaching. Preaching is to the listeners intentionally and, therefore, even the indicative mood carries the imperative in its bosom. Similarly, speaking that "addresses" the hearers but does not have the content of the faith is not preaching but empty intensity, hollow exhortation.

-Fred B. Craddock-

Grammar Tips를 참조하여 위의 문장을 해석해보세요.

> **Words and phrases**
> preaching : 설교 description : 설명 address : 강론, 강론하다 debate : 논쟁
> consist of : ~로 구성되다 presentation : 설명 hearer : 청중 resolve : 설명하다
> ingredient : 성분, 요소 narration : 서술 implied : 함축된 qualify : 자질을 갖다 cordial : 우호적인
> intentionally : 의도적으로 indicative mood : 직설법 imperative : 명령법 bosom : 내부
> intensity : 강렬함 hollow : 텅 빈 exhortation : 훈계

> **Grammar Tips**

1. 복잡한 문장 분석하기

①번 문장을 지금까지 한 방법으로 분석해볼까요? 동사를 먼저 찾아보고 '동사 수-1' 개의 접속사나 관계사를 찾은 후 각 동사의 주어를 찾아보세요.

The old debate among New Testament scholars as to whether the gospel consists of the presentation of the life, ministry, death, and resurrection of Jesus as in the Gospels, or the word of the cross with which Paul addressed his hearers has not been and should not be resolved as … or.

이제 함께 해볼까요?

{<u>The old debate</u> (among New Testament scholars) <u>as to</u> <u>whether</u> <u>the gospel</u>
　주어1　　　　　　　　　부사구　　　　　　　　debate에 걸림 접속사1　주어2
<u>consists of</u> the presentation of the life, ministry, death, and resurrection of Jesus as
　동사2
in the Gospels, or <u>the word of the cross</u> [<u>with</u> <u>which</u> <u>Paul</u> <u>addressed</u> his hearers]}
　　　　　　　　　　주어1　　　　　　　　　관계사2 주어3 동사3
<u>has not been and should not be resolved</u> as … or.
　　　　　동사1　　　　　　　　　　　　　　　　　　　{ } → 주어부
whether A or B : A거나 B

2. not only가 문장의 맨 앞으로 나올 경우 일반적으로 주어와 동사의 도치가 일어납니다.

→ ②번 문장의 경우 주어는 both입니다

 생각해보기

설교를 위해 필요한 두 요소는 무엇일까요?

② ①It is the sober opinion of many concerned Christians, some who give the sermon and some who hear it, that preaching is an anachronism. ①It would be granted, of course, by all these critics that the pulpit has, in other generations, forcefully and effectively witnessed to the Gospel, initiating personal and social change. ②It would be regarded by them as proper, therefore, for the church to celebrate the memory of preaching in ways appropriate to her gratitude and to affix plaques on old pulpits as an aid to those who tour the churches. But the church can not live on the thin diet of fond memories. New forms of ministry are being forged and shaped overnight to meet the morning's need. And these ministries are without pulpit.

-Fred B. Craddock-

Grammar Tips를 참조하여 위의 문장을 해석해보세요.

Words and phrases

sober : 냉정한   concerned : 관련된   sermon : 설교   anachronism : 시대착오
grant : 당연한 것으로 여기다   pulpit : 강대상   forcefully : 강력하게   effectively : 효과적으로
witness : 증거하다   initiate : 주도하다   proper : 적절한   celebrate : 축하하다
appropriate to : –에 적절한   gratitude : 은혜, 감사   affix : 고정하다   plaque : 장식 액자, 장식판
aid : 도움   thin : 얄팍한   diet : 식이요법   forge : 만들다, 주조하다

Grammar Tips

1. It – that : it은 가주어, that 이하는 진주어

2. It – for 명사 to 부정사 : for는 to 부정사의 의미상 주어
   → it은 가주어 to부정사 이하는 진주어

   It would be regarded by them as proper, therefore, for the church {to celebrate the
   가주어 동사(would : 가정의 뜻)   -로서   to 부정사의 의미상 주어 진주어1
   memory of preaching in ways appropriate to her gratitude and to affix plaques on
                                                                        진주어 2
   old pulpits as an aid to those [who tour the churches].}
         -로서   관계사(주어) 동사   { } → 진주어부

생각해보기

크래독이 말하는 미래지향적 설교의 모습은 무엇일까요?

_____

_____

_____

_____

크래독

1960년대의 전 세계적인 히피들의 자유운동과 또한 월남전쟁 반대운동, 그리고 시민불복종운동 등의 인권운동을 통한 자유의 흐름은 그 동안의 모든 권위를 부정하고, 그 권위에 도전을 하게 되었지요. 그리고 이렇게 모든 전통적인 권위가 도전받는 사회의 시대적인 흐름은 결국 전통적인 교회와 그리고 설교 분야에도 어김없이 영향을 미치기 시작했습니다. 이런 상황 속에서 당시 미국 에모리 대학 캔들러 신학교의 설교학 교수였던 프레드 크레독(Fred Craddock)은 『권위 없는 자처럼』(As One Without Authority)이라는 책을 쓰게 되었는데(1971년), 그 책이 바로 "새로운 설교학 운동"의 시발점이 되었습니다. 그는 이 책에서 모든 권위가 도전받고, 부정되는 이런 상황 속에서 설교자들이 "권위 없는 자로서" 어떻게 설교할 것인가에 대해서 모색을 하였는데, 그것이 바로 "새로운 설교학 운동"을 일으키게 된 동인이 된 것입니다. 이 새로운 설교학 운동은 로마 가톨릭과 개신교의 설교에 중대한 영향력을 미치게 되었는데, 그래서 흔히 이것을 "설교학에 있어서 코페르니쿠스적인 혁명"이라고 부르기도 합니다.

스스로 해보기

이제 직접 본인이 문장을 해석해볼까요? 단어를 찾기에 앞서 간단히 전체 예문을 눈으로 훑어보세요. 지문이 전체적으로 어떤 이야기를 하는 것인지 파악한 후 사전에서 단어를 찾을 때 가능하면 그와 관련된 의미를 찾도록 하세요.

1 If preaching is in any way a continuation into the present of God's revelation, then ①<u>what we are doing and how we are doing it</u> should be harmonious with our understanding of the mode of revelation. At the risk of sounding presumptuous, ②<u>it can be said that</u> we are learning our method of communicating from God. In other words, from the transaction we call revelation we understand and implement the transaction we call preaching. That is, the way of God's Word in the world is the way of the sermon in the world.

-Fred B. Craddock-

위의 지문은 어떤 내용에 관한 것인가요? 간단히 답해보세요.

_____
_____
_____
_____

Words and phrases

continuation_____	be harmonious with_____	mode_____
at the risk of_____	presumptuous_____	transaction_____
implement_____		

Grammar Tips

① 번 문장의 주어는 밑줄 친 부분, what we are doing and how we are doing it.
　　it은 preaching를 가리킴
② it은 가주어, that 이하는 진주어

위의 문장을 해석해보세요.

알아두기

크래독에게 있어서 설교는 무엇일까요? 설교는 하나님의 말씀이 이 세상에 나타나는 방식이며, 청중이 하나님의 계시의 말씀을 현재적 사건으로 경험하게 하며, 자기 자신들의 것으로 적절한 말씀으로 느낄 수 있도록 만들어 주는 것입니다. 그의 설교 이해는 계시와 깊은 관련되어 있는데, 설교는 "계속되는 하나님의 계시의 현재화"입니다. 크래독의 설교에 대한 신학적 이해는 계시 신학이 그 기조를 이루고 있으며, 기본적으로는 종교개혁자들과 칼 바르트의 계시이해와 그 맥을 같이 하고 있음을 알 수 있습니다. 하나님은 철저하게 "자신을 은폐하시는 하나님"(Deus Absconditus)이시면서 또한 "자신을 드러내시는 하나님"(Deus Revelatus)입니다. 이렇듯 설교는 "오늘의 사람들에게 말씀하시는 하나님의 계시 사건"입니다. 여기에서 설교자는 이러한 하나님의 계시에 대해 들음과 참여를 필요로 합니다.

2 In recent years a number of techniques have been employed to overcome ①a fundamental weakness in traditional preaching, its monological character. Without question, preaching increases in power ②when it is dialogical, when speaker and listener share in the proclamation of the Word. This fact has been understood by really effective preachers for a long time, but we have of late seen a host of new implementations. Some ministers have sharing sessions with lay people prior to the final preparation and delivery of the sermon. A number of others have feed back following the sermon in a variety of formats. Efforts to build dialogue into the actual delivery have taken the forms of ③forums, dialogue between pulpit and lectern, press conference sermons, planned interruptions from the congregation, and other variations doubtless already familiar to the reader.

-Fred B. Craddock-

위의 지문은 어떤 내용에 관한 것인가요? 간단히 답해보세요.

___

___

___

___

___

Words and phrases

recent	a number of	employ
weakness	monological	dialogical
proclamation	of late	a host of
implementation	lay people	delivery
variety	format	forum
lectern	press conference	interruption
congregation	variation	

Grammar Tips

1. 동격을 지칭하는 콤마(,)

위의 문장은 콤마(,)를 써서 동격을 많이 활용한 문장들입니다. 어떤 문구와 어떤 문구가 동격인지 잘 찾아보세요. : ①번과 ②번은 모두 콤마가 동격을 지칭합니다.

2. and의 뜻을 가진 콤마(,)

③번은 모두 and의 뜻입니다. 이 다양한 것들이 모두 the forms of에 걸립니다.

위의 문장을 해석해보세요.

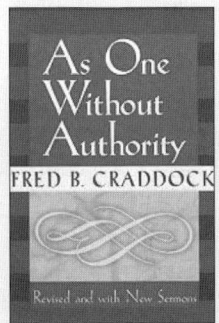 

크래독 교수의 대표저작 *As One Without Authority*와 *Preaching*

설교는 구두(口頭)를 통해서 이루어지는데 이것은 기록된 언어와는 달리 우리 사이에 의식을 갖게 하고 열린 마음을 갖게 합니다. 구두의 커뮤니케이션은 개방성, 대화를 통한 치유, 교육적 기능을 가지고 있으므로 여전히 유용한 방법입니다. 여기서 우리는 하나의 통찰을 얻게 되는데 대화가 본질적으로 쌍방 간의 커뮤니케이션인 것처럼 설교에서도 열린 마음으로 대화할 수 있어야 합니다. 비록 여기서 성직자의 권위가 다소 상실된다고 볼 수도 있겠지만 공동체의 공유적인 특성을 회복할 수 있는 이점이 있으므로 쌍방교감의 설교는 매우 중요한 설교의 전제가 됩니다. 크래독은 청중이 설교에 참여하도록 유도합니다. 크래독에게 있어 청중은 더 이상 수동적으로 설교를 듣는 존재가 아닙니다. 설교에서 청중이 적극적이고 능동적일 경우, 설교의 역동성은 더욱 살아납니다. 청중이 설교에 동참하며 이를 따라가면서 기대하고, 생각하며, 설교의 논리와 설교 흐름에 동류된다면, 말씀을 더욱 적극적으로 받아들일 것입니다.

3) 목회상담학

There is a sense in which the aims of pastoral counseling are the same as ①those of the Church itself-bringing people to Christ and the Christian fellowship, aiding them to acknowledge and repent of sin and to accept God's freely offered salvation, helping them to live with themselves and their fellow men in brotherhood and love, enabling them to act with faith and confidence instead of the previous doubt and anxiety, bringing peace where discord reigned before. ②Where each, or all, of these general aims of Christianity is relevant-and my purpose is not to present an exhaustive list, but only to suggest-the pastoral counseling situation should bring them out. … Counseling is sometimes referred to as emotional re-education, for in addition to its attempt to help people with a problem immediately confronting them, it should teach people how to help themselves with other problems.

-Seward Hiltner-

Grammar Tips를 참조하여 위의 문장을 해석해보세요.

Words and phrases

sense : 의견   aim : 목적   acknowledge : 인정하다   repent : 회개하다   freely : 자유롭게, 값없이
salvation : 구원   enable A to B : A로 하여금 B를 하게 하다   confidence : 확신   instead of : -대신에
previous : 이전의   discord : 불화   reign : 다스리다   relevant : 적절한   exhaustive : 포괄적인
pastoral counseling : 목회상담   bring-out : 나타나게 하다   refer to : -를 언급하다
confront : 대면하다   in addition to : -에 부가하여   attempt : 시도   confront : 대면하다
help A with B : A가 B하는 것을 돕다

Grammar Tips

1. those : 앞에 이미 나온 명사를 다시 한 번 반복할 때

①번 문장에서 those는 aims를 지칭합니다.
첫 번째 문장에서 목적들은 bringing, helping, enabling, bringing 모두를 설명합니다.

2. Where 주어 동사 : -가 -하는 곳에서

 생각해보기

목회상담의 목적은 무엇입니까?

___

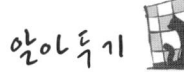

신학과 심리학이라는 두 개의 학문이 합하여 이루어진 목회상담은 한 인간을 본래의 모습으로 회복시킨다는 점에 있어서는 일반상담과 공통점이 있다고 볼 수 있습니다. 일반적으로 상담은 인간을 불행하게 만드는 여러 가지 정서적 장애와 부적응의 행동과 습관화된 부정적인 행동과 삶의 스타일, 사고 방식들을 고치도록 도와주며, 더 나아가 삶의 상실과 좌절에 빠져 고통당하는 사람들을 지탱시키고, 그들에게 지혜를 제공하며, 삶의 고난을 극복하게 하려는 목적을 갖습니다.
그러나 목회상담은 심리학적 통찰력의 도움을 받아 고통당하는 내담자를 돕고자 하지만, 그 가운데서 하나님의 능력으로 치료한다는 믿음을 가지며, 내담자의 문제가 회복된 후에도 계속해서 그로 하여금 하나님과의 관계 속에서 더욱 풍성한 삶을 살아가도록 돕는 것입니다. 이때 목회상담은 기독교 전통의 풍부한 유산, 예를 들면 기도, 성경, 심방, 성례전, 그리고 교회 공동체라는 자원을 사용하고, 정신건강을 위해 쉽게 윤리를 포기하려는 일반상담과 달리, 기독교 윤리와 가치관을 매우 중요시합니다.

② Pastoral counseling, as a ministry of the church, is essentially interdisciplinary. Becoming equipped for this ministry requires both psychological and theological training. ··· ①The Constitution of the American Association of Pastoral Counselors(AAPC) describes pastoral counseling as the "exploration, clarification and guidance of human life, both individual and corporate, at the experiential and behavioral levels *through a theological perspective*." While pastoral counselors will necessarily possess psychological expertise, the distinctiveness of the profession depends upon its ability to combine such expertise with a theological perspective. Certain questions thus arise. What does it mean to bring a theological perspective to the task of interpretation? How should pastoral counselors relate their theological training to their training in psychology? Should they somehow strive to integrate the disciplines of theology and psychology into a unified system of thought? Or should they view them as two distinct universe of discourse, ②each making its own special hermeneutical contribution? Moreover, how do each of these disciplines apply to the actual clinical situations faced by pastoral counselor in their practice? How can pastoral counselors conceptualize the task of concrete application so that both theological and psychological integrity are retained?

-Deborah van Deusen Hunsinger-

Words and phrases

interdisciplinary : 상호학문적인   equip : 갖추게 되다   The Constitution of the American Association of Pastoral Counselors : 미국 목회상담학회   exploration : 탐구   describe A as B : A를 B로 기술하다
clarification : 설명   guidance : 지도   experiential : 경험적인   behavioral : 행동적인   perspective : 관점
psychological : 심리학적인   expertise : 전문성   distinctiveness : 독특성   profession : 직업
depend on : –에 의지하다   combine A with B : A와 B를 결합하다   task : 작업   interpretation : 해석
relate A to B : A와 B를 관련시키다   strive to : –를 하려고 노력하다   integrate : 통합하다
discourse : 담론, 담화   hermeneutical : 현상학적인   contribution : 공헌   clinical : 임상적
situation : 상황   apply to : –에 적용하다   clinical : 임상적   conceptualize : 개념화하다
concrete : 구체적인   application : 적용   integrity : 본래의 특성   retain : 보유하다

Grammar Tips

1. ①번 문장 분석하기

다음의 문장을 분석해보세요.

The Constitution of the American Association of Pastoral Counselors(AAPC) describes pastoral counseling as the "exploration, clarification and guidance of human life, both individual and corporate, at the experiential and behavioral levels *through a theological perspective*."

이제 함께 해볼까요?

<u>The Constitution of the American Association of Pastoral Counselors(AAPC)</u>
                                          주어
<u>describes</u> pastoral counseling <u>as</u> the "<u>exploration, clarification and guidance</u> of
  동사   –로서   of human life에 모두 걸림
human life, <u>both individual and corporate</u>, at the experiential and behavioral levels
                human life에 걸림
through a theological perspective."

2. 분사구문 : –하면서

②번 문장은 분사구문으로 '–하면서'로 해석하면 됩니다.

생각해보기

목회상담학 분야를 형성한 두 학문은 무엇이며 그 관계를 어떻게 설정해야 할까요?

스스로 해보기

이제 직접 본인이 문장을 해석해볼까요? 단어를 찾기에 앞서 간단히 전체 예문을 눈으로 훑어보세요. 지문이 전체적으로 어떤 이야기를 하는 것인지 파악한 후 사전에서 단어를 찾을 때 가능하면 그와 관련된 의미를 찾도록 하세요.

❶ The pastor's counseling task is part of his total task. His counseling contributes in a special way to the fulfillment of his aims. It is the shepherding aspect of his work-with the difference that people are ①<u>not</u> merely sheep to be led <u>but</u> are individuals to be helped to find the way to help themselves. The special aims of counseling are a development of this assumption.

The pastor carries out his counseling in a particular kind of practical setting. He also carries it out, ②<u>whether he realizes it or not</u>, on the basis of some particular theoretical setting, some particular doctrine of human nature. While there are divergences in current theological convictions about human nature, these are less important than the difference between Christian views and various secular views. In so far as these views are believed to condition the practical work of counseling, they have been briefly set forth, in order to make the distinction ③<u>between</u> the essential findings of fact, which we too need to adopt, <u>and</u> the sometimes unnecessary philosophies of counseling which have been erected using these as a base.

-Seward Hiltner-

위의 지문은 어떤 내용에 관한 것인가요? 간단히 답해보세요.

_____
_____
_____
_____
_____

Words and phrases

task	contribute to	in a special way
fulfillment	shepherding	development
carry out	setting	divergence
current	conviction	in so far as
condition(v)	set forth	adopt
erect		

Grammar Tips

① not A but B : A가 아니라 B
② 번은 부사절로서 삽입된 것
→ He also carries it out on the basis로 연결
③ between A and B : A와 B 사이에서

이제 위의 문장을 해석해보세요.

4) 선교학

1 Missionaries face many dilemmas, ①<u>none more difficult than</u> those that deal with the relationship of the gospel to human cultures. Such questions are not new. In the Book of Acts, serious questions arose when the Gentiles began to enter the church ②<u>not</u> by ones and twos <u>but</u> by the thousands. Did they have to become Jewish proselytes and adopt such Jewish practices as circumcision and such taboos as the proscription of pork? If not, which of the Old Testament teachings should the church follow, and which parts of Jewish culture could be discarded?

-Paul G. Hiebert-

Grammar Tips를 참조하여 위의 문장을 해석해보세요.

Words and phrases

face : 대면하다 dilemma : 딜레마, 궁지 deal with : ~를 다루다 serious : 심각한
proselyte : 개종자 adopt : 채택하다 practice : 관례 such A as B : B와 같은 그런 A
circumcision : 할례 taboo : 금기사항 proscription : 금지 discard : 버리다

Grammar Tips

① none more difficult than A : A보다 더 어려운 것이 없는, 즉 A가 가장 어려운
② not A but B : A가 아니라 B

생각해보기

위의 글을 보면 결국 '선교학'에서 가장 중요한 관심사는 무엇일까요?

_____
_____
_____
_____
_____
_____
_____
_____

 **읽어두기**

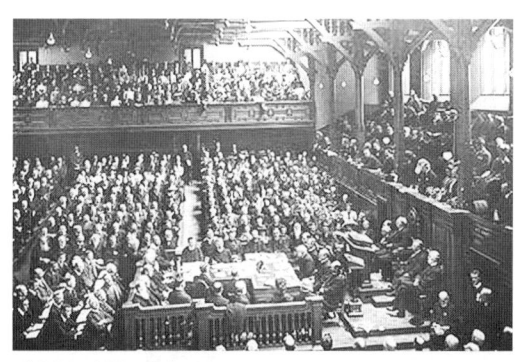
에든버러 세계선교대회(1910)

선교학은 오늘날의 선교학의 복합성을 고려하여, 그 자체의 세분된 주제들을 갖고 있습니다. 우선 '선교의 이론으로서 선교학'은 비그리스도인들에 대한 선교를 위한 교의적인 근거를 갖고 접근합니다. 즉 선교학은 그 개념, 전제조건들, 이유들, 목표들 그리고 선교의 동인(動因)을 고찰하는 것이지요. 두 번째로 '선교역사로서의 선교학'은 교회사의 선교사에 관한 관심과 연구에 중점을 둡니다. 지난 역사 속에서의 선교활동의 성공들과 실패들에 대한 분석 그리고 어떠한 선교 방법과 도구들이 각 시대 시대마다 그 외적 상황들에 적응하며 수행되어 왔는지에 대해 연구합니다. 세 번째로 '사도적 활동에 관한 학문으로서의 선교학'은 통계수치, 지리 등의 용어인 '宣敎記'(missiography)로 불리는 면을 포함하고 있습니다. 다양한 민족의 모습들, 다양한 종교의 구성원들, 기독교 신자들, 교회제도, 재정 등에 관한 정보들을 정리하고 연구합니다. 마지막으로 '실천선교학(Practical missiology)'은 선교사들이 선교현장에서 직접적으로 적용할 수 있는 실질적인 방법론과 제도, 법률, 기술 등에 대해 관심합니다.

(Edward L. Murphy의 『학문으로서의 선교학』 중에서)

② When the twentieth century began, Christianity was still predominantly a Western and Caucasian religion. It was embodied within major church structures and strengthened by its official or majority status in the West. Many evangelical Christians were praying for and expecting "the evangelization of the world in the generation." Colonialism was still strong, ①<u>with</u> European powers controlling most of Africa, the Indian subcontinent, and Southeast Asia. Advances in modern technology gave almost limitless confidence to its mostly Western possessors. What would the new century bring?

To the disillusionment of millions, two world wars were fought between countries at the heart of Christendom. Widespread defections from biblical faith and even from liberalism occurred among Westerns. The colonial empires of Christendom crumbled. Marxism institutionalized antireligious materialism in Russia, Eastern Europe, and later China. The detractors of Christianity, such as Marxists, believed that faith would die with the older generation. After all, religion was simply the "opiate of the people." Other skeptics thought that Christianity-as the religious arm of Western imperialism- would die with the retreat of the colonial powers. To their amazement, however, Christianity emerged at the end of the century as the largest religion in the worlds. Most Christians today live and thrive outside the former boundaries of Western Christendom, ②<u>a development</u> Philip Jenkins calls the next Christendom(2002).

-Micahel Pocock, Gailyn Van Rheene & Douglas McConnell-

Words and phrases

predominantly : 지배적으로   Caucasian : 백인의   embody : 구체화하다   strengthen : 강하게 되다
official : 공적인   status : 지위   evangelization : 복음화   colonialism : 식민주의   powers(복수) : 열강
subcontinent : 아대륙   To the disillusionment of millions : 수백만이 환멸을 느끼게도
widespread : 만연한   liberalism : 자유주의   defection : 이탈   empire : 제국   crumble : 무너지다
institutionalize : 제도화하다   antireligious : 반종교적인   materialism : 유물론   detractor : 비방자
after all : 하여간   opiate : 아편   skeptic : 회의론자   retreat : 퇴거   to their amazement : 놀랍게도
emerge : 출현하다   thrive : 번영하다   boundary : 경계   Christendom : 기독교세계

Grammar Tips

1. with 분사구문 : -하면서

2. a development는 앞의 문장(most Christians today – Western Christendom) 전체를 받음

생각해보기

위 글에서 기독교는 두 가지 이유에서 몰락이 예견된 바 있습니다. 그 두 가지는 무엇일까요?

3 Christianity is in decline in the west. Yet the Korean situation reminds us that the global story is far from simple, and ①<u>forces us to ask which of its present scenarios will determine Christianity's future</u>. For example, the available evidence strongly suggests a major growth in Christianity within China, ②<u>despite continuing official hostility towards its presence</u>, particularly during the period of the Cultural Revolution. Outside mainland China, Christianity has made considerable inroads into Chinese expatriate communities in Singapore, Indonesia and Malaysia. A similar picture emerges in Chines communities in large western cities, such as Los Angeles, Vancouver, Toronto and Sydney.

Christianity, in decline in some regions, has experienced considerable growth in others. This point is reinforced when we consider the spread of Christianity in Africa in the twentieth century.

-Alister E. McGrath-

Grammar Tips를 참조하여 위의 문장을 해석해보세요.

Words and phrases

in decline : 쇠퇴하고 있는   global : 지구촌의   far from : 결코 –하지 않는   force : 강압하다
scenario : 각본   determine : 결정하다   available : 유용한   evidence : 증거   growth : 발전
despite : –에도 불구하고   hostility : 반대, 적대   presence : 존재   Cultural Revolution : 문화혁명
mainland : 본토의   considerable : 놀랄 만한   make inroads upon : –에 침투하다
expatriate : 국외로 추방된   picture : 모습   emerge : 나타나다, 명백해지다   region : 지역
reinforce : 강화하다   spread : 확신

Grammar Tips

1. force A to B : A로 하여금 B를 하게 하다

(the Korean situation) forces us [to ask which of its present scenarios will
                                   A   B   관계절의 주어(its는 story's)

determine Christianity's future.]

2. despite 명사 : –에도 불구하고

 생각해보기

서구 기독교가 쇠퇴한 반면 기독교가 성장하고 있는 곳은 어디입니까?

_____

_____

_____

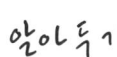  읽어두기

맥그래스

알리스터 맥그래스(54)는 24세에 옥스퍼드 대학에서 분자생물학 박사학위를 받았다가, 다시 옥스퍼드와 캠브리지에서 신학을 공부함으로써 삶의 항로를 바꾼 신학자입니다. 그래서 그는 현재 전 세계 복음주의 신학에 과학적 토대를 제공한 신학자로 평가받고 있지요. 맥그래스는 복음주의 신학의 학문적 수준을 높이기 위해 다방면으로 노력해 오면서, 지금까지 50권이 넘는 저서와 수백 편의 학술논문을 출간하는 등 왕성하게 활동하고 있습니다. 그는 다양한 신학적 주제들, 교회사, 조직신학, 교의학, 선교학 등 다양한 분야의 주제들을 섭렵해 왔으며 90년대 후반부터 2000년대 들어서는 과학과 신학의 상호관계에 대한 연구와 기독교의 영성에 대해서도 천착하면서 학문적 지평을 확장해 가고 있습니다. 그가 최근(2002)에 저술한 *The future of Christianity*는 전세계적 차원에서 기독교의 위치와 선교적 과제, 미래의 향방을 진단한 주목할 만한 저작입니다.

스스로 해보기

이제 직접 본인이 문장을 해석해볼까요? 단어를 찾기에 앞서 간단히 전체 예문을 눈으로 훑어보세요. 지문이 전체적으로 어떤 이야기를 하는 것인지 파악한 후 사전에서 단어를 찾을 때 가능하면 그와 관련된 의미를 찾도록 하세요.

1 One thing, however, is clear. English is rapidly becoming the preferred language of the global Christian community. This is evident in other sections of the world religious scene. In an interesting survey of new religious movements, Mikael Rothstein noted that members of these movements tended to use English when meeting together, even though this was not their native language. Partly on account of <u>the massive historical impact</u> of the United Kingdom in relation to the propagation of Christianity, ①<u>and the continuing importance</u> of American Christian television and radio shows, religious publications ② <u>and</u> major conference speakers, English is well on its way to becoming the dominant language of the international Christian community. What Latin was once to the Catholic church, English is becoming for the church at large.

-Alister E. McGrath-

위의 지문은 어떤 내용에 관한 것인가요? 간단히 답해보세요.

_____
_____
_____
_____

Words and phrases

prefer_____	evident_____	section_____
scene_____	survey_____	tend to_____
on account of_____	massive_____	impact_____
in relation to_____	impact_____	on its way to_____
dominant_____	at large_____	

Grammar Tips

①번의 and는 the massive historical impact와 the continuing importance를 연결
→ 모두 on account of에 걸림

②번의 and는 ①번의 and 이후의 the continuing importance에 모두 걸림

위의 문장을 해석해보세요.

_____
_____
_____
_____
_____
_____
_____
_____

알아두기

초대교회의 기독교에게 있어서 주된 언어는 그리스어(헬라어, 희랍어)였습니다. 복음서와 바울의 서신들이 그리스어로 작성되었고, 그리스어를 통해 기독교는 지중해 연안으로 확산되었습니다. 이는 당시 헬레니즘 문화권으로 기독교가 전파되었기 때문이지요. 하지만 콘스탄틴 황제의 기독교 공인 이후 기독교가 로마제국의 교회가 되면서, 그리고 라틴 교부들의 신학적 성과들과 라틴어 성경번역(383년, 불가타[Vulgate]성경)에 힘입어 기독교는 라틴어와 깊은 관계를 맺게 되었습니다. 하지만 종교개혁 당시 루터의 독일어 성경 번역과 영국의 킹제임스역 성경이 각각 유럽 변방의 언어들로 번역되면서 주도권은 독일어권과 영어권으로 넘어가게 되었지요. 종교개혁 이후 독일어권의 신학은 세계 신학을 주도했습니다. 하지만 영어권 신학은 독일의 신학에 비해 성숙되지 못했었지만, 제국주의 시대에 접어들어 영국이 세계 해상권을 장악하면서 영어를 기반으로 한 식민지가 수없이 개척되었습니다. 이로써 현재는 영국과 아일랜드를 비롯한 미국, 캐나다, 오스트레일리아와 뉴질랜드, 인도, 동남아시아, 아프리카 등의 다양한 나라들에서 영어권 기독교 세력을 형성하면서 세계 기독교의 판도를 영어 중심으로 이끌어가고 있습니다.

5) 기독교교육학

① The following descriptions will serve as a brief overview of the structural developmental stages of faith:

Primal faith(Infancy): A prelanguage disposition of trust forms in the mutuality of one's relationships with parents and others to offset the anxiety that results from separations that occur during infant development.

Intuitive-Projective faith(Early Childhood): Imagination, stimulated by stories, gestures, and symbols, and not yet controlled by logical thinking, combines with perception and feelings to create long-lasting images that represent both the protective and the threatening powers surrounding one's life.

Mythic-Literal faith(Childhood and beyond): The developing ability to think logically helps one order the world with categories of causality, space, and time; to enter into the perspectives of others; and to capture life meaning in stories.

Synthetic-Conventional faith(Adolescence and beyond): New cognitive abilities make mutual perspective-taking possible and require one to integrate diverse self-images into a coherent identity. A personal and largely unreflected synthesis of beliefs and values evolves to support identity and to unite one in emotional solidarity with others.

Individuative-Reflective faith(Young Adulthood and beyond): Critical reflection upon one's beliefs and values, utilizing third person perspective-taking; understanding of the self and others as part of a social system; the internalization of authority and the assumption of responsibility for making explicit choices of ideology and life-style open the way for critically self-aware commitments in relationships and vocation.

Conjunctive faith(Early Mid-life and beyond): The embrace of polarities in one's life, an alertness to paradox, and the need for multiple interpretations of reality mark this stage. Symbol and story, metaphor and myth(from one's own traditions and others') are newly appreciated(second, or willed naiveté) as vehicles for expressing truth.

Universalizing faith(Mid-life and beyond): Beyond paradox and polarities, persons in this stage are grounded in a oneness with the power of being. Their visions and commitments free them for a passionate yet detached spending of the self in love, devoted to overcoming division, oppression, and violence, and an effective anticipatory response to an inbreaking commonwealth of love and justice. -James W. Fowler-

Grammar Tips를 참조하여 위의 문장을 해석해보세요.

Words and phrases

primal : 원시적   prelanguage : 언어 이전의   disposition : 성질   mutuality : 상호성   offset : 감소하다
result from : –에서 유래하다   separation : 분리하다   intuitive : 직관적   projective : 투사적
stimulate : 자극하다   perception : 지각   represent : 대변하다   protective : 보호적
threatening : 위협적인   mythic : 신화적   literal : 문자적   surrounding : 주변의   causality : 인과율
perspective : 관점   capture : 파악하다   synthetic : 종합적   conventional : 관습적
adolescence : 청소년기   cognitive : 인지적   integrate : 통합시키다   diverse : 다양한
coherent : 일관적인   identity : 정체성   unreflected : 성찰되지 않은   evolve : 발전하다
solidarity : 연대감   utilize : 이용하다   internalization : 내적화   assumption : 가정   explicit : 분명한
commitment : 헌신   vocation : 소명   conjunctive : 결합적   embrace : 포용   polarity : 극단
paradox : 역설   alertness : 경계   multiple : 다중의   appreciate : 평가하다   naivet : 소박함
vehicle : 수단   ground : 근거를 두다   detached : 분리된   anticipatory : 예견된
inbreaking : 돌입하는   commonwealth : 복지

Grammar Tips

위의 문장들은 길지 않지만 각 문장에서 동사를 찾기가 쉽지 않습니다. 각 문단의 주어(S)와 동사(V)를 찾아보세요.

Primal faith   S : _____   V : _____

Intuitive–Projective faith   S : _____   V : _____

Mythic–Literal faith   S : _____   V : _____

Synthetic–Conventional faith   S1 : _____   V1 : _____

S2 : _____   V2 : _____

Individuative–Reflective faith   S : _____   V : _____

Conjunctive faith   S1 : _____   V1 : _____

S2 : _____   V2 : _____

Universalizing faith   S : _____   V : _____

다함께 풀어볼까요?

Primal faith	S : A prelanguage disposition	V : forms
Intuitive-Projective faith	S : Imagination	V : combines
Mythic-Literal faith	S : The developing ability to-	V : helps
Synthetic-Conventional faith	S1 : New cognitive abilities	V1 : make, require
	S2 : synthesis	V2 : evolves
Individuative-Reflective faith	주어 동사가 없습니다.	
Conjunctive faith	S1 : the embrace, an alertness, the need	V1 : mark
	S2 : symbol, story, metaphor, myth	V2 : are appreciated
Universalizing faith	S1 : persons	V1 : are grounded
	S2 : their visions and commitments	V2 : free

 생각해보기

파울러의 이론에 의하면 당신은 현재 어느 신앙 발달단계에 위치해 있나요?

스스로 해보기

이제 직접 본인이 문장을 해석해볼까요? 단어를 찾기에 앞서 간단히 전체 예문을 눈으로 훑어보세요. 지문이 전체적으로 어떤 이야기를 하는 것인지 파악한 후 사전에서 단어를 찾을 때 가능하면 그와 관련된 의미를 찾도록 하세요.

1 Walter Athearn has defined religious education as "the introduction of control into experience in terms of religious ideas and ideals." This definition is ①<u>broad enough to</u> include Jewish, Mohammedan, Hindu, and all other non-Christian religions, as well as the Christian.

Christian education has been defined by Paul H. Vieth as "the process by which persons are confronted with and controlled by the Christian gospel." This definition is gospel centered. It is also Christ centered, for Christ is the heart of the gospel. It is character education in the sense that it modifies human nature. This change is brought about ②<u>not</u> through the imitation of an ideal personality, Jesus of Nazareth, <u>but</u> by means of ③<u>the motivating experience of thinking and living controlled</u> by the living Son of God, Christ our Savior. We need more than an example to live by. We need a Savior from sin, and a master of our individual lives, a dynamic.   -Peter P. Person-

위의 지문에서 폴 비스가 말하는 기독교교육의 정의와 성격은 무엇인가요?

_____
_____
_____

Words and phrases

define A as B	in terms of	broad
as well as	confront	in the sense that
modify	bring about	by means of
motivating	live by	dynamic

Grammar Tips

① 형용사 enough to 동사원형 : -하기에 충분한 -
② not A but B : A가 아니라 B
③ motivating(능동적 의미의 현재분사), controlled(수동적 의미의 과거분사)는 모두 명사 experience of thinking and living을 수식

위의 문장을 해석해보세요.

_____
_____
_____
_____
_____
_____
_____
_____
_____
_____
_____

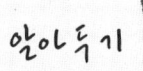

기독교교육을 포함한 광의(廣義)의 종교교육이란, 어떤 종교가 사람들로 하여금 종교적 생활의 신앙과 방식을 이해하며 받아들이고 예증할 수 있도록 추구하는 과정입니다. 그러나 종교에 따라 그 추구하는 방법과 노력이 다릅니다. 그것은 종교에 따라 종교적 신앙의 양식과 방법이 다르기 때문입니다. 종교교육은 그 종교의 경전이나 교리를 가르치는 것으로 끝나지 않습니다. 종교의 경전이나 교리를 하나의 학문으로 가르치는 것은 일반 학교에서도 할 수 있습니다. 그 종교의 신앙 진리와 생활 방식을 이해하며 받아들이고 그것을 증거할 수 있도록 가르치고 지도하는 것이 종교교육입니다. 기독교적 종교교육 속에는 성경교육, 신학교육, 주일학교 교육 또는 기독교 학교 교육 등이 포함되는데, 이것은 모든 교육이 단순히 지식의 전달만이 아니라 종교의 신앙 진리와 생활 방식을 이해하며 받아들이고 증거할 수 있는 신자의 생활을 추구하기 때문입니다.

6. 종교철학

① The modern Occidental experiences a certain uneasiness before many manifestations of the sacred. ①He finds it difficult to accept the fact that, for many human beings, the sacred can be manifested in stones or trees, for example. But as we shall soon see, ②what is involved is not a veneration of the stone in itself, a cult of the tree in itself. The sacred tree, the sacred stone are not adored as stone or tree; they are worshipped precisely because they are *hierophanies*, because they show something that is no longer stone or tree but the *sacred, the ganz andere*. -Mircea Eliade-

Grammar Tips를 참조하여 위의 문장을 해석해보세요.

Words and phrases

Occidental : 서구인   uneasiness : 불편함   manifestation : 현현   the sacred : 신성한 것들
involve : 포함하다   veneration : 경외   in itself : 그 자체로서   cult : 의식   adore : 경배하다
worship : 숭배하다   precisely because : 바로 – 때문에   hierophanies : 성스러운 현현들
no longer A but B : 더 이상 A가 아니고 B인   ganz andere : 전적으로 다른 것

Grammar Tips

1. find it difficult to : 가목적어 it

①번 문장을 가목적어 it을 사용하지 않고 쓰면 다음과 같이 됩니다.

He finds to accept the fact that. for many human beings, the sacred can be manifested in stones or trees, for example, <u>difficult.</u>
→ 목적어 부분이 너무 길어 difficult가 목적어를 설명하는 목적보어인지 한눈에 알아보기 매우 힘듭니다. 이럴 때 가목적어 it을 사용하고 to 이하는 목적보어 다음 자리로 보냅니다.

2. what 주어 동사 : -가 -한 것

what은 다른 관계대명사들과 달리 선행사(명사)를 필요로 하지 않습니다. what은 the thing which를 의미하는 것으로 '-가 -한 것'으로 해석합니다.

<u>What is involved</u> is not a veneration of the stone in itself, a cult of the tree in
  포함된 것(주어부)
itself.

 동격을 지칭하는 콤마(,)

위의 문장을 보면 a veneration of the stone in itself 다음에 콤마(,)가 나온 후 a cult of the tree in itself로 앞의 말을 다시 설명하는 문구가 나왔습니다. 이렇게 똑같은 내용을 다시 설명할 때 콤마(,)를 쓰고 우리말로 '즉' 이라 해석합니다.

생각해보기

사람이 돌과 나무를 숭배하게 되는 이유는 무엇일까요? 위의 예문에 의거해서 답해보세요.

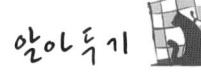

사람들은 현대 종교학의 거장으로 루마니아의 미르치아 엘리아데(Mircea Eliade, 1907~1986)를 꼽기를 주저하지 않습니다. 그는 우리 주변의 일상적 풍경과 문화들 속에서 종교적 신성성의 의미와 가치들을 새롭게 제시해 주었습니다. 엘리아데는 그의 대표적인 저서 『성과 속』(The sacred and the profane : the nature of religion)을 통해 이와 같은 주장을 설득력 있게 보여주었습니다. 이 책은 '성과 속' 이라는 개념으로 종교의 새로운 지평을 연 고전으로 손꼽힙니다. 간추려 말하면 모든 인간은 '종교적' 이라는 것, 종교는 우리 삶의 곳곳에서 살아 숨쉬는 일종의 유기체라는 것, 종교는 인간 정신의 결정체라는 엘리아데의 종교관이 『성과 속』에 잘 나타나 있습니다.

스스로 해보기

이제 직접 본인이 문장을 해석해볼까요? 단어를 찾기에 앞서 간단히 전체 예문을 눈으로 훑어보세요. 지문이 전체적으로 어떤 이야기를 하는 것인지 파악한 후 사전에서 단어를 찾을 때 가능하면 그와 관련된 의미를 찾도록 하세요.

1 ① It is <u>not without interest</u> <u>to note</u> that religious man assumes a humanity that has a transhuman, transcendent model. He does not consider himself to be *truly man* except in so far as he imitates the gods, the culture heroes, or the mythical ancestors. This is as much as to say that religious man wishes to be *other* than he is on the plane of his profane experience. Religious man is not given; he *makes* himself, by approaching the divine models. These models, as we said, are preserved in myths, in the history of the divine *gesta*. Hence religious man too regards himself as *made* by history, ② <u>just as</u> profane man does; but the only history that concerns him is the *sacred history* revealed by the myths-that is, the history of the gods; whereas profane man insists that he is constituted only by human history, hence by the sum of the very acts that, for religious man, are of no importance because they have no divine models. The point to be emphasized is that, from the beginning, religious man sets the model he ③ <u>is to attain</u> on the transhuman plane, the plane revealed by his myths. *One becomes truly a man only by conforming to the teaching of the myths, that is, by imitating the gods.*   -Mircea Eliade-

위의 지문은 어떤 내용에 관한 것인가요? 간단히 답해보세요.

_____
_____
_____

Words and phrases		
humanity_____	transhuman_____	transcendent_____
in so far as_____	as much as to say that_____	plane_____

profane	approach	preserve
gesta : 영웅담	concern	reveal
constitute	conform	imitate

Grammar Tips

① It - to : it은 가주어, to 이하는 진주어
　not without interest : 흥미가 없는 것은 아니다(이중부정) → 흥미가 매우 있다
② 주어 동사 just as 주어 동사 : -가 -하듯이 -가 -하다
③ be to 부정사 : -해야만 한다

위의 문장을 해석해보세요.

엘리아데

엘리아데는 『성과 속』을 통해 '성스러움'의 개념을 '세속적인 것과 대조를 이루는 것'으로 이해하며, 기존에 루돌프 오토에 의해 '비합리적', '두려운 신비' 등으로 설명된 관점을 극복하고자 했습니다. 그는 '성과 속'의 대비를 통해 '종교적 인간'의 성격을 규명하려 했던 것이지요. 그는 '종교적 인간'은 항상 성스러운 우주 가운데 살려고 노력한다는 것, 그리고 종교적 인간의 생활체험은 종교적 감정을 상실하거나, 성스러움을 상실한 세계에 살고 있는 사람의 체험과는 다르다는 점을 강조하고 있습니다.

해답

해답

들어가기

해석   "신학"이란 단어는 '신(*theos*)'과 '말(*logos*)'이란 그리스어 두 단어로 쉽게 분류된다. 그러므로 "생물학"이 생명(헬라어 *bios*)에 관한 담화인 것과 같은 방식으로 신학은 "신에 관한 담화"이다. 만일 오직 한 분의 하나님이 존재하고, 그리고 우연히 그 하나님이 "그리스도인들의 하나님"(2세기의 터툴리안이 한 표현을 빌리자면)이 되면, 신학의 본질과 범위는 상대적으로 잘 정의된다: 신학은 그리스도인들이 경배하고 숭배하는 하나님에 대한 고찰이다.

생각해보기   특별히 그리스도인들이 경배하고 숭배하는 하나님, 즉 타종교에서 말하는 신(god)과 구별되는 특별한 신(God)을 지칭하는 것이므로 정관사 the가 붙었습니다. 특정하거나 특별한 것, 다른 것들과 구별되는 것을 말할 때 정관사 the가 붙습니다.

1. 성서신학

[1] 해석   기독교 신학의 궁극적 소재는 성경으로 이 성경은 이스라엘 역사와 예수 그리스도 생애와 죽음, 부활 안에서 기독교의 역사적 토대를 증거한다.("성서"와 "성경", "성서적"과 "성경적"처럼 짝을 이루는 단어들은 신학의 목적에서 동의어임을 유의하시오.) 흔히 지적되듯이 기독교는 텍스트(성경)에 대한 믿음이라기보다는 한 사람(예수 그리스도)에 대한 믿음에 관한 것이다. 그럼에도 이 둘은 서로 밀접하게 관련되어 있다. 역사적으로 우리는 신약에서 배운 것 이외에 예수 그리스도에 대해 실제적으로 알지 못한다. 예수 그리스도의 본성과 의미와 씨름하려고 노력하면서, 기독교 신학은 그분에 대한 지식을 전수하는 텍스트와 씨름해야만 한다. 이것은 기독교 신학이 성서 비평과 해석학과 밀접하게 연관되어 있음을, 즉 성서 텍스트의 분명한 문학적·역사적 특성을 올바로 인식하고 이것들을 이해하려는 시도와 밀접하게 관련되는 결과를 낳는다.

생각해보기   성서신학은 기독교의 진리와 교리의 원천이 되는 성서를 비평과 해석학의 과정을 통해 문학적, 역사적 특성을 올바로 인식함으로써, 오늘날 건강한 신학과 신앙을 정립하고 제시해 나가기 위해 노력하는 학문적 접근이라고 할 수 있습니다.

[2] 해석   정경을 구성하는 데 어떤 기준이 사용되었나? 기본적 원리는 권위의 부가보다는 권위의 인정이었던 듯하다. 즉 문제가 되는 책들은 자신들에게 부가된 자의적 권위를 가지기보다는(자의적인 권위를 부여받기보다는) 이미 권위를 소유한 것으로 인식되었다. 이레니우스에게 있어 교회는 정

경을 창조하지 않는다. 교회는 이미 정경에 내재된 권위를 근거로 하여 정경(적 성서)을 인정하고 보존하고 받아들인다. 일부 초기 기독교인들은 사도의 저자권을 결정적으로 중요한 것으로 간주해왔던 듯 보인다. 사도의 신임장이 없는 듯 보이는 책들을 받아들이려고 준비한 이들도 있다. 그러나 선택이 어떻게 이루어졌는지에 대한 상세한 설명은 여전히 분명하지 않지만 정경은 5세기 초 서방 교회 안에서 완결되었음이 분명하다. 정경의 문제는 종교개혁 시대까지 다시 거론되지 않았을 것이다.

생각해보기 ─── 초대교회는 초기 형성과정 속에서 이단의 출현과 다양한 신학사상의 충돌과 갈등을 경험해야 했습니다. 따라서 교회는 모든 교회들이 공유하고 공감할 수 있는 '정경'의 필요성을 느끼게 되었고, 결국 누구도 그 권위를 부정할 수 없는 경전들을 모아 5세기경에 오늘날의 형태의 정경이 성립되었던 것입니다.

1) 구약학

[1] 해석 ─── 일반적으로 성경 시편에는 수많은 하위 범주를 지닌, 찬양, 탄식, 지혜의 세 가지 범주로 분류될 수 있다. 대부분 각 시편이 이 분류들 중 유일하게 한 가지에 속하지만, 유일한 예외는 시편 22편으로 1~21절까지는 탄식의 시이고 22~31절까지는 찬양의 시를 포함한다. 찬양과 탄식의 시 모두에는 이들을 쉽게 식별할 수 있는 전형적인 특성이 있다. 예를 들면 탄식의 시는 일반적으로 첫 행에서 호소(예를 들자면 하나님이여; 3편~7편 참조하시오)를 포함하고 회중 찬양은 거의 항상 명령형(여호와께 찬송하라, 96편, 98편을 참고하시오.)으로 시작한다.

이밖에 각 시 형태는 매우 일관된 형식을 지닌다. 탄식의 시는 규칙적으로 호소, 탄원, 신앙의 고백, 찬양의 맹세와 같은 요소를 포함한다.

생각해보기 ─── 시편은 찬양과 탄식, 지혜의 시로 분류될 수 있습니다.

[2] 해석 ─── 제사(P)문서 신학자들이 만든 모세 오경의 최종판에서는 이스라엘의 거룩한 분으로 창조주이며 구원자인 야웨의 이름에 대단한 강조점을 둔다. 제사문서 기자들은 창조에서 모세 기간에 이르기까지 하나의 계보 역사를 제시했다. 이들은 역사를 언약의 역사, 즉 노아, 아브라함, 모세의 언약 역사로 도식화했으며 각 시대에는 특별한 신에 대한 호칭이 주어지는 것으로 특징지어진다.

> 창조에서 아브라함까지 : 엘로힘(하나님)
> 아브라함에서 모세까지 : 엘 샤다이(전능하신 하나님)
> 모세부터 그 이후 : 야웨(주)

> 하나님이 모세에게 말씀하여 이르시되 나는 주(야웨)이니라. 내가 아브라함과 이삭과 야곱에게 전능의 하나님(엘 샤다이)으로 나타났으나 나의 이름을 주(야웨)로는 그들에게 알리지 않았고(출 6:2)

이것은 사람들이 예배에서 써야만 하는 제의적 이름이다. 우리가 시편에서 살펴보았듯이 하나님을 찬양하는 것은 탄식이나(시 116:4) 감사에서(시 116:13) "야웨의 이름을 부르는 것"이다.

생각해보기 ──── 제사(P)문서에서는 하나님의 호칭을 제의에 사용하기에 적합하도록 하기 위해, 엘로힘, 엘샤다이라는 호칭에 이어 '야웨' 라는 하나님 호칭으로 변화시켜 나갔음을 알 수 있습니다.

[3] 해석 ──── 2세기 이상 동안 행해진 집중적 연구에 대한 비판적 노력에 의거하여 볼 때, 유대교, 개신교, 가톨릭 학자들이 주장하는 지배적 이론은, 모세 오경이 수 세대를 걸쳐 전수되는 동안 다양한 문학적 경향들이 예술적으로 혼합된 복합적 작품이라는 것이다. 이 가정에 따르자면, 일부 전통들이 고대 이스라엘 사회 안에서 함께 공존했고 이 전통들은 결국 혼합되어 토라의 오경인 모세 오경을 형성했다. 우리는 이미 이전의 방식으로 이 전통들을 규명하였는데 이들은 신명기계, 제사장계, 고대 서사시계 전통들이다.

생각해보기 ──── 모세 오경은 고대 이스라엘 사회에서 공존했던 다양한 전통들에서 생산된 문서들이 혼합되어 형성된 것입니다. 이들은 신명기계, 제사장계, 고대 서사시계 등의 전통들로 구분됩니다.

[4] 해석 ──── 선지자란 다른 사람을 대변해서 말하는 사람이다. 성경에서 선지자는 일상적으로 하나님의 대변인이라 하지만 출애굽기 7장 1절은 아론을 모세를 위한 선지자라고 말한다(출애굽기 4장 16절). ⋯ 이들은 하나님의 대변인으로 하나님의 의견, 반응, 의도, 그리고 말씀까지도 전한다. 간단히 말하자면 하나님의 행동강령이나 계획 등이 선지자의 말을 통해 선포된다.

구약에서 선지자는 몇몇 다른 이름으로 명명된다. 가장 빈번한 것은 '선지자' 로, 여전히 약간 모순적이지만 이것은 선지자가 "부름 받은 사람"이었음을 지칭하는 듯하다. 두 번째 명칭은 "선견자"로 계시적 환상을 받는 선지자의 성향을 언급한다. 물론 선지자는 항상 황홀경이나 환상을 통해 전갈을 받았던 것은 아니다: 이것은 단지 한 양상일 뿐이었다. 일상적으로 성경 텍스트(본문)는 그 전갈이 어떻게 전달되었는지 자세히 밝히지 않는다.

생각해보기 ──── 선지자는 하나님의 대변인으로 하나님의 의견, 반응, 의도, 말씀 등을 전하는 사람입니다. 즉 하나님의 결정사항이나 계획 등이 선지자의 말을 통해 선포됩니다.

스스로 해보기

[1] 초대교회가 아직 신구약 정경을 확립하기 전까지도 구약성서는 중요한 권위적 성경으로 전승되어 왔으며, 오늘날에도 구약성서는 예배와 설교, 기독교교육에서 중요한 위치를 차지하고 있습니다. 그리고 신학적으로도 교리나 윤리적 문제에 있어 중요한 지침과 근거들을 제시해주고 있습니다.

[1] 해석 ──── 기독교 공동체가 이 거룩한 글 두 부분의 정경을 편찬하기 전에 공동체 자체의 성서는 없었다. 이 공동체는 오로지 유대 백성들이 물려받은 성경을 가지고 있었는데 이는 율법서, 예언서, 성문서의 주요 세부분으로 나뉘어 있었다. ⋯ 요약하면: "구약"은 기독교 성경의 필수적인 부분이다. 2세기 논의들로 권위적인 기독교 글 목록이 만들어지기 오래전에 구약은 "정경적인" 성서였다. 오늘날에조차 기독교 성경의 이 부분은 예배, 설교와 교육에서 사용되거나 사용되어야만 한다. 기독교교리(예를 들면 창조론)나 윤리적 문제(예를 들면 사회 정의의 문제)에 대한 지침을 찾을 때 이 권

[2]　　　　　　구약과 신약, 두 언약의 관계를 설명하면서 구약성서의 언약이 신약에서 성취되고 있으므로 구약의 언약을 배제하고 성서를 연구하는 것은 온전한 성서연구가 될 수 없다는 점을 강조하고 있네요.

[2] 해석　　　　　기독교 교회의 성서는 두 언약을 포함하지만 이 둘은 하나의 성경을 이루고 있다. 두 언약이 함께 인간에게 주는 하나님의 점진적이고 구속적인 계시에 대한 하나의 기록을 형성하기 때문에 구약 또는 옛 언약은 기독교 성경의 본질적인 부분으로 존재한다. "이전의" 언약에 대한 약속은 기자가 히브리인들에게 "더 좋은" 언약(히브리서 8:6)이라 부르는 것 안에서 성취되었음이 판명된다. 구약이나 신약을 분리해서 연구하는 것은 하나님의 스스로 드러내심과 그분의 창조 목적에 대한 불균형적이고 부적절한 그림을 그리도록 이끈다. 뿐만 아니라 이는 하나님 말씀에서 하나님이 숨쉬는(살아계시는) 진실로서 그 완전한 힘을 빼앗고, 통일성을 지니며 독특한 "구원사"의 소식을 왜곡하는 것이다.

2) 신약학

[1] 해석　　　　　처음 세 복음서는 중요한 차이가 있음에도 불구하고 그 기본 구조적 핵심을 공유한다. 세례 요한이 예수에게 세례를 주는 것에서 시작하여 무덤의 여인들이 보고하는 것으로 계속되는 마태, 마가, 누가의 서사체적 연속성이 본질적으로 같다. 중요치 않은 변형과 재배열이 있지만 공통적 형태는 분명하다. 반면에 요한은 연속성과 내용에 있어서 다른 세 복음서와 다르다. 요한복음에서 예수는 실제로 세례 받지 않는다. 예수의 사역은 갈릴리나 그 근방이라기보다는 예루살렘에서 널리 행해진다. 요한복음에서 예수는 공생애 초기에 성전을 깨끗이 한다. 다른 세 복음서에서 그 일은 예루살렘 당국을 그의 반대 입장으로 돌리게 만드는 결정적 행위(위반)이다. 처음 세 복음서에서 그렇게 중요한 귀신 쫓는 일은 요한복음에서는 없다. 네 편의 복음서에서 모두 찾을 수 있는 유일한 기적 설화는 5천 명을 먹이는 것이다. 그러나 이 일도 요한복음에서만은 '생명의 떡'에 대한 담화의 경우이다. 예수가 다른 복음서들에서는 대부분 짧은 말들이 무리지어 이루어진 대중 설교를 한 반면 요한복음에서는 추종자들에게만 분명히 의도된 긴 연설을 한다는 점에서 설교 방식의 차이가 있다.

생각해보기　　　마태, 마가, 누가복음은 예수의 실제적인 활동을 서사체적 진술 방식으로 소개하고 있는 반면, 요한복음은 예수의 메시지에 더욱 관심하며 서술하고 있습니다.

[2] 해석　　　　　예수에게 하나님의 나라의 언어는 성령의 능력과 성령이 창조하는 새로운 삶을 말하는 수단이었다. 하나님의 나라의 도래는 성령이 개개인의 삶과 역사 그 안으로 들어가는 것이다. 하나님의 나라에 들어가는 것은 성령의 삶에 들어가는 것이고 예수께서 가르치셨고 스스로 그러하셨던 그 "길"로 이끌림 받는 것이다. 그 하나님의 나라는 역사 안에서 예수의 대안적 공동체로서 존재, 즉 성령의 삶을 사는 공동체를 가진다. 그 나라는 하나님의 권능이나 영에 의해 기대되고 야기되는 존재이다. 그러므로 성령 안에서 삶은 하나님의 왕적 권능과 관계하여 사는 삶이다. 진실로 성령

안의 삶은 하나님의 나라에서의 삶이다.

생각해보기 — 위의 문장을 보면 '하나님의 나라에 들어가는 것은 성령의 삶에 들어가는 것이다' 라는 문장 이전에는 하나님의 나라를 소문자로 썼고 그 이후에는 대문자로 썼습니다. 전반에는 그냥 우리가 알고 있는 일반적인 하나님의 나라의 뜻이기에 소문자로 썼고, '성령의 삶과 관계되는 하나님의 나라' 를 말할 때는 '고유적 의미를 지닌 대명사' 로서 대문자를 쓴 것입니다.

[3] 해석 — 공관복음서에 대한 문헌적 자료들에 대해 폭넓게 생각되고, 다양하게 발전되고 상호적으로 양립할 수 없는 적어도 두 가지 이론이 존재한다. (a) 대다수 학자들은 여전히 마가복음이 가장 먼저 기록되었으며 마태와 누가는 서로 중복되지만 마가와는 중복되지 않은 구절들 뒤에는 학자들이 Q라고 부르는 자료가 있다고 생각한다. 이 대다수 학자들 안에서 목소리를 내는 소수 학자들은 Q가 발전하게 된 몇 단계를 구분하기를 주장한다. 그러나 많은 학자들이 Q를 굳건하게 믿음에도 불구하고 그 기원에 대해서 완전히 다른 설명을 제공하거나 아니면 그 대신으로(마커스 보그처럼) 더 한층 진행된 모든 이론들은 최선의 상태에서도 증명될 수 없는 것이라 생각한다. (b) 그러나 소수의 학자들은 마태가 가장 먼저 기록되었으며 마가와 누가가 마태를 이용했다고(그러므로 Q는 절대 존재하지 않았다고) 생각한다. 더 나아가 일부 학자들은 마가 우선설을 주장하는 대다수의 의견에 동의하며 마태와 누가 속에서 마가복음과 다른 구절들이 중복되는 것이 이것들이 공통 자료를 사용했기보다는 누가가 마태를 이용하였다고 설명하는 것에 동의한다.

생각해보기 — 가상으로 설정된 예수의 어록인 Q문서의 존재를 신뢰하면서 Q문서에 마가전승이 결함으로써 '마가복음' 이 제일 먼저 생성되었다는 '마가복음 우선설' 이 다수를 이루고 있습니다. 반면에 Q문서는 존재하지 않으며 마태가 가장 먼저 기록되고 이를 마가와 누가가 이용해 각각의 복음서를 기록했다는 '마태복음 우선설' 이 소수의 의견으로 대두되고 있습니다.

[4] 해석 — 복음서에는 기억된 역사와 은유화된 역사가 혼합되어 있다. 기억된 역사란 복음서에서 보도된 것들의 일부가 실제로 일어났던 것임을 의미한다. 예수는 그에 관해 보도된 행적들과 가르침들 가운데 일부를 실제로 행했으며 가르쳤다.

은유화된 역사란 예수 이야기의 의미를 표현하기 위해 은유적 언어와 은유적 이야기를 사용하는 것을 말한다. 나는 은유를 폭넓게 상징과 이야기 모두를 포함하는 것으로 정의한다. 그러므로 이 범주 안에는 '예수는 세상의 빛이다' 와 같은 '개별적 은유' 와 이야기 전체가 은유적으로 기능하는 '은유적 이야기' 를 포함한다. 은유적 언어는 본질적으로 비문자적이다. 이 언어의 핵심적 의미는 "–로서 보는 것" 즉 어떤 것을 다른 어떤 것으로 보는 것이다. 예수가 세상의 빛이라고 말하는 것은 그가 문자적으로 빛이라는 말이 아니라 그를 세상의 빛으로 보는 것을 의미한다. 따라서 은유적 언어가 문자적으로 사실이 아닐지라도 비문자적 의미로는 놀랄 정도로 사실일 수 있다.

생각해보기 — 기억된 역사는 복음서의 보도내용 중 일부가 실제로 일어났던 것을 말하며, 은유화된 역사는 예수와 복음을 표현하기 위해 은유적 언어와 이야기들을 사용한 것을 말합니다.

[5] 해석   간단히 말하자면 바울 서신의 신학적 힘은, 수신자들과의 대화로서, 다시 말하면 적어도 많은 부분에서 그 용어들이 발화된 상황들에 의해 결정되어 온 일련의 특정 대화들의 한 측면으로서 특성과 반복해서 깊이 관계된다.

그러므로 바울의 신학은 역사 분석과 문맥 설명에 묶여 있는데 이것은 대부분의 다른 초기의 기독교 글쓰기의 경우 달성하기에 매우 불가능하고 필수적인 것이 아니었다. 특정 표현으로 부가된 특정한 논점, 즉 특정 효과를 얻기 위해 특별한 관점에서 쓰인 논점에 대해 눈에 띄는 다른 집단을 대상으로 바울의 논지가 구술되는 곳에서, 만약 우리가 이런 상세 사항들을 충분히 파악하여 논점을 따라가고 바울이 의도한 뉘앙스를 알지 못한다면, 우리는 그 논지를 평가하는 데 있어 정당하게 행동했다고 희망할 수 없다.

생각해보기   바울서신은 주로 '편지'라는 특성으로 인해 '대화'라는 특수한 문체와 문법을 지니고 있습니다. 그러므로 바울서신을 통해 그의 신학이 제대로 규명되고 이해되기 위해서는, 각 편지의 수신자들과 바울의 관계, 편지에서의 언급된 대상들의 정체와 성격, 바울의 논점과 논지, 바울의 편지의 분위기(뉘앙스) 등을 제대로 이해하는 것이 선행되어야 할 것입니다.

스스로 해보기

[1]   Q문서(전승)에는 새 시대의 도래에 대해 일관되게 말하고 있습니다. 이러한 종말론적 신앙으로 제자화와 예언성, 회개와 심판의 선포, 하나님의 대리자로서의 예수를 묘사하고 있습니다.

해석   일단 마태복음과 누가복음서 안에서 이 전승을 이것의 현대적 배경에서 분리시키면 중심 관심사가 전체를 주름잡는 것이 분명해진다. 이 중심 관심사는 새 시대의 도래를 위한 준비이다. 이런 종말론적인 기대는 제자직에의 부름, 예수와 그의 추종자들의 예언적 역할, 그들이 설교하는 회개와 심판의 전갈, 하나님의 목적을 계시하고 새 시대를 건설할 하나님의 대리자로서의 예수에 대한 묘사를 특징적으로 나타내고 있다.

[2]   바리새파는 신약성서를 통해 다소 부정적, 위선적으로 표현되고 있지만, 바리새파의 긍정적 측면도 있음을 말하고 있습니다.

해석   유대교 갱신운동에서 바리새파는 복음서에서 그 이름이 자주 언급되었다는 단지 그 이유로 가장 잘 알려져 있다. 이들은 예수의 적대자로서 매우 자주 나타나기 때문에, 역사적으로 부정확한 유형의 희생자인 위선자가 된다. 그러나 만약 "위선자"가 진실하지 못하거나 한 가지를 말하면서 다른 것을 행하는 사람을 의미한다면 이 유형은 공정하지 못하다. 집단으로서 바리새파는 자신들이 바라보았던 대로 그 길을 따르는 것에 대해 매우 진지한 듯 보인다.

[3]   바울신학의 가장 근본적인 특징과 메시지는 '믿음'입니다. '믿음'을 통해 복음이 주는 축복을 누릴 수 있습니다.

해석   바울이 정확하게 무엇에 대해 경고를 하였던 간에 그가 긍정적으로 옹호하려는 취지는 분명하다.

개인들이 복음에 응답하고 복음이 주는 축복을 체험하는 수단은 "믿음"이다. "율법의 행위"에 대한 논란과는 아주 별도로 이것이 이미 바울의 메시지의 근본적인 특징이라는 점은 데살로니가전·후서에서 명백하다. 그곳에서 바울은 믿음을 권고하고 격려하며, 그의 독자들에게 믿음이라는 주제로 반복적으로 돌아간다.

2. 조직신학

[1] 해석   "조직신학"이란 용어는 "신학의 체계적인 조직화"로 이해되어 왔다. 그러나 "조직적인, 또는 체계적인"은 무엇을 의미하는가? 이 용어에 대한 주된 두 가지의 이해가 출현했다(이해는 크게 두 가지다). 첫 번째로 이 용어는 "교육적이거나 표상적인 관심사의 토대 위에 조직된 것"을 의미한다고 이해된다. 다른 말로 하자면 주 관심은, 가끔 사도신경의 양식을 따르면서 기독교 신앙의 주요 주제들의 명료하고 질서 정연한 개관을 제시하는 것이다. 두 번째로 이것은 "방법에 대한 전제라는 토대 위에 조직화된 것"을 의미할 수도 있다. 즉, 지식이 어떻게 습득되었는가에 대한 철학적 사고들은 소재의 배열방식을 결정한다는 것이다. 이러한 접근은 신학적 방법론에 대한 관심을 더욱 더 공인하는 현대에서 특히 중요하다.

생각해보기   '교육적이거나 *표상적인 관심을 통해 조직된 체계'와 '방법론의 전제를 통해 조직화된 체계' 이상의 두 가지로 이해할 수 있을 것 같습니다. (*어떤 대상을 뜻하는 직관적 의식 내용)

[2] 해석   슐라이어마허와 함께 19세기 신학의 방향에 주요한 영향을 끼친 사람은 헤겔이다. 비록 헤겔은 조직신학에 관한 저서를 쓰지 않았고 엄격히 말해 신학자는 아니지만 신학적 논점들이 신선하고 독창적 방식으로 접근될 수 있는 철학적 체계를 발전시켰다. 그는 슐라이어마허가 행한 종교의 감성으로 환원을 인정하지 않았고 그 대신 종교의 본질적인 합리성을 발표하려고 노력했다. 이 점에서 그는 계몽주의자와 매우 유사하다. 그러나 헤겔은 역사를 매우 중요하다고 생각했고 아마도 그 시대의 어느 다른 사상가보다 새롭게 떠오르는 역사의식을 그의 신학 안으로 결합시키는 데 성공했다. 그러나 아마도 훨씬 더 중요한 것은 헤겔은 완전히 새롭고 이후의 신학적 발전에 심오한 충격을 줄 방식으로 종교적 언어의 문제를 제기했다.

생각해보기   헤겔은 기독교 신앙의 경험보다는 신학의 철학적 체계를 잡아나가는 데 관심했습니다. 또한 역사와 신학을 결함으로써 역사 속에서 하나님의 내재성과 존재성을 설명해 내려고 했습니다. (알아두기 참조)

[3] 해석   그러나 어거스틴에게 창조는 선하고 따라서 인간도 선하게 창조되었으며 이미 완결된 선한 창조 안에서 자리매김하고 있다고 처음에 언급되어야만 한다. 인간은 선하게 창조되었고, 선한 것을 열망하며, 영원한 최고선, 또는 하나님에 미치지 못하는 것에는 만족하지 않는다. 선의 지고성과 우월성을 전제로 할 때, 악은 창조 질서 안에서 그 어떤 자리도 갖지 못한다. 진실로 악은 절대 명

확한 존재론적 지위를 가지지 못한다. 악은 존재가 아니라 오히려 존재의 결핍이거나 타락이다. 모든 존재는 존재로서 있는 한 선하다. 따라서 악에 대한 존재론적 근거나 설명은 없다. 그럼에도 불구하고 악은 창조의 자연 질서에서 인류의 자발적 결함으로 기술될 수 있다(설명될 수 있는 것이 아니다).

생각해보기 하나님의 창조 자체가 선하므로 모든 피조물과 인간은 선한 존재입니다. 그러나 악은 하나님의 창조과정에서 한번도 창조되거나 존재해 본 적이 없습니다. 그러므로 악이란 존재하는 그 무엇이라기보다 존재의 결핍이나 타락이라고 말해야 될 것입니다.

[4] 해석 교회는 인간 공동체의 변형된 양식으로, 다양한 민족들과 문화적 전통들로 이루어져 있고, 그리스도의 삶, 죽음, 부활을 기초로 세워졌으며, 성령으로서 하나님의 구속적 현존에 의해 구성되고, 개인적이고 국지적이며 계층적인 존재 양식이 극복되고, 죄, 소외와 압제로부터 해방시키는 보편적인 화해의 사랑이 실현되는 곳이다. 이렇게 교회는 도래하는 하나님의 나라, 즉 "자유의 나라"의 예기적 징표이자 성례이며, 자유케 하는 하나님의 내재하는 영에 의해 창조되고 능력을 받은 자유로운 주체들의 해방된 교제이다. 이것이 교회의 참된 "영성"이고 "보이지 않는" 본질이며, 이것에 경험적이고 역사적인 교회는 항상 모호하고 역설적으로만 관계된다. 교회는 역사적이며 동시에 종말론적인 실재이고 따라서 그 결과 야기되는 긴장은 교회의 참된 생명력의 원천이다.

생각해보기 여러분들이 생각하는 교회론에 대해 자유롭게 써 보세요.

[5] 해석 바르트는 "하나님의 말씀을 알 수 있는 가능성은 다른 어느 곳도 아닌 하나님의 말씀에 있다"고 선언함으로써 자신의 입장을 요약했다. 이 말은 그의 신학적 방법론의 부정적 측면뿐 아니라 긍정적인 측면도 표현한다. 인간이 하나님에 대해 준비되지 않았고 이성, 자연, 문화를 통해 하나님에 대한 진실한 지식을 가질 수 없음에도 불구하고, 하나님은 그의 주권적인 자유와 은혜 안에서 자신을 인간역사 안에서 계시하셨고 그를 알 수 있는 기적을 가능하게 하셨다. 바르트에 따르면 역사 속에서 하나님이 계시했던 유일한 사건은 예수 그리스도의 사건이다. 그리고 하나님은 그리스도 안에서 단순한 정보나 삶의 방식이 아니라, 바로 자신을 계시하신다. 바르트에게 이것은 "영원하신 하나님은 다른 어느 곳도 아닌 예수 그리스도 안에서만 알 수 있음"을 의미한다.
그러나 이것이 진실한지 우리가 어떻게 아는가? 바르트는 답했다. "신앙의 증거는 신앙의 선포에 있다. 하나님의 말씀에 대한 지식의 증거는 그것을 고백하는 데 있다." 다른 말로 하자면 예수 그리스도를 하나님의 자기 계시적인 진리라고 믿는 믿음은 스스로 그 진실성을 입증한다는 것이다. 기독교인에게 이것은 모든 것이 의거해야만 하고 또 그 자체는 어떤 것에도 의지하지 않는 근본적 사실이다. 신앙은 하나님의 선물이다. …
20세기의 신학사의 흐름의 견지에서 바르트 신학의 가장 큰 강점 중 하나는 하나님의 초월성의 회복에 있다. 세상을 향한 하나님의 사랑이 철저히 자유롭기만 한다면 그것은 은혜일 수 있다. 하나님과 이 세상의 관계가 가지는 은혜성이 기독교 복음의 바로 핵심이다.

생각해보기 바르트는 하나님께서 예수 그리스도를 통해 보여주신 계시가 유일회적이며 절대적이라는 사실을 강조하면서 자유주의 신학에 의해 훼손되었던 하나님의 초월성과 계시의 절대성을 회복시키고자 했습니다.

[6] 해석   만약 이것이 사실이라면 신학적 진술은 '지고의 존재'에 대한 묘사가 아니라 개인적 관계의 깊이에 대한 분석, 또는 다소 '사랑으로 해석된' 모든 경험의 깊이에 대한 분석이다. 틸리히가 주장하듯이 신학은 '궁극적으로 우리에게 관계가 있는 것'에 관한 것이다. 이 진술은 '신'이라 불리는 특정 존재와 관련이 있는 것이 아니라 실존의 의미에 관한 '궁극적' 질문을 던지기 때문에 신학적이다. 이 진술은 '신'의 수준에서, 다시 말하면 가장 깊은 신비의 수준에서, 우리 삶의 실재성과 의미가 무엇인지 묻는다. 개인적 범주들 안에서 이 실재성과 의미를 긍정하는 세계관은 사실상 개인적 관계의 궁극성에 대해 긍정하고 있는 것이며 또 '모든 것 아래 깊은 곳'에 있는 궁극적 진리와 실재인 신이 사랑이라고 말하고 있다. 이 실재가 우리 존재의 바로 그 근원이기 때문에 '아무 것도 우리를 분리시킬 수 없다'는 이 실재에 관한 궁극적 정의는 우리 주 '예수 그리스도 안에 있는 하나님의 사랑'이라고 특별히 이 세계관은 주장하고 있다.

생각해보기   신학은 어떤 지고의 존재나 신에 대한 묘사가 아니라 궁극적으로 우리가 관심을 갖는 궁극성에 대한 탐색입니다. 우리의 경험과 존재, 실존에 내재된 궁극적 의미와 가치들을 설명해 내는 것이지요. 바로 이 실재하는 가치는 '예수 그리스도 안에 있는 하나님의 사랑'입니다.

[7] 해석   해방신학은 가난한 자들과 압제받는 자들을 향한다. "가난한 자들은 기독교 진리와 실천을 이해하는 데 확실한 신학적 자원이다"(소브리노). 남미 상황에서 교회는 가난한 자들의 편이다. "하나님은 명백하고 분명하게 가난한 자의 편이다"(보니노). 하나님은 가난한 자들의 편이라는 사실은 더 깊은 통찰력, 즉 가난한 자들은 기독교 신앙을 해석하는 데 있어 특별히 중요한 위치를 차지한다는 통찰력을 이끈다. 모든 기독교 신학과 선교는 "밑에서부터의 관점," 즉 가난한 자들의 고통과 비탄과 함께 시작한다.

해방신학은 실천에 대해 비판적인 성찰을 포함한다. 구티에레즈가 말하듯이 신학은 "하나님의 말씀의 견지에서 기독교의 실천을 비판적으로 성찰하는 것"이다. 신학은 사회적 참여나 정치적 행동과 분리되지 않고 분리되어서도 안 된다. 고전적 서구 신학이 행동을 성찰의 결과로 간주하는 반면 해방신학은 그 순서를 뒤집는다. 행동이 먼저 오고 비판적 성찰이 뒤따른다. "신학은 세계를 설명하는 것을 그만두고 그것을 변혁시키는 일을 시작해야 한다"(보니노). 하나님을 진실로 아는 것은 무관심하거나 초연한 것이 아니라 가난한 자들의 대의명분에 참여함으로써 그리고 참여를 통해 발생한다. 참여가 지식에 장애가 된다는 계몽주의적 견해에 근원적으로 반대한다.

생각해보기   해방신학은 하나님이 가난하고 억압받는 자들의 편이라는 관점에서 출발하여 가난한 자들을 살리고 억압받는 자들을 구원하기 위한 동기로 창출되었습니다. 해방신학은 세계와 현상에 대한 설명에만 머물지 않고, 현실과 세계의 변혁을 도모하면서 우선적으로 실천과 참여의 노력이 선행되고 이에 대한 비판적 성찰을 시도합니다.

[8] 해석   종말론은 더 이상 마지막 일들에 대한 가르침으로 교의학의 마지막 장에 국한되지 않는다. 종말

론은 기독교 신학 전체를 관통한다. 종말론은 궁극적인 것을 다루고 하나님에 대해 말하는 것이 우리의 "궁극적 관심"(틸리히)에 대해 말한다는 의미에서 모든 신학적 진술은 동시에 종말론적 진술이다. 다양한 신학 학파 사이에 종말론적 관점이 기독교 신앙을 이해하는 데 가장 기본적이라는 공감대가 있다. 오랜 신학적 이력의 초기에 바르트는, "완전히 전적으로 종말론이 아닌 기독교는 그리스도와 완전히 전적으로 관계가 없다"는 놀랄 만한 주장으로 기독교 신학에서 종말론의 대부흥시대를 열었다. 반세기 후 이 지령을 반향하며 위르겐 몰트만은 "종말론은 기독교의 한 요소가 아니라 기독교 신앙 그 자체의 매개체이다"고 주장했다. 그러므로 종말론은 실제로 기독교 교리의 한 부분일 수는 없다. 오히려 종말론적 전망은 모든 기독교 선포의 특성이며 모든 기독교 실존과 전체 교회의 특성이다.

생각해보기 오늘날 우리의 신앙에 종말론이 어떤 의미가 있을지에 대해 각자의 생각을 정리해 보세요.

[9] 해석 과정 형이상학은 화이트헤드로 하여금 특정 신학적 방향을 가게 했다. 세 가지 가정이 과정 형이상학을 요약해 준다. 첫째, 신은 세상과 초연하지도 않으며 영향을 받지 않는 것도 아니다. 오히려 신과 세상은 상호 의존적이다. 그러므로 화이트헤드의 강조점은 분명히 신의 내재성에 있다. 왜냐하면 신은 "실제 세계 안에 내재하는 하나의 실제적 총체"이기 때문이다. 물론 신은 또 초월적이다. 그러나 신적 존재가 이 세계에 대해 연대기적이 아니라 논리적으로 선행하는 한에서 초월적이다. 신의 초월성은 유일하지 않다. 초월성은 모든 실제적 총체를 특징짓는데, 각 실제적 총체는 새로움 덕분에 그것의 우주, 즉 포함된 신을 초월한다. 신의 초월성은 신적 소진 불가성, 선한 목적을 위해 사악한 것까지도 이용하려는 목적과 능력의 영속하는 신실성에 대해 언급한다.

둘째, 신은 강압보다는 주로 설득으로 이 세계 안에서 일하신다. 물론 신이 매력을 제공하시지만 각 경우는 그것을 받아들이거나 거부할 특권을 가진다. 그러므로 화이트헤드가 신과 이 세계의 표상들을 제시할 때 그가 택한 두 가지는 "부드러운 보살핌"과 "무한한 인내"이다. 과정사상가인 루이스 포드는 이런 이해가 함축하고 있는 것을 설명한다. "이와 같은 의미에서 믿음은 상호적이다. 이 세계가 자신의 노력의 목표를 제공하기 위해 하나님을 믿어야 하는 것처럼 하나님은 그 목표의 성취를 위해 이 세계를 믿어야 한다.

셋째, 우리는 신을 전지전능의 견지에서 보지 말고 세계와 함께 고통을 겪는 자로 보아야 한다. "교회가 시저에게 전적으로 속했던 속성들을 신에게 부여하였다"고 이렇게 주장하며 화이트헤드는 신을 전제 군주라는 고전적인 방식으로 이해하기를 거부한다. 미래를 안다고 하는 고전적 견지에서 신은 전지전능하지 않다. 인간처럼 신은 미래를 결코 실재가 아니라 가능성으로만 안다.

생각해보기 화이트헤드에게 있어 ① 신과 세계는 상호 의존적이며, ② 신은 주로 강압보다는 인내와 보살핌, 설득으로 세상을 대하시며, ③ 신은 세계의 고통에 함께 참여하시는 존재입니다.

[10] 해석 종교적 비전으로 새로운 생태학적 영성을 찾는 사람들 사이에서 가이아란 용어는 널리 사용되어 왔다. 가이아는 인격화된 존재로서 내재된 신성으로 간주된다. 일부 사람들은 유대교적이며 기독교적인 남성적·유일신적 하나님을, 지구로부터의 소외, 지구 경시를 합리화하는 적대적 개념으

로 간주한다. 가이아는 우리 예배를 중심으로 신을 대신해야만 한다. 나는 이 비판에 대부분 동의하지만 초월적 남성 신을 내재적 여성 신으로 대체하는 것만이 '신-문제'에 대한 충분한 대답이 되지 않는다고 믿는다.

생각해보기 류터는 남성적·유일신적 하나님이 지구를 파괴하고 소외시키는 중요한 원인으로 간주되는 것에 대해서 동의하고 있습니다. 하지만 전통적인 남성적 신을 새로운 여성적 신개념으로 대체하는 것만이 해결책이 되지는 않는다고 비판하네요.

스스로 해보기

[1] 신학의 정의를 말하고 있네요. 필자는 신학이란 '기독교 전통의 해석과 오늘날의 상황에 대한 해석 사이에서 상호 비판적인 상관관계를 수립하는 시도'라고 설명하고 있습니다.

해석 신학적 방법을 성찰하기 위해 "우리가 어디에 있는가"에 대한 나의 근본적 가정들은 이러하다. 성찰 그 자체에 대한 내 전략은 다음과 같다. 즉 동시대의 신학들의 큰 차이 가운데 어떤 방법론적인 불변수가 분명히 나타난다고 주장할 것이다. 이 주장은 새로운 패러다임 안에서 공유된 신학적 방법론에 대한 다음과 같은 정의를 소개함으로써 보다 명확하게 될 수 있다. 다시 말하면 신학은 기독교 전통의 해석과 오늘날의 상황에 대한 해석 사이에서 상호적으로 비판적인 상관관계를 수립하려는 시도이다.

[2] 주관적 차원의 계시는 어떤 계시를 받았는가 하는 차원이며, 객관적 차원의 계시는 무엇이 계시되었는가 하는 점입니다.

해석 일상적으로 계시는 객관적이고 주관적인 차원을 모두 가지고 있는 것으로 해석된다. 주관적 차원은 어떻게 계시를 받는가에 대해 언급하는 반면 객관적 차원은 무엇이 계시되는가에 대해 언급한다. 계시가 해석되는 정확한 방법은 가끔 계시 중 어떤 것에 가장 주된 강조가 주어지는가에 의거한다.

[3] 그리스도는 어떤 분인가 하는 질문은 기독론이라는 이름으로 이론화, 체계화되었습니다. 이는 인간의 가장 궁극적 고민인 '구원'의 문제와 자연스럽게 연결되어 기독론과 구원론은 밀접한 관계를 갖습니다.

해석 기독론은 기독교 공동체가 주와 구원자로서 고백하는 분에 관한 성찰이다. 역사적으로 이런 성찰은 단순히 이론적인 문제는 아니었다. 이런 노력은 가장 예민한 인간의 관심사, 즉 구원에 대한 관심으로 알려져 왔다. 그러므로 구원론(구원의 교리)은 동시에 기독론으로 고려되어야만 하는 것이 적합하다.

[4] 불트만은 성서의 언어가 예수의 역사적 사건의 참된 깊이와 차원의 중요성을 표현하려는 시도이며, 신화적 세계관으로 표현된 것이라고 말하고 있습니다.

해석   불트만은 주장하기를 사실상 이 모든 언어는 적절하게 말하자면 어떤 종류의 초자연적인 일을 묘사하지 않고, 예수 그리스도라 하는 역사적 사건의 참된 깊이, 차원과 의미를 표현하려는 시도이다. 이 인격적인 존재와 사건 안에 인간의 삶의 궁극적이고 무조건적인 의미가 있는 무언가가 있다. 그리고 신화적인 세계관으로 표현하자면 '신'(저 위에 있는 하나의 존재)이 자기의 '외아들'을 ('이' 세상에) '보낸다'는 표현으로 나타난다. 역사적 사건의 초월적 의미가 초자연적 사건으로 객관화된다.

[5]   몰트만은 '희망'의 가치와 '종말론'의 재발견을 통해서 교회와 인류의 미래를 향한 방향의 재설정을 '희망의 종말론'으로 전개해 나가고 있네요. 이는 긍정적인 희망을 가지고 현재의 어려움들의 개혁과 변혁을 통해 영광의 나라, 즉 미래를 맞이하자는 '희망의 신학'을 설명한 것입니다.

해석   몰트만에 따르자면 기독교의 진정한 핵심, 그러므로 신학의 진실한 중앙부는 하나님의 "영광의 나라"의 도래에 대한 희망으로 이것은 피조물 그 자체가 부패의 속박에서 해방될 뿐 아니라 완전한 자유와 인간 공동체 안에서 하나님의 영광의 신성하게 약속받은 실현에 대한 희망이다. 그의 신학의 모든 부분에 이 중심 동기가 속속들이 스며 있다. 그는 종말론이 너무 자주 신학의 쓸모없는 부속물로 종사하여 왔으며, 강조되어 온 곳에서조차 이 종말론은 완전한 역할을 하도록 허락받지 못해왔다고 주장했다. 이런 전통적인 접근 대신 그는 하나님이 "만유 안에서 만유"가 될 종말론적인 영광의 나라가 모든 기독교 교리를 정확하게 형성하는 데 결정적 입장을 취하기를 희망한다. 처음에서 마지막까지, 그리고 "단순히 종언에서뿐 아니라 기독교는 종말론이고 미래를 바라보고 미래로 향해 나아가는, 그리하여 현재를 개혁하고 변형시키는 희망이다"(몰트만). 그는 이와 같은 미래를 향한 방향의 재설정은 성경적으로 건전할 뿐 아니라 현대 신학이 처한 문제들과 난국에 대한 해결책들을 제시한다고 주장한다.

[6]   하비콕스는 복음이란 성숙한 세속성을 통해 이 시대의 문제들을 창조자의 선물로 받아들이고, 이 시대를 보다 윤택하게 만들기 위한 것이라고 보고 있네요.

해석   신학은 살아있는 기획이다. 복음은 사람들에게 발전 단계에 있어 이전으로 돌아가라고 요청하지 않는다. 복음은 의지, 두려움, 종교적인 상태로 돌아가라고 사람들을 소환하지 않는다. 오히려 그것은 상상적인 세련됨과 성숙한 세속성에 대한 요청이다. 복음은 사람들에게 이 세상의 문제들에 대한 관심을 포기하라는 요청이 아니다. 이 세상 문제의 완전한 무게를 이 세상의 창조자의 선물로 받아들이라는 초대다. 복음은 이 시대에 살고 있는 모든 사람을 위해 이 시대를 인간의 거주지로 만드는 방법을 추구하며, 모든 수단을 동원하여 이 기술 시대의 사람이 되라는 요청이다.

[7]   큉은 비록 가톨릭 신학자이지만 개신교신학을 적극적으로 수용하여 신·구교 간의 일치와 중개를 모색하고 있습니다. 그는 현대 혹은 포스트모던적 과학이나 철학과의 대화가 용이하며 현대인의 불신앙적 태도와 현실에 대해 기독교신앙을 강하게 변증, 설득해나가고 있네요.

해석   큉은 로마 가톨릭의 가면을 쓴 자유주의적 개신교인인가? 종교개혁시대의 에라스무스처럼 그는 로마 가톨릭 교회 안에 남아 안으로부터 교회를 변화시키기를 원한다는 점은 의문의 여지가 없다. 그러나 그의 신학적 방법은 고전적인 가톨릭 사상보다는 현대의 개신교 신학사상과 훨씬 더 유사하다. 큉은 진지하게 바르트의 사상에 의존하면서 슐라이어마허와 틸리히의 전통 안에 선다. 사실 그의 전 계획은 현대 신학의 가톨릭적 흐름과 개신교적 흐름 사이에서 중개하려는 시도라고 말하는 것이 보다 정확할 수도 있다. … 현대와 포스트모던의 과학, 철학과의 창조적 대화가 큉의 강점이다. 이 대화를 통해 그는 불신앙의 합리적 신임장이 신앙의 합리적 신임장보다 강하지 못하고, 그리고 신에게 강하게 매달리기 위해서 개화된 현대인이 되는 것을 희생할 필요가 없다는 믿을 만한 사례를 제시한다.

3. 역사신학

[1] 해석   기독교 역사의 발전을 이해하는 것, 특히 그 제도적 요소들을 이해하는 것은 신학이라는 학과의 필수적인 부분으로 널리 간주되었다. 특정 기독교 전통 안에서 사역하려고 의도하거나 자신이 속한 전통을 더 깊이 이해하고 평가하는 데 관심을 지닌 학생들은 그 전통의 역사가 특별히 중요하다는 것을 알게 될 것이다. 교회사의 많은 과정은 역사 신학의 요소들을 포함한다. 예를 들면 도나티스트(도나투스주의자들)의 논쟁을 둘러싼 쟁점을 잘 알지 못하면 4세기 북 아프리카 교회사를 이해하기 어려울 것처럼, 이와 마찬가지로 루터의 이신칭의(以信稱義 : 사람이 의롭게 되는 것은 선행에 의한 것이 아닌 예수 그리스도를 믿는 믿음으로 가능한 것이라는 가르침[역자주]) 교리를 이해함이 없이 유럽 종교 개혁의 기원과 발전을 이해하는 것은 매우 어렵다.

생각해보기   교회사는 기독교의 역사를 역사적 방법을 통해 전반적으로 연구하는 것이며, 역사신학은 그 역사 안에서의 신학적인 쟁점들과 문제들에 대해 보다 깊이 관심하며 연구하는 것입니다.

[2] 해석   콘스탄틴의 개종은 교회와 유럽 역사에서 전환점이 된다. 이것은 단순히 박해의 종말만을 의미하지 않는다. 절대적 전제군주가 필연적이자 즉각적으로 교회의 발전에 개입되었고 그리고 역으로 교회는 고도의 정치적 결정에 점점 더 관련되었다. 콘스탄틴의 개종과 그 결과에 대한 서방인들의 태도는 일반적으로 동방인들보다 더 양면적인 것이 특징적이다. 서방에는 콘스탄틴이 교회에 주는 이익의 양면성에 대해 보다 날카로운 자각이 있다. 그러나 만약 그의 개종이 은총의 내적 체험으로 해석되지 않는다면, 그것은 마키아벨리적 교활함의 냉소적인 행동도 아니다. 그것은 군사적 문제였다. 그의 기독교 원리에 대한 이해는 결코 분명하지 않았지만 그는 전쟁에서 승리가 기독교인들의 신의 선물에 있다는 점은 확신했다.

생각해보기   콘스탄틴의 기독교 공인과 개종으로 교회는 신앙의 자유와 함께 외형적 발전의 계기를 마련했습니다. 하지만 황제의 교회에 대한 개입과 교회의 정치화 또한 가속화되게 되었지요.

[3] 해석   죄 많고 혼돈스러운 세상에서 퇴거('은둔'이라고 해석할 수 있음-역자 주)라는 주제가 이 공동체들의

가장 중요한 주제가 되었다. 일부 고독한 수련자들은 개인적 고립의 필요성을 주장했던 반면, 세상과 격리된 공동생활의 개념이 우세했다. 중요한 초기 수도원 하나가 320년에서 5년 사이에 파코미우스에 의해 설립되었다. 이 수도원은 후기 수도원 생활의 규범이 될 정신을 발전시켰다. 공동체 구성원들은 수도원장의 지휘 아래 '규칙'으로 통제되는 공동생활에 복종할 것을 동의했다. 수도원의 물리적 구조는 중요했다. 즉 복합적, 건물이 벽으로 둘러싸여 있는데 이는 세상에서의 분리와 퇴거라는 생각에 강조를 두는 것이다. 자주 신약성서에서 사용되었던, 헬라어 코이노니아(가끔 '교제'로 번역)는 이제 공동 집단생활이라는 개념을 언급하게 되었다. 이 생활의 특징으로는 공동 의복과 음식, 독방(수도사의 방이라고 알려지듯이)의 제공, 공동체의 이익을 위해 손일로 특징지어지는 공동집단 생활이라는 개념을 언급하게 되었다.

생각해보기 파코미우스가 세운 수도원에서는 모든 구성원들이 수도원장의 지휘와 규칙의 통제 속에서 세상과 분리된 공동생활을 감수하고 있습니다. 또한 이 집단생활을 통해 공동 의복과 식사, 독방생활, 공동체를 위한 노동이 시행되었습니다.

[4] 해석 어거스틴은 교황 스테파누스가 주장한 로마의 전통을 따랐고 그 결과 도나투스파의 세례의 유효성을 인정했다. 그러나 그는 분리된 교회 공동체 안에서 수여된 세례는 수령자가 가톨릭교회와 화해하기 전까지는 은혜의 효과적인 수단이 되지 못한다는 키프리안의 견해를 인정했다. 성례에서 집례자의 행위는 안수의 순간에 집례자에게 지울 수 없는 표시(인격)를 부가한 하나님에게 속한다고 주장했다. 그러므로 안수는 안수 받는 사람의 도덕적이고 영적인 상태와 상관없고 성례의 유효성은 세례를 베풀거나 의식을 집례하는 성직자의 마음의 신실한 상태에 의지하지 않는다. 성직자에게 요구되는 모든 것은 그가 집례하고 있는 성례의 행위 안에서 행하는 것이 바로 전체 교회라는 자각이다.

생각해보기 어거스틴은 비록 분리된 교회에서 수여된 성례라 하더라도 성례받은 자가 가톨릭교회와의 관계를 회복하는 전제하에 그 성례의 유효성을 인정했네요. 그리고 성례는 하나님의 권능과 영역에 속하는 것으로서 안수자의 인격이나 도덕성, 영성에 상관없이 유효하다고 보고 있습니다.

[5] 해석 루터는 사회의 '영적' 정부와 '세속적' 정부 사이의 구분을 이끌어낸다. 하나님의 영적 정부는 하나님의 말씀과 성령의 인도에 의해 이루어진다. '성령과 동행하는' 기독교인은 그가 어떻게 행동해야만 하는지에 대해 어느 누구로부터 더 깊은 지도를 받을 필요가 없다. 그는 완전히 하나님의 의지와 일치하며, 그렇게 행동한다. 좋은 나무가 열매를 맺는 데 지도가 없는 것처럼, 참된 그리스도인은 그의 행동을 지도하는 법률을 필요로 하지 않는다. 나무가 자연적으로 열매를 맺듯이 그리스도인은 자연스럽게 도덕적으로 책임 있게 행동한다.

생각해보기 루터는 하나님의 영적 정부에 속한 그리스도인들은 세상의 법률과 제도에 상관없이 하나님의 말씀과 성령의 인도를 통해 도덕적으로 책임있는 행동과 삶을 살아간다고 말하고 있습니다.

[6] 해석 『기독교 강요』의 가장 중요한 특징은 균형이다. 이 책이 "칼빈주의"를 가르치는 책이고 "칼빈주

의"가 예정설과 동일한 교리라고 가정하는 것은 근본적으로 잘못이다. 구원받아야만 한다고 하나님이 의도했던 사람들을 하나님이 "선택했다"고 칼빈이 믿었던 것은 사실이다. 성 토마스 아퀴나스도 그렇게 믿었다. 목사와 설교자로서 칼빈이 (다른 칼빈주의자들과 마찬가지로) 이것을 유용한 교리로 가르치고 적용되어야만 한다고 믿었던 것도 사실이다. 그러나 이 교리가 조직신학자로서 칼빈의 업적의 중심점은 아니다. 『기독교 강요』 제1권은 '신에 대한 지식'(신에 대해 알아야 하는 것)이라 하여 신으로 시작한다. 제2권은 그리스도의 신성에 대한 지식을 다룬다. 제3권은 우리가 구원을 얻는 방법을 다룬다. 3권의 21장(전체로서는 56장)에 이르러서야 우리는 "영원한 선택, 이 선택으로 하나님은 어떤 이들은 구원받도록, 어떤 이들은 파멸되도록 예정했다"에 다다른다. 이것은 5000단어 정도로 이루어진 짧은 장 중 하나로 판명된다. 제4권에서 우리는 응용신학이라 부를 수 있는 것, 즉 교회, 성찬, 규율, 마지막으로 나오지만 상당히 중요한 주제로 칼빈이 1만 4천 단어를 부여한 시민 정부로 옮겨간다. (군주를 포함해) 정치적 통치자는 "신들"이다. 따라서 제임스 Ⅰ세가 "왕권신수설"을 주장했을 때 그는 칼빈주의를 포기하지 않았다.

생각해보기 ___ 칼빈의 예정론은 그의 신학에서 가장 중요한 이론 중 하나이지만 그의 대표적 저작인 『기독교 강요』에서 예정론은 결코 중심적인 주제가 아닙니다. 그의 『기독교 강요』에서 예정론은 비교적 짧은 장 중에 하나로 확인되고 있습니다. 대부분 하나님의 권능과 그리스도의 신성, 구원론, 교회론, 성찬과 교회 법 등 다양한 주제들이 다뤄지고 있습니다.

[7] 해석 ___ 루터와 츠빙글리가 주도한 종교개혁은 전통교회의 많은 가르침과 실행에 의문을 제기했지만, 그러나 이것은 그렇게 많이 의심하지 않고 국가와 국가의 권위에 대해 대단히 많은 전통적인 견해를 수용했다. 교회와 국가의 관계에 대해 루터와 츠빙글리의 관점은 매우 다름에도 불구하고 국가의 긍정적 가치와 권위에 대해서는 의견을 같이했다. 두 사람은 모두 어느 한계 내에서 기독교인들은 국가에 복종해야만 하고 이들은 국가 안에서 여러 다른 기능을 수행하도록 부름 받았다고 가르쳤다. 그렇지만 본래적이며 순수한 성서적인 기독교에 대한 추구가 더 진행되자, 기독교 제1세기에 교회와 로마제국 사이의 긴장이 어느 정도 규범적이었으며, 교회는 정부와 결합해서는 안 되며, 또 진실한 교회는 항상 박해를 유발하고, 따라서 콘스탄틴의 개종은 순수한 기독교의 종말을 표시하는 심각한 배교라고 일부 사람들이 주장하는 것은 어쩔 수 없는 일이었다.

생각해보기 ___ 루터와 츠빙글리는 교회와 국가의 관계에 있어서는 국가의 긍정적 가치를 인정하고 기독교인이 국가에 복종해야 한다는 전통적인 입장을 계승했습니다. 하지만 보다 순수한 성서적인 종교개혁을 추구한 이들은 교회와 국가의 결탁을 반대하며 국가로부터 교회의 보다 강력한 분리를 주장했습니다.

[8] 해석 ___ 웨슬리는 성화가 칭의 다음에 일어나는 것으로, 또는 칭의가 믿음과 관련이 있어야만 하는 반면 성화는 행동에 관한 일과 관련된 것으로 이해하지 않았다. "우리는 믿음에 의해 칭의되었을 뿐 아니라 성화되었다." 그리고 "어느 누구도 믿을 때까지 성화되지 않으며 믿을 때 모든 사람은 성화된다." 엄격하게 말해 성화는 하나님이 그가 의롭다고 선언한다는 사실을 믿는 자에게 발생한

효과이다. 왜냐하면 하나님은 죄인을 의롭게 하는 바로 그 순간 또 바로 그 행위로 하나님은 그를 성화시키기 때문이다. 그러나 이것은 즉각적인 성화는 아니다. 반대로 성화는 과정이고, 모든 신자들이 떠나야만 하는 순례과정이다. 그 목표는 온전한 성화 또는 그리스도인의 완전함이다. 이 완전함이란 성화를 이룬 그리스도인이 더 이상 죄를 짓지 않거나 하나님에게서 오는 은총과 보존을 더 이상 필요로 하지 않음을 의미하는 것은 아니다. 이 완전함이 실제로 의미하는 것은 성화를 이룬 사람은 더 이상 의도적으로 하나님의 법을 깨지 않고 오히려 사랑으로 행동한다는 것이다. 웨슬리는 모든 기독교인이 삶의 과정에서 이런 상태에 도달하리라고 믿지 않았다. 그러나 그는 다가올 왕국에 대한 준비로서, 그리고 모든 신자들 앞에 이 상태를 목표로서 끊임없이 유지시키는 방식으로서 이것이 설교되어야만 하고 그 결과 신자들은 이 상태를 향해 끊임없이 노력할 것이라 믿었다. 그는 구원과 기독교의 삶이 정지되면 퇴보하기 시작한다고 주장했기 때문이다.

생각해보기 ＿＿＿ 웨슬리가 말한 성화는 믿음으로 의롭게 됨과 동시에 시작되지만 즉각적으로 일어나는 것이 아니라 영적인 순례와 과정을 통해 기독교인으로서 완성되는 것입니다. 성화를 이룬 사람은 더 이상 의도적으로 하나님의 법을 깨지 않고 오히려 사랑으로 행동합니다. 이는 누구나 경험할 수 있는 단계는 아니지만, 기독교인들이 하나님의 나라가 도래하기 전까지 끊임없이 추구하고 모색해야 하는 지향점이자 신앙생활의 원동력입니다.

[9] 해석 ＿＿＿ 스크랜턴 가족이 요코하마에서 머무르며 언어(한국어 : 역자주)를 공부하기 시작한 반면 아펜젤러 부부는 한국으로 떠났다. 1885년 4월 5일 부활절 아침 제물포에 닻을 내린 조그만 배, 제리오 마루는 선교사의 배였다. 이 배에는 언더우드, 아펜젤러 부부와 미국회중교회 선교본부의 테일러 박사와 스커더 박사가 타고 있었는데, 특히 테일러 박사와 스커더 박사는 이 나라를 조사하는 일에 열정적이었다. 따라서 장로교 목사와 감리교 목사가 같은 날 한국에 도착했다. 헨리 루미스는 언더우드가 부인을 데리고 오지 않아 유감스럽게 생각했지만 새로운 선교사가 독신이라는 점은 행운으로 판명되었다. 미국대리공사는 아펜젤러 부인이 낯선 도시에 가는 것이 안전하지 못하다고 느꼈기 때문에 아펜젤러 부부에게 일본에 돌아가도록 요구한 반면에 독신인 언더우드는 서울에 가도록 허락받았기 때문이다. 제물포에서 미국 공사의 명령을 기다리며 아펜젤러는 다음의 기도로 끝나는 편지를 선교본부에 보냈다. "부활절에 우리는 여기에 왔습니다. 그날 죽음의 창살을 갈랐던 주님께서 백성들을 얽어맨 사슬을 부수고 그들을 하나님의 자녀의 빛과 자유로 인도하소서."

생각해보기 ＿＿＿ 언더우드와 아펜젤러가 인천에 도착한 당시, 서울은 정치적으로 매우 불안한 상태였지요. 그래서 독신이었던 언더우드는 입경(入京)이 허락되었지만, 부인과 함께 온 아펜젤러는 서울행이 좌절되고 일본으로 다시 돌아가야만 했습니다.

[10] 해석 ＿＿＿ 중국 내에서의 예수회 선교 활동에 대한 논쟁은, 1601년 많은 어려움을 겪은 후 북경에 가톨릭 선교국을 수립한 마테오 리치가 적용한 정책에 그 뿌리를 둔다. 그는 중국 문화에 대한 대단한 이해를 표현함으로써 그리고 황제의 신임을 얻음으로써 힘들게 이 일을 해냈다. 리치 자신은 이 문제

에 대해 주저했지만 그의 후계자들은 중국인들이 행했던 대부분의 유교 의식은 특성상 시민(사회)적이고 문화적이므로 기독교 개종자들은 우상 숭배나 미신에 빠지지 않고 이 의식을 계속 행할 수 있다고 느꼈다. 후에 도착한 도미니크회와 프란시스회는 중국에서 선교국들이 존재할 수 있었던 불확실한 균형을 이해하지 못했고 예수회의 (유교의식에 대한) 용인에 대해 당황했고 분개했다. 1645년 도미니크회는 중국의 예식(전례)에 반대하는 결정을 로마로부터 얻었다. 예수회는 중국의 황제로 하여금 문제가 되는 의식은 종교적이 아니라 시민(사회)적이라는 경건한 선언을 하도록 했고, 이 선언은 중국 대륙 전체에 선포되었다. 그 결과 황제는 로마의 일부 "야만인들"이 자신의 의견과 반대되는 것을 주장할 때 개인적으로 모욕 당했다고 느꼈다. 최종적인 결과는 가톨릭교회가 중국의 의식을 공식적으로 정죄한 1742년까지 발생되지 않았다. 이 일이 가져온 최종적 결과는 매우 성공적이었던 선교국을 완전히 사라지게 한 것이다. 우리는 여기에 대해 비록 약간 일상적이 아닌 문맥이었음에도 불구하고 교회가 문화에 적응해야만 하는 태도와 정도에 대해 로마 가톨릭 교회 안에 다양한 의견들이 존재했음을 보고 예증한다.

생각해보기   중국선교를 개척한 예수회는 중국의 유교의식(공자와 조상에 대한 숭배행위)에 대해 문화적인 적응주의를 표방하며 관용적으로 접근한 반면, 뒤늦게 중국선교에 착수한 프란시스회와 도미니크회는 이를 관용하는 예수회에 대해 반대하면서 중국의 전례문제를 로마교황에게 제소하게 되었습니다. 이러한 가톨릭교회 선교회들 간의 선교신학의 충돌은 이후 중국선교에 커다란 파장을 일으켰습니다.

[11] 해석   점차로 협력과 자립이 한국의 개신교의 특징이 되었다. 1905년에는 감리교와 장로교가 복음주의연합공의회를, 1912년에는 개신교선교협의회를 세웠고, 기독교청년회와 성서공회가 잇달아 창립되었다. 1919년에는 장·감연합협의회가, 1927년에는 조선예수교연합공의회가 세워졌다. 몇몇 장로교 선교국의 노력으로 독립적인 장로교회가 1914년 이전에 설립되었고 1922년에는 새로운 헌법을 채택하였다. 1930년에는 두 감리교 단체들, 즉 1908년에 조직된 단체와 1918년에 조직된 단체가 연합해서 조선감리교회를 세웠는데 이 또한 자치적인 단체로 한국인이 감독으로 선출(양주삼 : 역사주)되었다. 한국인들은 또한 감리사(district superintendents)로 선출되었다. 교회들은(서양 선교사들이 떠나고 서양으로부터 재정 지원도 끊기는) 폭풍우를 무의식적으로 준비하고 있었다.

생각해보기   1900년대 이후 한국교회는 교파간의 벽을 허물며 연합하는 에큐메니칼 운동을 전개하는 한편 한국인 스스로의 교회들을 조직하고 수립해 나가는 노력을 기울이면서 선교사들로부터의 독립을 준비하고 있습니다.

스스로 해보기

[1]   칼케돈 신조는 그리스도는 누구인가 하는 논쟁에 종지부를 찍은 신조입니다. 이 신조에서는 그리스도는 참 하나님이며 참 인간이라는 명제가 나타나고 있습니다. 그리스도의 두 성격은 비록 결합

|해석| 하지만 두 성격의 고유성이 변형되거나 혼합, 소멸되지 않습니다. 두 본성이 합하여져서 비로소 온전히 하나의 위격(삼위일체의)으로서, 하나의 실체를 이루게 됩니다.

해석 칼케돈 신조의 최종 형태는 433년의 신조에 많은 영향을 받았다. 이것은 그리스도를 (a) 신성으로는 성부와 같은 본질을 지니고 인성으로는 우리와 같은 본질을 지닌 완전하신 하나님이자 완전하신 사람으로 (b) 혼돈, 변화, 분열이나 분리 없이 두 본성으로 알려졌다고 공포했다. '-으로' 라는 전치사의 의미가 다음과 같은 조항으로 설명된다. (c) 본성들 간의 차이는 결코 결합으로 소멸되지 않는다. (d) 각 본성의 특성들은 손상되지 않고 보존되며 두 본성이 합하여 하나의 위격과 하나님의 실체를 형성한다.

[2] 루터의 만인사제론에 대한 글입니다. 루터의 만인사제론은 신자들 각자가 스스로 사제의 책임성과 명예를 갖고 자신에 대해서가 아니라 타인을 위해 기도하고 신앙적인 권면과 지도를 함으로써 교회를 하나로 묶어준다는 의미가 있습니다.

해석 루터의 교회론의 가장 중요한 특성이자 나머지 대부분을 결정하는 듯 보이는 특성은 신자들의 보편적인 사제성, 즉 만인사제론이다. 여기서 다시 루터는 마치 그가 단순히 모든 기독교인이 자기 자신에 대한 사제라고 주장한 것처럼 잘못 묘사되어 왔다. 이것은 사실이다 그러나 가장 중요한 것은 모든 기독교인은 다른 사람들에게 사제라는 점이다. "우리는 사제로서 다른 사람들을 위해 기도하고 상호간에 신앙적인 것들을 지도하기 위해 하나님 앞에 나아갈 가치가 있기 때문이다. 어떤 기독교인도 사제직의 명예와 책임을 수용하지 않고는 자신이 기독교인이라는 것을 주장할 수 없을 것이기 때문에 만인을 위한 만인의 사제직은 교회를 하나로 묶어 준다.

[3] 19세기의 역사가들은 종교개혁에 대해 부정적인 측면을 강조하며 이것이 주로 악폐와 제도적인 부패에 대응하는 반작용인 것으로 해석했네요. 이들은 종교개혁이 성직자들의 도덕적 타락, 교회의 제도적 부패, 그리고 교회의 권위주의적 측면이 교회가 진정으로 모색해야 할 영적 목표를 상실하고 경제적, 정치적으로 타락한 것에 대한 반작용이라는 것입니다.

해석 개혁가들은 항상 자신들을 복음주의자로 칭하였고 자신들의 종교적 공동체를 지상에서 유일한 신성한 만국의 교회 또는 가톨릭교회의 일부로 생각했다. 후기에 이르러서야 개신교(프로테스탄트)라는 어휘는 개혁교회 또는 복음주의교회에 적용되었고 17세기에 이르러서야 개혁교회와 루터교회가 독립교회로 정의되고 명명되었다. 프로테스탄트라는 용어는 도시민들과 같은 스파이어 회의에서 만들어진 항의서에서 유래했는데, 이때 제후나 도시민들과 같은 복음주의적 계층은 종교적 현상 유지는 지속되어야 하며 어떤 종교적 혁신도 그 외의 지역에서 소개되어서는 안되며 어느 곳에서나 미사는 항상 허용되어야 한다는 교의에 반대했다. 16세기 어법에서 항의란 단어는 명확한 반대일 뿐 아니라 단정적인 긍정을 의미했음에도 불구하고 역사가들은 흔히 부정적인 측면을 강조하며 종교개혁을 주로 악폐와 제도적인 부패에 대응하는 반작용으로 해석하였다. 19세기 대다수 사가들에게 인기있는 종교개혁에 대한 이런 견해는 성직자들의 도덕적 타락, 교회의 제도적 부패, 그리고 교회의 계급주의 측면에서 경제적인 고려와 정치 권력적 욕구에 의해 진정한 영적 목표가 대체된 것에 강조점을 두었다.

[4] 존 웨슬리가 미국선교 활동에 실패하고 돌아와 좌절하고 있었을 때, 마침내 회심을 경험하는 장면입니다. 그의 일기에서 기록한 가슴이 뜨거워진 이야기는 매우 유명합니다.

해석 그런 상황 아래에서 목회자로서 실패했다고 확신하며 웨슬리는 영국으로 돌아가기를 결정했다. 브리튼으로 돌아가 그는 자신의 신앙과 자존감을 얻으려는 투쟁에서 도움을 주었던 모라비아 사람들과 다시 접촉을 했다. 마침내 1738년 5월 24일 유명한 올더스게이트 경험이 일어났다. "저녁에 나는 마지못해 올더스게이트 거리에 있는 모임에 나갔다. 그곳에서 한 사람이 루터의 로마서 서문을 읽고 있었다. 8시 45분경 그가 그리스도에 대한 믿음을 통해 하나님이 마음속에서 일으키는 변화를 설명하는 동안 이상하게 내 마음이 뜨거워지는 것을 느꼈다. 나는 내가 그리스도, 오직 홀로 구원을 하시는 그리스도를 믿고 있음을 느꼈다. 그리고 그리스도가 나의 죄를, 나 같은 사람의 죄까지 없애 주셨고 나를 죄와 사망의 법에서 구원해 주셨다는 확신이 내게 주어졌다.

[5] 미국 헌법에 나타난 종교의 자유 조항에 관한 설명입니다. 우리가 오늘날 자연스럽게 받아들이는 '종교의 자유' 개념이 미 헌법에서 처음 나타나고 있음을 확인할 수 있습니다. 그 전까지는 모두 다 '국교' 가 헌법으로 제정되는 시대였다는 거지요.

해석 첫 번째 수정헌법은 "의회는 종교의 건립을 존중하거나 종교의 자유로운 실행을 제약하는 법을 제정해서는 안 된다"고 선언했다. 이렇게 헌법은 종교의 공식적인 건립을 제한했는데 이는 어떤 기독교 교회(영국 교회처럼)도 국가에 의해 호의적인 법률적 지위가 주어져서는 안 된다는 것을 의미한다. 비록 현대의 몇몇 헌법 학자들은 이 조항이 미국민의 공적 생활에서 종교를 제거하려고 했던 것이거나 아니면 오늘날의 이런 법실행을 정당화한다고 주장하고 있지만 헌법조항의 의도는 명백히 기독교의 어느 한 종파에 법적·사회적 우위를 인정하는 것을 단순히 피하려는 것이다.

4. 기독교윤리학

[1] 해석 일상적으로 기독교인은 "예수 그리스도를 믿는 사람" 또는 "예수 그리스도를 따르는 사람"으로 정의된다. 보다 적절하게 묘사하자면 그는 자신을 기독교적 공동체에 속하는 것을 생각하는 사람으로, 이 공동체에게는 예수(생애, 말, 행동, 운명)가 그들 자신과 그들의 세계를 이해하는 비결로서 매우 중요하며 하나님과 인간, 선과 악의 지식의 주된 원천이며, 양심의 끊임없는 동반자이고 악으로부터의 예견된 구원자이다.

생각해보기 예수 그리스도를 믿거나 따르는 사람들의 공동체에 속한 이들이 기독교인입니다. 따라서 기독교인은 예수의 삶과 말, 행동, 운명을 통해 세계를 이해하고, 예수야말로 지식의 원천이며, 양심을 지키게 해주는 벗이며, 악에서 구해주는 구원자이십니다.

[2] 해석　　예수의 윤리는 예언적 종교의 완전한 결실이다. 예언적 신앙의 하나님이 세상에 관련을 갖듯이 그 윤리가 지향하는 사랑의 이상도 인간 경험의 사실들과 필연성들에 똑같은 관련을 갖는다. 예수의 윤리는 모든 도덕적 경험에서 나오고 또 그 경험과 관련이 있다. 하나님이 세상에 임재하듯이 그 윤리는 삶에 임재한다. 하나님이 세상을 초월하듯이 그 윤리는 마지막 정점에서 인간 삶의 가능성을 초월한다. 그러므로 이 예수의 윤리는 세상을 부인하는 종교들의 금욕적인 윤리나 선한 사람들을 이 세상의 성공과 행복으로 이끌도록 고안된 자연주의의 신중한 도덕성과 혼동되어서도 안 된다. 이 윤리는 본성의 모든 충동을 향한 타협하지 않는 태도 때문에 자연주의와 쉽게 혼동된다. 그러나 그것은 결코 본성의 충동을 타고날 때부터 나쁜 것으로 비난하지 않는다.

생각해보기　　'예수의 윤리'는 기본적으로는 일반 도덕적 윤리와 마찬가지로 하나님이 세상에서 활동하듯이 그 윤리도 삶 속에서 구체화되고 실재합니다. 하지만 동시에 하나님이 세상에 초월한 분이신 것처럼 '예수의 윤리'도 인간의 삶을 초월합니다. 따라서 예수의 윤리는 금욕적 윤리나 자연주의의 도덕성과 그 '초월성'에 있어서 근본적 차이가 있습니다. 즉, 예수의 윤리는 '성육신(sacrament)의 윤리'라고 말할 수 있습니다.

[3] 해석　　기독교인의 삶은 '존재와 행동'의 삶이다. 기독교 윤리는 이 두 가지 모두를 연구해야만 한다. 우리는 정당한 동기에서 행동할 필요가 있으며 또 근본적인 믿음과 태도의 견지에서 특정 상황 안에서 일어나는 행동들의 올바른 내용을 찾을 필요가 있다. 우리가 이것에서 다른 것으로 어떻게 움직이는가 그 자체는 탐구해야 할 중요 문제이다.

우리의 기본적인 기독교적 통찰력은 기독교 예배의 문맥 안에서, 우리 동료 기독교인들과의 친교와 그들과 마음을 나누는 안에서 배양될 필요가 있다. 이 통찰력은 신학이 전통적으로 '은혜의 수단이라 부르는 것들', 즉 기독교인 공동체 안에서 기도와 성례, 성경공부에서 유래하는 도움에서 자라나는 것을 포함한다. 이것은 또 기독교인들이 성장하면서 생각과 행동 안에서 좀 더 성숙한 분별력을 가지게 됨에 따라 매우 다른 배경, 경험, 기질을 지닌 기독교인들 사이의 전망의 차이로부터 필연적으로 유래하는 긴장과 더불어 살아가는 것을 포함한다.

생각해보기　　기독교인의 삶은 '존재와 행동'의 삶입니다. 그러므로 기독교윤리학은 기독교인으로서의 정체성(존재)과 그로부터 연출되는 일상생활(행동)의 적절한 판단 동기와 올바른 방향을 연구해야 합니다. 그 연구를 위한 통찰력은 예배와 기도, 성례전, 성경공부 등 공동체 생활을 통해 다양한 배경과 경험을 가진 동료 기독교인들의 삶을 이해해가는 노력과 긴장감에서 성숙됩니다.

[4] 해석　　그리스도와 문화를 다룰 때 우리가 고려할 점은 인간 활동의 그 전 과정 그리고 문화, 지금은 문명이라는 이름이 일상적 언어로 적용되는 그런 활동의 전체 결과이다. 문화는 사람이 자연적인 것들에 부가한 "인공적이고 이차적인 환경"이다. 이것은 언어, (사회적인) 풍습, 사상, 신념, 관습, 사회 조직, 물려받은 인공물, 기술적 과정들과 가치를 포함한다. 신약의 기자들이 "세상"을 말할 때 자주 마음에 두고, 많은 형태로 표현되지만 다른 이들과 마찬가지로 기독교인들이 필연적으로

해답　255

생각해보기   종속되는 이 "사회적 유전," 이 "독특한 실재"는 우리가 문화를 말할 때 의미하는 것이다. 문화(文化)는 인간이 자연에 덧씌운 인공적이고 2차적인 환경으로서 언어, 관습, 사상, 신념, 사회조직, 과학기술 등을 포함합니다. 하지만 기독교윤리학, 특히 '그리스도와 문화'의 관계를 설정함에 있어서의 '문화'란 기독교인이 필연적으로 속해 있을 수밖에 없는 사회적 전승과 실재'를 말합니다. 즉 기독교인 주변을 둘러싼 모든 세계의 인공적 요소를 말합니다.

스스로 해보기

[1]   정치와 경제의 문제를 논함에 있어서 가장 중요한 개념인 '정의'를 어떻게 이해할 것인지에 관한 내용입니다. 라인홀드 니버는 기독교윤리학에서의 정의를 보다 폭넓은 개념으로서 '사랑의 법'이라고 표현하고 있습니다.

해석   정치와 경제의 문제는 정의의 문제이다. 정치의 문제는 상호 협조할 수 있는 대단한 기회를 인간에게 제공하면서 서로 갈등하는 인간 관심들의 무질서 상태를 어떤 종류의 질서로 어떻게 강압하느냐이다. 집단행동 영역에는 이기적인 열정의 힘이 너무 강해 유일하게 가능한 조화는 힘의 균형, 무절제한 표현에 대항하는 상호 보호, 그 에너지를 사회적 목적을 위해 동력화하려는 기교를 통해 이 힘을 중성화시키려고 하는 것이다. 이 모든 가능성들은 사랑의 이상에 미치지 못하는 것을 대변한다. 그러나 사랑의 법은 정의의 규범의 근원뿐 아니라 제한성이 발견되는 궁극적 관점으로서 정의에 가까운 모든 개념들 안에 포함된다.

[2]   막스 베버의 대표적인 사상인 '프로테스탄티즘(개신교) 윤리'를 칼빈 사상과 관련하여 소개하고 있는데, 특히 칼빈주의가 근대의 정치와 경제에 지대한 영향을 미쳤음을 설명하고 있습니다. 베버는 (칼빈주의에 기반한) 세속적 소명에 대한 끝없는 헌신과 그 노력을 통해 거둔 이윤을 낭비하지 않는 금욕적인 절제가 개신교의 윤리였다고 보았습니다. 베버는 그러한 믿음과 실천의 실제적인 결과로 자본이 아주 빠르게 축적될 수 있었고 서구의 근대 형성에 큰 영향을 미쳤다고 보았습니다.

해석   경제생활 속에서 우리는 개신교 윤리(특히 칼빈주의)와 자본주의 정신과의 관계에 대한 막스 베버의 유명한 논지를 접하게 된다. 이 논지가 야기하는 무한한 논쟁은 사그라지지 않았고 정확히 베버가 주장했던 요지를 되찾는 것이 어렵게 되었다. 간단히 말하자면 주도적인 몇몇 칼빈주의 사상과, 새롭고 역동적인 자본주의 체제를 작동하도록 하기 위해 필요한 동기 사이에 '선택적 친밀관계'(베버의 표현을 빌리자면)가 있었다는 것이었다. 근면함, 절약(자본을 저축, 취득하고 사용하는 것), 지속된 부의 추구, 이 모든 것은 소비 억제와 혼합되어서 인간 역사에서 새로운 시장인 금욕주의를 요구한다. 베버는 칼빈 사상이 자본주의를 야기했다고 노골적으로 주장하지 않았다. 사실 그는 서구세계 경제생활에서 놀랄 만한 변화를 이끌었던 다양한 요인들을 평가하려 노력했다. 그것들 중 하나가 칼빈 윤리의 몇몇 국면이었다. 난 그가 논리를 충분히 입증했다고 생각한다. 그 결과는 정치와 경제에서 칼빈 사상은 역동적인 영향을 끼쳤는데, 이는 칼빈 자신도 이상하게 생

[3]   각했을 방식으로 영향을 끼쳤다.

리처드 니버가 소개한 '그리스도와 문화'의 5가지 유형 중 마지막 '문화의 변혁자인 그리스도' 유형을 설명하고 있습니다. 그는 어거스틴, 칼빈, 존 웨슬리 등을 모범으로 하여 모든 세계가 구속받을 수 있는 가능성이 있다고 보았으며 인간 문화의 문제는 변혁의 문제로서 세계는 배격되어서도 안 되고, 소홀히 여겨져도 안 된다고 보았습니다.

해석   하나님의 나라는 변혁된 문화이다. 그것은 무엇보다도 불신앙과 자기 봉사로부터 하나님에 대한 지식과 봉사로 인간 정신을 변화시키기 때문이다. 이 나라는 실재이다. 만약 하나님이 다스리지 않는다면 어떤 것도 존재하지 않을 것이기 때문이다. 그리고 만약 하나님이 당신의 나라가 도래하기를 바라는 기도를 들으시지 않았다면 인류의 세계는 오래전에 강도의 소굴이 되었을 것이다. 매 순간과 매 기간은 종말론적 현재이다. 왜냐하면 매 순간 인간은 하나님과 관계하기 때문이다.

5. 실천신학

[1] 해석   기독교가 대학의 신학부나 종교학부 때문에 범세계적 신앙으로서 현재의 위상을 갖지 못한다는 사실은 강하게 강조될 필요는 없다. 기독교에는 분명히 목회적 차원이 존재하며, 일반적으로 이 차원은 신학의 학술적 토의에서 부적절하게 반영된다. … 리처드 박스터나 조나단 에드워즈 같은 인물의 저술에는 신학이 목회와 영혼의 양육 안에서 진실한 표현을 찾는다는 믿음이 배어 있다. 신학은 목회에서 진실한 표현을 찾는다는 점을 확신시키는 이런 관심사는 최근에 목회 신학에 대한 관심의 소생을 이끌었다.

생각해보기   기존에는 목회 현장의 문제가 신학의 학술적 토의에서 정당하게 반영되지 못했으나 리처드 박스터, 조나단 에드워즈 등의 영향으로 신학은 목회 현장으로부터 창출된다는 관심사가 증가해 목회신학이 새로운 전기를 맞이하고 있습니다.

[2] 해석   "신학과 실천"이란 표현은 신학 연구의 전통적인 소 분야들 중 하나인 실천신학에 수반되는 논점들뿐 아니라 신학의 프락시스(실천)의 차원들, 내용들, 참고들의 일반적 논점들을 암시한다. 일반적 논점은 신학 그 자체만큼이나 오래되었지만 이것은 신학이 실천적 학문이냐에 대해 아리스토텔레스적인 학문관이 야기한 논쟁 안에서 특별한 주제성을 띠게 된다. 이 논쟁의 가장 최근 형태가 부패한 공동의 정치적 삶의 상황성으로서 프락시스에 대한 신학의 관계에 대한 질문 아래서 현재 일어나고 있다.

생각해보기   추상적 관념과 이상을 주목하는 플라톤적 학문관보다는 현상과 실재의 구체적 문제에 관심하는 아리스토텔레스적 관점으로부터 신학이 과연 '실천적'일 수 있는가라는 문제제기가 있었습니다. 하지만 최근 부패한 정치 상황과 사회적 문제들에 대한 신학적 응답이 보다 실천적이어야 한다는 측면의 논의가 강조되고 있어 신학과 아리스토텔레스적 관점과의 관계성이 심화되어가고 있습니다.

해답 257

스스로 해보기

[1] 　　　　　　신학은 그 모든 표현에 있어 인간 실존의 가장 근본적 문제들을 다룬다는 점에서 실천적이다. 신학은 인간 사회에 현존하는 여러 실재적 문제들에 응답해야 하며 적절한 제도적 대안을 마련할 필요가 있습니다. 결국 그런 측면에서 신학의 기원과 목적도 실천적이라고 보았습니다.

해석 　　　　　신학은 그 모든 표현에 있어서 인간 실존의 가장 근본적 문제들과 관련된다는 의미에서 실천적이다. 신학은 전체로 인간의 순례와 관련을 가져야만 한다. 신학은 또 그 의미와 중요성과, 그 과정에서 우리가 대면하는 실재들에 대한 적절한 응답의 결정과, 공동체 안에서 개인들의 성장과, 그리고 인간 복지에 적절한 제도의 설립과 관련을 가져야만 한다. 신학의 기원은 실천적이다. 그것은 이전의 세속적 참여에서 나온다. 이와 유사하게 그 목적은 실천적이다. 그것은 우리를 다시 한 번 경험의 바다로 빠뜨린다.

1) 예배학

[1] 해석 　　　　예배드리는 것은:

　　　　하나님의 거룩하심으로 양심을 소생시키는 것,
　　　　하나님의 진리로 정신에 양식을 주는 것,
　　　　하나님의 아름다움으로 상상력을 맑게 하는 것,
　　　　하나님의 사랑에 마음을 여는 것
　　　　하나님의 목적에 뜻을 헌신하는 것

사람은 왜 예배를 드리는가? 사람은 예배하지 않을 수 없기 때문이다. 예배는 사람의 발명이 아니다. 오히려 예배는 하나님이 준 것이다. 하나님은 인격적인 관계로 자신을 제공하셨고 사람은 이에 응답한다. 하나님은 사랑을 제공하여 예배에서 인간을 응답하게 하신다. 하나님은 예배를 받으시기에 합당하므로 하나님의 비전은 예배로 응답하도록 요구한다. 하나님은 가끔 사람의 경험에 개입함으로써 사람을 놀라게 하신다. 이 경우에 가끔 사람은 자발적으로 경배와 찬양으로 응답한다.

생각해보기 　　　예배를 드리는 행위는 사람이 하지만, 그 행위를 하게끔 만드는 존재는 바로 하나님이십니다. 하나님이 인격적 관계로 다가와 인간들로 하여금 예배로 응답하게 하지요. 자신의 삶에 하나님이 개입하셨음을 체험한 인간이 자발적으로 경배와 찬양을 하는 행위가 바로 예배이므로, 예배의 주체는 하나님이십니다.

스스로 해보기

[1] 　　　　　　예배는 그 예배에 참여하는 자들의 신앙 유형에 따라 서로 다른 모습들로 드려집니다. 성례전주의자들은 예배의 의식과 행함을 중시할 것이고, 삼위일체 하나님 가운데 성령의 역사하심에 주목

하는 이들은 영적인 예배에 집중할 것입니다. 하지만 기독교의 예배는 하나님의 창조와 예수 그리스도의 성육신과 부활을 기초로 한 역사적 사실을 경험하는 행위이지 인간이 표현하는 다양한 예술 행위가 아닙니다. 또한 그 역사적 사실과 경험에 대한 사유가 바로 신학이기에 신학은 늘 예배를 바로 잡는 역할을 하고 진실한 예배는 신학의 역동성을 유지시켜 줍니다.

해석 　믿기 때문에 사람들은 예배를 드린다. 우리가 지지하는 교의는 우리 예배의 본질을 결정한다. 만약 우리가 성례전주의자라면 우리는 받기보다는 행하는 길을 통해 하나님을 찾을 것이다. 만약 우리가 하나님을 신성한 원리로 간주한다면 우리는 그 원리에 순응하려고 애쓸 것이다. 만약 우리가 하나님을 이념으로 본다면, 우리는 지적인 이해나 추리를 통해 그분을 알려고 할 것이다. 만약 우리가 하나님을 인격적인 존재로 간주한다면 우리는 그를 인격적 관계를 통해 그분을 알려고 추구할 것이다. 만약 우리가 그를 성령, 역사 속에서 스스로를 드러내시는 영으로 인식한다면 우리는 "성령과 진리" 안에서 그분에게 예배를 드릴 것이다. … 기독교의 예배는 첫째로 경험이며 행위는 아니다. 이것은 역사적 사실, 즉 하나님이 자신을 역사 안에서 드러내셨다는 사실을 기초로 한다. 복음주의적 예배는 하나님의 창조, 예수 그리스도의 성육신과 사역, 그분의 속죄적 죽음, 부활과 신자들의 삶 속에 거주하는 존재라는 대단한 역사적 사실을 기초로 한다. 이 역사적 사실에 대해 사람들이 생각하는 방법이 신학이라 불린다. 하나님의 지식과 사랑에 기초하지 않는 예배는 진정한 예배가 아니다. 그리스도 안의 하나님을 예배하는 데로 인도하지 않는 신학은 모두 거짓이고 유해하다. 바른 신학은 예배를 바로잡는 역할을 하며 진실한 예배는 신학의 역동성에 도움을 준다.

2) 설교학

[1] 해석 　설교는 설명인 동시에 강론이다. 신약 신학자들 사이에서 오래된 논쟁, 즉 복음은 복음서 안에서처럼 예수의 생애와 사역, 죽음과 부활에 대한 설명으로 구성되었는가? 아니면 바울이 청중에게 강론했던 십자가의 말씀으로 구성되었는가에 대한 이 논쟁은 '○○나 ○○'로 결정되는 문제는 아니었고 아니어야만 한다. 두 가지가 다 성서적 증언의 요소일 뿐 아니라 각각은 서로를 필요로 한다. 적절하게 이해되자면, 예수 이야기 서술이 설교로서 자질을 가지려면 청중에게 표현되지는 않았지만 함축된 강론의 말을 전달해야만 한다. 하나님이나 예수님 또는 관계된 주제에 "대한" 것이지만 청중"에게" 하는 것이 아닌 말하기는 흥미롭고 우호적 논쟁을 야기할 수도 있지만 설교는 아니다. 설교는 의도적으로 청중을 향한 것이므로 직설법도 그 내부에 명령형을 지닌다. 이와 유사하게 청중에게 "강론하지만" 신앙의 내용이 없는 말하기는 설교가 아니라 공허한 강렬함, 텅 빈 훈계이다.

생각해보기 　설교는 예수의 삶과 가르침을 설명하는 것과 바울의 해석과 같은 강론의 두 가지 측면을 모두 필요로 합니다. 예수의 가르침에 대한 설명이 흥미와 힘을 얻기 위해서는 바울이 청중을 향해 선포했던 '강론'의 성격도 겸비해야 하는 것이지요. 하지만 강론만 하지 신앙의 내용이 없다면 설교가 아닌 공허한 훈계의 외침이 될 수도 있습니다.

[2] 해석　　　설교가 시대착오적이라는 것이 설교와 관련된 많은 기독교인들, 즉 설교를 하는 사람들과 그 설교를 듣는 사람들의 냉정한 의견이다. 물론 어떤 시대에는 강단이 강력하고 효과적으로 복음을 증거하고 개인적이고 사회적인 변화를 주도했다는 것이 모든 비평가들에게 당연하다고 인정받는 것이다. 그러므로 교회가 그 은혜에 적절한 방식으로 설교의 기억을 축하하고 오래된 강단 위에 장식판을 고정해 교회를 순례하는 사람들을 돕는 것은 모든 비평가들에게 적절한 것으로 간주될 수 있다. 그러나 교회는 좋은 기억의 얄팍한 식이요법(食餌療法)으로만 살 수 없다. 새로운 형태의 목회가 새로운 아침의 새로운 요구들에 대처하기 위해 밤새 만들어지고 형상화되고 있다. 그리고 이러한 목회는 강단 없이 존재한다.

생각해보기　　　전통적 설교의 패턴이 역사 속에서 큰 기여를 해 왔음에도 불구하고, 현대 사회에 와서는 진부하고 시대착오적이라는 평가를 받기에 이르렀습니다. 좋은 설교를 찾아 헤매는 교인들이 늘어가는 이 때에 새로운 설교의 내용과 전달방법을 연구하고 준비할 필요가 있습니다. 그러한 설교는 좁은 '강단'에 갇혀 있는 모습이 아니라 좀 더 개방된 형태일 것입니다.

스스로 해보기

[1]　　　하나님은 계시를 통하여 자신을 드러내십니다. 그런 측면에서 설교는 하나님의 계시를 전달하는 중요한 수단으로서 하나님의 뜻을 바로 이해하고 조화를 이루어야 합니다. 즉, 세상에서 하나님의 말씀은 설교의 방식을 통해서 전파됩니다.

해석　　　어쨌든 설교가 하나님의 계시를 계속 현재로 만드는 것이라면 우리가 설교하고 있는 것과 설교하는 방법은 계시의 방식에 대한 우리의 이해와 조화를 이루어야만 한다. 주제넘게 들린다는 위험을 무릅쓰고 우리는 하나님으로부터 소통하는 방법을 배우고 있다고 말할 수 있다. 다른 말로 하자면 우리가 계시라고 부르는 상호작용으로부터 우리는 우리가 설교라고 부르는 상호작용을 이해하고 실행한다. 즉, 세상에서 하나님의 말씀의 방식은 세상에서 설교의 방식이다.

[2]　　　전통적 설교는 청중의 참여가 없는 일방성과 독백성이 큰 약점이었습니다. 따라서 최근에 들어 화자와 청자가 함께 대화하는 쌍방교류적인 설교나, 목사와 평신도들이 설교 전에 가지는 대화모임과 그 다양한 반응의 이해 등, 청자들을 배려한 새로운 설교방식들이 시도되고 있습니다.

해석　　　전통적 설교의 근본적 약점인 독백적인 특성을 극복하기 위해 수많은 기술이 최근에 도입되었다. 의심할 바 없이 설교가 대화적일 때, 즉 화자와 청자가 말씀의 선포를 나눌 때 힘이 증가한다. 이 사실을 오랫동안 정말로 효과적인 설교자들이 인식해 왔다. 그러나 최근에 이르러서야 우리는 수많은 새로운 실행이 행해짐을 본다. 일부 목회자들은 설교를 마지막으로 준비하고 전달하기에 앞서 평신도들과 모임을 갖는다. 수많은 다른 목회자들은 설교 후에 다양한 형태의 피드백을 받는다. 실제 전달을 하기 위해 대화를 구성하려는 노력은 토론의 형식, 설교단과 인도단 사이의 대화, 기자 회견식 설교, 회중으로부터 예견된 가로막기(막기), 그리고 의심 할 바 없이 독자들에게 이미 친숙한 다양한 방식들의 형태를 취해 왔다.

3) 목회상담학

[1] 해석   목회상담의 목적이 교회 그 자체의 목적과 동일하다는 의견이 존재한다. 사람들을 그리스도와 기독교 공동체로 데려오고, 그들이 죄를 인정하고 회개하며 하나님의 자유롭게(값없이) 제시한 구원을 받아들이도록 도와주고 또한 그들이 자신과 동료들을 형제애와 사랑 안에서 함께 살게 하고, 이전의 의심과 걱정 대신 신앙과 확신을 갖고 행동하도록 하고, 이전에 불화가 지배했던 곳에 평화를 가져오게 하는 것이 공통된 목적이다. 기독교의 이 일반적 목적이 하나하나 또는 모두가 적절한 곳에서(내 목적은 포괄적인 항목을 제시하는 것이 아니라 제안하는 것인데) 목회 상담적 상황이 이것들을 이끌어내야만 한다. … 때때로 상담은 정서의 재교육으로서 언급된다. 상담은 사람들이 직접 대면하고 있는 문제를 도와주려는 시도에 부가하여 다른 문제가 일어났을 경우에도 스스로를 돕는 방법을 가르치기 때문이다.

생각해보기   목회상담의 목적은 교회의 목적 그 자체라는 의견도 있습니다. 기독교 공동체와 구원의 길로 인도하여 신앙의 확신을 갖게 하고, 갈등과 불화가 지배했던 삶에 평화를 가져오게 하는 것입니다. 그리고 종국에는 삶의 여러 문제들을 스스로 해결하는 힘을 길러주도록 도와주는 것이 목회상담학입니다.

[2] 해석   교회의 사역으로서 목회상담은 본질적으로 상호학문적이다. 이 사역을 습득하게 되는 것은 심리적이고 신학적인 훈련을 요구한다. … 미국 목회상담협회는 목회상담을 "신학적 관점을 가지고 경험적이고 행동적인 단계에서 인간 개인과 공동체 모두의 삶을 탐구, 설명하고 지도하는 것"이라고 정의내린다. 목회상담가들은 필수적으로 심리학적 전문성을 소유한 반면 직업의 독특성은 이런 전문성을 신학적 관점과 결합시키는 능력에 의지한다. 그렇다면 다음과 같은 문제들이 제기된다. 해석 작업에 신학적 관점을 가져오는 것은 무엇을 의미하는가? 목회상담가들은 그들의 신학적인 훈련을 심리학의 훈련과 어떻게 관련시키는가? 그들은 어떤 식으로 신학과 심리학을 하나의 결합된 사고 체계로 통합시키려고 노력해야만 하는가? 아니면 그들은 이 두 분야를 각 세계가 자신의 특별한 현상학적 공헌을 하는 그런 두 개의 분명한 담화의 세계로 간주해야만 하는가? 더구나 이 각 분야는 실천하는 데 있어 목회적 상담이 대면하는 실제 임상적 상황에 어떻게 적응하는가? 목회상담가들은 어떻게 구체적 적용 작업을 개념화해서 신학적이고 심리학적인 본래의 모습을 그대로 보유하는가?

생각해보기   목회상담학은 본질적으로 상호학문적입니다. 특히 신학과 심리학이라는 두 분야의 전문성이 함께 요구되지요. 따라서 일반 상담가의 심리학적 지식에다가 목회자로서의 돌봄의 마인드가 겸비되어야 합니다. 이 두 분야의 장점을 그대로 살려 나갈 수 있을 때, 상담과 목회라는 두 마리 토끼를 잡을 수 있을 것입니다.

스스로 해보기

[1]　　　　목사가 교인들을 대상으로 상담을 행할 때, 그저 인도할 양(羊)이라는 생각을 넘어서서 그들 스스로 자신의 문제를 신앙으로 극복할 수 있도록 만드는 데 관심해야 하며, 이러한 목사의 상담은 인간 본성에 대한 기독교 교의에 근거하여 수행한다는 내용입니다.

해석　　　　목사의 상담 직무는 그의 전체 직무의 부분이다. 목사의 상담은 특별한 방식으로 그의 목적을 이루는 데 공헌한다. 상담은 목사의 일의 목양적인 측면이지만 사람들을 단순히 인도되어야 할 양이라고 생각하는 것이 아니라 스스로를 돕는 길을 찾도록 도움을 받는 개인이라고 생각하는 점에서 차이가 있다. 상담의 특별한 목적은 이런 가정을 발전시키는 것이다.

목사는 특별한 종류의 실천적 배경에서 상담을 수행한다. 또한 그는 자신의 자각 유무와 상관없이 어떤 특별한 이론적 배경, 즉 인간 본성에 대한 특별한 교의를 근거로 상담을 수행한다. 인간 본성을 다루는 현재의 신학적 신념에 관해 다양한 의견이 존재하지만 이것은 기독교적 견해와 다양한 세속적 견해 사이의 차이에 비해 중요하지 않다. 이런 다양한 관점이 상담의 실제 작업을 제약한다고 믿어지는 한 이 다양한 관점들은 간단히 설명되어 왔는데, 이는 우리 역시 채택할 필요가 있는 사실의 본질적 발견과 , 철학을 근간으로 사용하여 설정되어 왔던 때로는 상담의 불필요한 철학 사이를 구분하기 위해서이다.

4) 선교학

[1] 해석　　　　선교사들은 많은 딜레마들을 대면하는데 인간 문화와 복음의 관계성을 다루는 것이 가장 어려운 딜레마이다. 이런 문제들은 새로운 것이 아니다. 사도행전에서 이방인들이 한두 사람이 아니라 수천 명이 교회에 들어오면서 심각한 문제가 발생했다. 그들은 유대교 개종자가 되어 할례와 같은 유대 관례와 돼지고기를 금하는 것 같은 금기사항들을 채택해야만 했는가? 그렇지 않다면 교회가 어떤 구약의 가르침을 따라야만 하고 어떤 유대교 문화는 버려져야 하는가?

생각해보기　　　　선교사들은 전 세계의 다양한 나라와 민족에 파송되어 수많은 언어, 관습과의 만남을 가집니다. 이 때 성서의 율법과 복음의 순수성이 전파되는 과정에서 해당 지역의 문화가 충돌하게 됩니다. 따라서 어느 정도까지 선교지의 문화를 수용할 것인지에 대한 고민에 빠지게 됩니다. 결국 선교학은 '복음' 과 '문화' 의 관계에 주목하지 않을 수 없습니다.

[2] 해석　　　　20세기가 시작될 때 기독교는 여전히 우세적인 서구 백인의 종교였다. 기독교는 주요 교회 구조 안에 구체화되었고 서구에서 공식적인 지위나 대다수의 지위로 강하게 되었다. 많은 복음주의적 기독교인들은 "이 세대에서 세상의 복음화"를 위해 기도하며 기대하고 있었다. 아프리카, 인도대륙, 동남아시아 대부분을 지배하는 유럽 열강들과 더불어 식민주의는 여전히 강하였다. 현대 기술의 진보는 거의 대부분 서구 정복자들에게 무한한 자신감을 주었다. 새로운 세기에는 어떤 일이 일어날 것인가? 수백만이 환멸을 느끼게도, 두 차례의 세계 대전이 기독교 세계의 중심국들

간에 발생했다. 서구인들 사이에서 성경적 믿음에서 심지어 자유주의에서조차 만연된 이탈이 일어났다. 기독교 세계의 식민제국은 무너졌다. 마르크스주의가 러시아, 동부 유럽과 후에 중국에까지 반종교적인 유물론을 제도화시켰다. 마르크스주의자들처럼 기독교를 비방하는 사람들은 신앙이 구세대와 더불어 죽을 것이라고 믿었다. 하여간 종교는 단순히 "사람들의 아편"이었다. 다른 회의론자들은 서구 제국주의의 종교적 무기로서 기독교는 식민 열강이 물러나면서 동시에 사라질 것이라고 생각했다. 그러나 놀랍게도 기독교는 세기말에 세계에서 가장 큰 대형 종교로서 출현했다. 오늘날 대부분의 기독교인들은 서구 기독교 세계의 이전 경계를 넘어서 살고 번창하는데 필립 젠킨스는 이 발전을 차기 기독교 세계라 부른다.

생각해보기　　근대 시기에 아시아, 아프리카, 남미 지역을 침략했던 서구제국주의가 결국 몰락해 감으로써 기독교도 함께 몰락할 것으로 기대되었으나 그렇지 않았지요. 한편 '종교를 아편'이라고 말한 공산주의 유물론의 등장은 기독교를 위협했으나 오히려 그 반대의 결과가 발생했습니다. 새롭게 번창한 기독교는 새로운 시대를 맞았으며 그 사명과 책임 또한 무겁습니다.

[3] 해석　　기독교는 서구에서 쇠퇴하고 있다. 그러나 한국의 상황은 지구촌의 이야기가 결코 단순하지 않다는 사실을 우리에게 상기시켜주며, 우리로 하여금 현재의 어떤 각본이 기독교의 미래를 결정할 것인지 묻도록 요구한다. 예를 들자면 유용한 증거가, 특히 문화 혁명 기간 중 기독교의 존재에 대한 계속되는 공식적 반대에도 불구하고 중국 안에서 기독교의 주요 성장을 강하게 제시한다. 중국 본토 밖에서 기독교는 싱가포르, 인도네시아와 말레이시아에서 국외로 추방된 화교 공동체 안으로 놀랄 만하게 파고들었다. 유사한 모습이 로스앤젤레스, 밴쿠버, 토론토와 시드니 같은 서구 거대 도시들 내의 화교 공동체 안에서 나타난다.

일부 지역에서 쇠퇴하고 있는 기독교는 다른 지역에서는 놀랄 만한 성장을 경험하고 있다. 이 점은 우리가 20세기 아프리카에서 기독교의 확산을 고려할 때 한층 강력하게 제시된다.

생각해보기　　분단 이후 한국교회의 급성장과, 정치적 탄압에도 불구하고 성장하는 중국 내의 교회들, 그리고 동남아시아와 북미 등으로 이주한 화교들의 기독교 공동체와 20세기 아프리카 기독교의 성장은 세계 선교의 역사가 전혀 새로운 전기를 맞이했음을 보여주는 사례들입니다.

스스로 해보기

[1]　　과거 영국, 미국 등 영어권 국가들이 개신교 선교를 주도하였던 영향력은 지금도 강력하게 작용하고 있습니다. 따라서 전 세계의 종교 현장에서 영어가 모국어가 아닌 이들끼리 만나더라도 영어로 소통하는 경향이 있으며, 이것은 영어가 일반적으로 전 세계 교회를 위한 언어가 되었음을 말해줍니다.

해석　　그러나 한 가지는 분명하다. 영어는 급속하게 전 세계 기독교 공동체가 선호하는 언어가 되고 있다. 이것은 전 세계 종교 현장의 다른 분야에서도 분명하다. 새로운 종교 운동에 대한 한 흥미로운 조사에서 미카엘 로스타인은 이런 운동의 구성원들은 비록 영어가 모국어가 아니지만 서로 만났을 때 영어로 말하는 경향이 있다는 점을 주목했다. 부분적으로 기독교 전파와 관련해서 영국이 끼친 대단한 역사적 영향 때문에 또 미국의 기독교 텔레비전과 라디오 쇼, 종교 간행물과 주요 회의 강연자들의 지속적인 중요성 때문에 영어는 국제 기독교 공동체의 지배적인 언어가 한창 되어 가고 있는 중이다. 과거에 라틴어가 가톨릭 교회에 그랬던 것처럼 영어는 일반적으로 교회를 위한 언어가 되고 있다.

5) 기독교교육학

[1] 해석   다음의 설명은 신앙의 구조적 발달단계에 대한 대략적 요약이 될 것이다.

원시적 신앙(유아기) : 언어 이전의 신뢰에 대한 성향이 부모와 다른 사람의 관계에서 형성되는데 이는 유아 발달과정에서 발생하는 분리에 의해 야기된 불안을 감소시키기 위해서다.

직관적·투사적 신앙(초기 아동기) : 이야기, 몸짓, 상징에 의해 자극 받지만 논리적 사고에 의해 아직 통제되지 않는 상상력이 지각, 감각과 연결되어 삶 주변에 보호적이면서 동시에 위협적인 힘들을 대변하는 지속적인 형상들을 만든다.

신화적·문자적 신앙(아동기 및 그 이후) : 논리적으로 사고할 수 있는 능력의 발달이 인과율, 공간과 시간의 범주에 따라 세계를 정돈화하도록 도움을 준다. 이 능력의 발달은 또한 다른 사람의 관점에 들어갈 수 있는 능력과 이야기 속에서 삶의 의미를 파악할 수 있는 능력을 갖도록 도와준다.

종합적·관습적 신앙(청소년기 및 그 이후) : 새로운 인지 능력이 상호적 관점을 갖도록 하여주고 다양한 자기 이미지를 일관된 정체성에 통합시키도록 요구한다. 신념과 가치들의 개인적이고 대부분 성찰되지 않은 종합체가 발달하여 자기 정체성을 지지하고 다른 사람들과의 정서적 연대감 안에서 하나로 통합되도록 해준다.

개별적·성찰적 신앙(젊은 성인기 및 그 이후) : 3인칭 관점 취득을 활용함으로써 신앙과 가치에 대한 비판적 사고, 자아와 타자를 사회 체제의 부분으로 이해하기, 이념과 삶의 양식을 명백한 선택들이 관계 형성과 소명에 대해 비판적이며 자의식적 헌신을 위한 길을 열도록 하기 위해 권위의 내재화와 책임에 대한 가정.

결합적 신앙(초기 중년기 및 그 이후) : 삶의 극단들의 포용, 역설에 대한 경계, 실재의 다중적 해석에 대한 필요가 이 단계를 특징짓는다. 상징과 이야기, 은유와 신화(자기 자신뿐 아니라 다른 사람의 전통으로부터 발생한)가 진리를 표현하는 수단으로 새롭게 평가된다(두번째 혹은 의지된 소박함이라고).

보편화시키는 신앙(중년기 및 그 이후) : 역설과 극단을 넘어 이 단계의 사람들은 존재의 힘과 하나됨에 근거를 둔다. 이들의 비전과 헌신은 스스로를 자유롭게 하여 사랑 안에서 자아를 열정적이지만 분리되어 지내도록 하고, 분리, 억압, 폭력을 극복하는 데 헌신하고, 사랑과 정의의 돌입하는 복지에 대한 효과적이고 예견된 반응을 보여준다.

생각해보기   위 지문을 읽고 본인의 현재 신앙 발달단계의 위치를 가늠해 보시기 바랍니다.

스스로 해보기

[1] 기독교교육은 인간이 기독교 복음과 만나고 그것에 의해 통제되는 과정이라고 정의되면서 인간 본성을 수정한다는 의미에서 인격교육이기도 하며, 단순한 예수의 모방 차원을 넘어서서 기독교의 복음이 제공하는 구원과 하나님을 일상 속에서 경험하게 하는 것입니다.

해석 월터 아덴은 종교 교육을 "종교적 사상과 이상의 견지에서 통제를 경험으로 인도하는 것"이라 정의내린다. 이 정의는 기독교뿐 아니라 유대교, 모하메드교, 힌두교와 모든 다른 비기독교 종교들을 포함할 정도로 포괄적이다.

폴 비스는 기독교 교육을 "인간이 기독교 복음과 만나고 그것에 의해 통제되는 과정"으로 정의한다. 이 정의는 복음 중심적이다. 이것은 그리스도가 복음의 중심에 있기 때문에 기독교 중심적이기도 하다. 이것은 인간 본성을 수정한다는 의미에서 인격 교육이다. 이 변화는 이상적 인물인 나사렛 예수를 모방함으로써가 아니라 살아계신 하나님의 아들, 우리 구세주인 그리스도가 통제하는, 생각과 삶의 동기를 부여하는 경험에 의해 이루어진다. 우리는 살아나갈 예증보다 더한 것을 필요로 한다. 우리는 죄에서 구세주를 필요로 하고 개인적 삶의 주인인, 활력을 필요로 한다.

6. 종교철학

[1] 해석 현대 서구인은 신성한 것들의 많은 현현 앞에서 어떤 불편함을 경험한다. 많은 사람들에게 신성한 것들은 예를 들자면 돌이나 나무에서 현현될 수 있다는 사실을 받아들이기가 어려움을 현대 서구인은 발견한다. 그러나 우리가 앞으로 보게 되듯이 포함된 것은 돌 그것 자체에 대한 경외, 나무 그 자체에 대한 의식은 아니다. 신성한 나무, 신성한 돌은 돌이나 나무로서 경외되지 않는다. 이것들은 정확하게 그것들이 성스러운 현현이기 때문에, 즉 더 이상 돌이나 나무가 아닌 신성한 것, 전적으로 다른 것을 보여주기 때문에 숭배를 받는다.

생각해보기 돌과 나무의 물리적인 성질에 대한 의미보다는 그것에 깃든 성스러운 현현, 신성함에 대해 인간은 종교적 두려움과 경외감을 느끼기 때문이지요.

엘리아데는 종교가 신화, 상징, 의례를 통해서 스스로의 언어를 갖는다고 보면서, 동서양 통틀어서 매우 다양하게 나타나는 종교의 공통분모로 '성스러움'을 이야기하는데 이는 종교인들에게 있어서 '초월적인 것'을 의미하며 이것의 '실재(實在)'에 관해서는 아무런 입장을 갖지 않는다고 보았습니다. (윌리엄 페이든, 이민용 역, 『성스러움의 해석』, 청년사, 2005 참조.)

스스로 해보기

[1] 종교적 인간(religious man)은 신화나 영웅담 같은 역사를 통해 계시된 초월적 인간상을 모델로 삼습니다. 즉 그들은 신적인 모델에 접근함으로써 자신을 형성해 나가지요. 따라서 그들이 말하는 역사는 거룩한 역사, 신들의 역사입니다. 반면 세속적 인간(profane man)은 그러한 신적인 모델에 대한 동경이 없기 때문에 자신을 인간의 역사에 의해서만, 즉 종교적 인간들이 하찮게 여기는 그런 행동의 종합으로 자신이 구성되었다고 본다는 내용입니다.

해석 '종교적 인간'은 초인간, 초월적인 모델을 지닌 인간성을 추정한다고 말하는 것은 매우 흥미롭다. 그는 자신이 신들, 문화의 영웅들 또는 신화적 조상들을 모방하지 않는 한 자신을 진실로 인간이 되는 것이라 간주하지 않는다. (그는 자신이 신들, 문화의 영웅들, 신화적 조상들을 모방하는 한에서만 진실로 인간이 된다고 생각한다.) 이것은 종교적 인간은 세속적 경험의 차원에 위치하는 것과는 다른 존재가 되기를 원한다고 말하는 것과 다름이 없다. 종교적 인간은 주어지는 것이 아니다. 그는 신적인 모델에 접근함으로써 그 자신을 만든다. 이전에 말하였듯이 이 모델들은 신화에서, 신들의 영웅담의 역사에서 보존된다. 그러므로 종교적 인간들 역시 세속적 인간들이 그러하듯이 그 자신을 역사에 의해 만들어진 것으로 간주한다. 그러나 그에게 관심있는 유일한 역사는 신화들에 의해 계시되는 거룩한 역사, 즉 신들의 역사이다. 반면에 세속적 인간은 자신이 인간의 역사에 의해서만, 즉 신적인 모델이 없기 때문에 종교적 인간들에게 중요하지 않은 그런 행동의 종합으로 인해서만 자신이 구성되었다고 주장한다. 강조되는 중요점은 처음부터 종교적 인간은 자신이 초인간적인 차원, 즉 신화들에 의해 계시된 차원에서 도달해야만 하는 모델을 설정한다는 점이다. 사람은 오로지 신화들의 가르침에 일치함으로써만, 즉 신들을 모방함으로써만 진실로 인간이 된다.

밀알 아카데미 1

이현주 교수의 영어로 신학 맛보기

초판1쇄 2009년 11월 16일
　　4쇄 2021년　3월　5일

지은이_ 이현주
발행인_ 최병천

편집위원_ 조선혜 김정숙 이현주 홍이표 홍승표 홍민기
디자인_ 강면실 윤진선
교정_ 김영옥
영업_ 김만선

발행처_ 신앙과지성사
　　　　출판등록 제9-136(88. 1. 13)
　　　　주소 | 서울시 서대문구 연희로 177 옥산빌딩 2층
　　　　전화 | 335-6579 · 323-9867 · 323-9866(F)
　　　　E-mail | miral87@hanmail.net
　　　　홈페이지 | http://www.miral.co.kr

ISBN 978-89-85602-51-8 94740
ISBN 978-89-85602-50-1 (세트)

값 14,000원

※ 발행인의 허락 없이 이 책의 전체나 부분을 어떤 수단으로도 이용할 수 없습니다.